사회 면역

팬데믹 시대의 생명정치

사회 면역

팬데믹 시대의 생명정치

로베르토 에스포지토

윤병언 옮김

Critica

사회 면역*

서문

1. 2020년 10월 5일, 미국 매사추세츠 주의 배링턴에서 일군의 학자들이 발표한 이른바 '그레이트 배링턴 선언Great Barrington Declaration'은 공개적으로 자유주의를 표방하는 어떤 싱크탱크의 후원을 받은 것으로 알려졌지만 사실은 미국 공화당 측에서 깊이 관여했던 것으로 드러났다. 아니나 다를까, 지구촌의 기후 문제마저 무시하는 공화당의 입장과 일관된 방식으로 정책을 펴나가던 전 미국 대통령 도널드 트럼프도 서둘러 배링턴 선언을 지지하고 나섰다. 선언문에 서명한 전염병학자들과 바이러스학자들의 주장은 유럽 국가들이 팬데믹에 대응하기 위해 취한 전면봉쇄 정책을 거부하고 이른바 집단 면역herd immunity 정책으로 돌아서야 한다는 것이었다. 이들은 봉쇄 정책이 공공의 건강에 치명적인 피해를—종양 검사나 유아 접종 같은 필수적인 절차의 감소가 가져올 피해는 물론 심혈관 계통 질병의 증가나 정신건강의 약화 등을—유발할 수 있는 만큼, 오히려 "사망률과 사회적 피해를 최소화함으

로써 집단 면역의 단계에 도달할 필요가" 있다고 주장했다. 이러한 선택은 노령층과 고위험군을 고립시키는 한편, 건장한 청년들과 일반인들에게는 정상적인 삶을 보장한다는 구체적인 장점을 지니고 있었다. 이러한 전략의 기본적인 전제는, 전염에 의해 '자연적으로' 생산되는 면역성의 비율이 증가하면 사회 전체를 보호할 수 있고, 그런 식으로 바이러스의 확산 경로가 차단되면 전염의 열기도 수그러들기 마련이라는 것이었다. 이처럼 '특정 지역에 집중되는' 보호 전략의 요지는, 전염이 가능한 한 빠르게 이루어져 면역화가 고위험군까지 보호할 수 있는 단계에 도달하기를 기대하는 가운데 학교와 대학은 물론 상업과 문화 활동도 정상적으로 계속되어야 한다는 것이었다.

하지만 미국의 전염병학자들을 대변하는 앤서니 파우치Antony Fauci는 이 선언문이 '우스꽝스러운' 궤변에 불과하다고 주장했고, 뒤이어 전염병과 보건 체계를 전문적으로 연구하는 80명의 학자들이 학술지 「더 랜싯The Lancet」에 배링턴 선언문을 신랄하게 비판하는 이른바 '존 스노우 보고서John Snow Memorandum'를 발표했다. 이들의 입장에서 '그레이트 배링턴 선언'은 "어떤 학문적 근거도 없는 위험한 거짓"에 지나지 않았다. 왜냐하면 "자연전염에 의한 면역화에 의존하며 코비드-19 팬데믹을 제어하려는 모든 전략은 **틀렸기** 때문이다." 이들은 이러한 전략이 모두에게 치명적인 결과를 초래할 뿐 아니라 팬데믹을 계기로 부각된 사회적 불평등을 더욱더 악화하며 의학적인 차원에서뿐만 아니라 사회적인 차원에서도 부정적인 결과를 가져올 수밖에 없다고 주장했다. 이들은 무엇보다도 백신 접종 대신 자연전염에 의한 면역화가 팬데믹에 종지부를 찍으리라는 생각 자체가 틀렸고, 자연전염은 면역화로 귀결되지 않으며 오히려 더 많은 희생자를 낳을 뿐이라고 보았다. 이 학자들의 입장에서는, 고위험군의 강제 고립도 "실질적으로는 불가능할 뿐 아니라 도덕적으로도 혐오스러운" 일이었다. 왜냐하면 결과적으로는 사회 구성원의 일부를 고립시키는 것으로 그치지 않고, 다른 구성원들을 전염이라는 예측불허의 위험에 노출시키는 조치였기 때문이다. '존 스노우 보고서'의 서명자들 입장에서, 유일하게 가능한 해결책은 보호 전략을 사회 전체에 적용하는 것뿐이었다. 거리두기와 경계 설정을 실천함으로써 전염의 사슬을 끊는 일이 최선이라고 본 것이다. 백신이 바이러스를 완전히 퇴출하기 전까지, 바이러스의 확산을 막거나 최소한 늦출 수 있는 합리적인 전략은 동선 제한, 집단 검역, 접촉 추적뿐이었다. 그리고 바로 이것이 실제로 팬데믹의 영향권에 놓여 있던 거의 모든 국가가— 때로는 초기에 취했던 전략에서 빠르게 돌아서며— 결국에는 받아들인 전략이다. 선택에 도달하는 과정의 첫 단계는 어느 정도 극적이었지만, 이러한 상황은 뒤이어 백신이 개발되고 널리 보급되면서 점점 극복되는 양상을 보였다. 백신의 보급 목적은 자연전염이 아닌 예방 차원의 백신 접종을 통해 면역을 보편화하는 데 있다. 물론—이제는 우리가 잘 이해하는 사실이지만—이처럼 과학적으로 가장 신뢰할 만하고 적어도 지금까지는 가장 효과적인 이 해결책도 실행되기까지 상당히 어려운 과정을 겪었다. 백신 제조사들 간의 치열한 경쟁을 비롯해 공급이 수요를 충당하지 못하는 상황, 다양한 백신의 상이한 효과와 안정성에 대한 정보의 오류 등은—두말할 필요 없이 백신 접종을 거부하는 적잖은 시민들의 거센 저항과 함께—면역화 과정을 더욱더 어렵고 더디게 만들었지만, 끝내는 거대한 면역화의 물결을 막아낼 수 없었다. 뒤이어 또 다른 형태의 대대적인 저항이 있었지만 전염병과의 전쟁에서, 첨단의 기술을 활용해 백신을 가능한 한 많이 생산하는 것보다 더 나은 해결책은 나타나지 않았다. 앞으로 백신 연구가 어떤 방향으로 전개될 것인지는 예측하기 힘들고 특허법의 폐지와 생산허가의 보편화를 둘러싼 다툼의 결과도, 대형 제약사들의 반대가 거센 만큼 여전히 불투명한 상태다. 표면적으로 부각되는 것은 비즈니스에서 우위를 점하려는 상이한 전략들이지만, 이 비즈니스가 의료 분야에만 국한되지 않고 지구촌의 새로운 지정학적 균형을 좌우하는 데 관여할 수밖에 없다는 점은 어느 정도 분명해 보인다.

이 모든 것에 대한 보다 상세한 논의는 이 책의 마지막 장으로 미루어 두고, 먼저 이 책의 논제 및 해석적 입장이 무엇인지 간략하게나마 살펴보기로 하자. 앞서 열거한 세 가지 해결책, 즉 집단 중심의 자연면역, 사회적 거리두기, 백신 접종에 의한 면역의 보편화가 모두 방법만 달리할 뿐 면역의 패러다임과 직결된다는 점은 분명하다. 하지만 이러한 해결책들의 대조적인 차이점에 주목하면, 관건은 지극히 당연해 보이는 면역화의 필요성이 아니라 오히려 면역화의 해석과 실천이라는 점을 발견하게 된다. 자연면역인가 유도면역인가, 개인 면역인가 집단 면역인가, 일시적인 면역인가 항구적인 면역인가 하는 문제들은 면역학의 어휘가 지배하는 곳에서 여전히 열린 상태로 남아 있는 해석적인 문제들이다. 우리는 이미 오래전부터 면역화를 활성화해온 생명정치의 시대에 살고 있고, 코로나 팬데믹은 그 리듬을 비정상적으로 가속화했을 뿐이다. 팬데믹이 일어나자 어느 시점에선가 대두되기 시작한 다양하고 서로 상충되는 면역학적 해결책들은 사실상 생물학적인 동시에 법적이고, 정치적인 동시에 기술적인 면역 신드롬의 상이한 어조와 표현에 불과하다. 각국의 정부에서 취한 다양한 조치들은 '안전'이라는 개념의 의학적인 의미와 법적 권리의 의미가 조합되는 지점에서 실행된다. 팬데믹 시대에 건강상의 안전보다 더 절실하게 요구되는 것은 없지만 보건 정책의 실행은 법적으로 허락된 범위 내에서만 가능하다. 그런 의미에서 생물학과 법률은 동일한 안전 요구의 양면을 구축할 뿐 아니라 서로에게 각각의 역할을 수행하기 위한 조건으로 실재한다.

2.   나는 이러한 내용을 일찍이 『임무니타스』에서 주장한 바 있고, 이 저서에서 다루었던 논제들은 이제 세밀한 사항들까지 전부 사실임이 드러났다. 하지만 이를 확인해주는 사건이 인류가 제2차 세계대전 이후 겪은 가장 심각한 위기였다는 점은 내게도 결코 반가운 일이 아니다. 그럼에도 불구하고 현대 사회의 강렬한 면역화 성향이 모두의 상상을 뛰어넘어 우리 시대의 가장 의미심장한 현상으로 대두되었다는 점은 그 누구도 부인할 수 없을 것이다. 바로 그런 이유에서, 이러한 현상은 개략적으로만 다룰 것이 아니라 상이한 정도와 결과의 유형에 따라 보다 구체적으로 살펴볼 필요가 있다. 예를 들어, 앞서 언급한 세 가지 해결책들이 이론적인 구도뿐만 아니라 결과의 차원에서도 서로 상이하다는 점은 주목을 요한다. 면역이라는 동일한 지평 내부에 머물 뿐, 이 해결책들 사이에는 학문적인 전제의 차원에서뿐만 아니라 윤리적인 척도의 차원

에서도 적잖은 차이점들이 실재한다. 팬데믹 초기에 영국, 스웨덴, 미국, 브라질이 제안했던 집단 면역은 경제적 생산 능력을 갖춘 계층에 유리하다는 장점을 지녔을 뿐 고위험군의 소외나 심지어는 소멸을 전제로 내세우기 때문에 원칙적으로는 생명정치가 아닌 사망정치를 바탕으로 전개된다. 이와는 달리, 백신이 개발되기 전에 대부분의 국가에서 실행한 거리두기 정책은 생명정치의 원칙이 부정적으로 적용된 경우에 속한다. 왜냐하면 사회를 보호할 목적으로 비사회적인 방식을 활용했기 때문이다. 반면에 세 번째 해결책은 보편화되기까지 상당한 어려움을 겪었음에도 불구하고 생명정치의 원칙이 긍정적으로—물론 지구촌 전체로 확장되었다는 전제하에—적용된 유일한 정책이다. 역사상 처음으로, 바로 이 긍정적인 선택에서 전례 없는 '사회 면역immunità comune' 혹은 '공동 면역'의 윤곽을 엿볼 수 있다.

하지만 이 '사회 면역'을 정확하게 파악하려면 먼저 서로 상충되는 동시에 상호연관성을 지닌 몇 가지 개념들을 살펴보아야 한다. 가장 먼저 주목해야 할 것은 코무니타스와 임무니타스, 즉 공동체와 면역성 사이의 패러다임적인 관계다. 원래부터 분리가 불가능한 것으로 나타나는 공동체와 면역성은, 어느 하나가 다른 것의 부정적인 측면에서 부각되는 만큼 논리적으로 분리되지 않을 뿐 아니라, 면역 장치를 갖추지 않은 공동체는 존재하지 않는 만큼 역사적인 차원에서도 분리되지 않는다. 인간의 몸과 마찬가지로 사회의 몸 역시 존속을 지속적으로 보장하는 보호 체계 없이는 신체 내부의 분쟁을 극복하지 못한다. 모든 것은, 보호해야 할 사회가 감당할 수 있는 한도 내에서 사회의 몸을 보존하는 균형의 유지에 달려 있다. 왜냐하면 어떤 한계점을 넘어서는 순간 자가면역질환과 유사한 방식으로 붕괴될 위험이 있기 때문이다. 코비드-19의 경우에도 유기체를 파괴하는 염증은 다름 아닌 면역체계가 바이러스의 공격에 과도하게 반응하면서 바이러스를 더욱 강력해진 형태로 재생하기 때문에 일어난다. 따라서 어떤 경우에든 관건이 **필요한** 장치의 기능을 **제한**하는 것이라면, 즉 면역체계의 과도한 반응을 막는 것이라면 이러한 필요성을 식별할 수 있는 방법은 무엇인가? 이러한 메커니즘을 좌우하는 것은 무엇인가? 이를 제어하는 것이 그토록 어려운 이유는 무엇인가?

이 질문들에 대한 답변은 무엇보다도 면역의 법적-정치적 측면과 의학-생물학적 측면 간의 문제적인 관계와 직결된다. 오늘날 면역immunity이라는 용어는 이 두 어휘 영역 모두에서 활용되고 있고, 사회적인 동시에 의학적인 성격의 '보안' 개념으로 수렴된다. 하지만 이 두 어휘 영역이 오늘날 하나로 완전히 통일된 것처럼 보인다면, 이러한 인상은 이 어휘들이 오랫동안 분리된 상태로 남아 있다가 무언가 '생물학적 면역'이라는 것이 발견된 후에— 최근 두 세기에 걸쳐—중첩되는 현상의 산물에 불과하다. 그 이전에는— 적어도 2000년 동안— 법적이고 정치적인 유형의 면역이 주를 이루었고, 면역은 오늘날 외교관들이나 정치인들이 고유의 활동 영역에서 누리는 특권 혹은 면책특권과 크게 다르지 않은 의미를 지니고 있었다. 물론 과거에도 생물학적 면역을 어떤 비유의 형태로 언급하는 경우들은 있었지만, 과학적인 차원의 면역체계가 지니는 생물학적 의미는 오랫동안 베일에 가려 있었다. 이러한 지연 현상은 왜 거꾸로 생물학적 면역체계가 발견되는 순간부터 '면역'의 법

–정치적 어휘에 곧장 영향을 받았는지 설명해준다. 이러한 정황에서 '생물학적 면역'은 결국 외부의 침입자들로부터 신체의 보호를 꾀하는 정치적이거나 군사적인 '방어'의 의미로 정의되기에 이른다. 이처럼 면역의 개념이 '정치에서 의학으로'라는 경로를 거치면서 정립되는 정황은 면역체계를 이해하는 방식 자체에 지대한 영향을 끼쳤고 시간이 흐르면서 한편으로는 면역의 복합적인 구조를 은폐하고 다른 한편으로는 면역의 도식적인 이미지만 부각시키는 결과를 가져왔다. 어떻게 보면 면역에 대한 이해를 여전히 지배하고 있는 이 도식적인 이미지는 시간이 한참 흐른 뒤에야, 그러니까 대략 50년 전부터 일종의 문제점으로 인식되기 시작했다.

물론 이처럼 '면역'의 법–정치적 의미를 생물–의학적인 의미보다 중시하는 성향은 '면역'의 이론적인 차원과 직결되는 문제일 뿐 역사적인 현실과는 무관하다. 후자를 고려하면, 생물학적 면역 기능은 인류의 역사만큼이나 오래되었을 뿐 아니라 어떤 의미에서는 오히려 선행한다고도 볼 수 있다. 아울러, 이러한 관점에서 관찰하면, 영향을 끼치는 방향 자체가 뒤바뀐다. 왜냐하면 이번에는 생리학적이고 환경적인 조건에 따라 어느 정도 강렬하게 반응하는 생물학적 면역이 역사적인 차원에서 정치나 군사 활동에 직접적인 영향을 끼쳤다는 점에 주목해야 하기 때문이다. 과거의 어느 시점에선가 일어났을 인류 최초의 전쟁에서 제1차 세계대전에 이르기까지 면역력, 즉 파괴적 전염에 대한 무반응성은 전염병의 위기를 맞이했던 상이한 문명권들 간의 경쟁 구도에 결정적인 영향을 끼쳤다. 1장에서 다루게 될 아메리카 정복의 에피소드는 면역력 또는 면역력의 부재가 인류사의 정치–군사적 균형에 결정적인 영향을 끼쳤다는 사실의 한 극명한 예에 불과하다. 상대적으로 한 줌에 불과했을 극소수의 병사들이 거대한 규모의 제국을 정복할 수 있었던 것은 피정복자들의 면역력 결핍 때문이었다. 하지만 앞으로 살펴보게 될 '면역'과 '전쟁'의 관계에는 좀 더 특이한 점이 있다. 주목해야 할 것은 백신의— 제너Edward Jenner의 초기 형태에서 파스퇴르Louis Pasteur의 특화된 형태에 이르는— 발견 과정이 그 자체로 일종의 전투였고 국가들 간의 다툼이었을 뿐 아니라 의학을 매개로 전개된 정치의 한 방식이었다는 사실이다. 이러한 변증관계에서 '파스퇴르주의'가— 다시 말해 파스퇴르 연구소에서 먼저 프랑스 전역으로, 뒤이어 프랑스 식민지로 널리 보급된 일종의 강력하고 기계적인 보건 정책이—수행했던 역할은 한마디로 특권적이었다고 볼 수 있다. 파스퇴르주의는 보건 정책과 식민주의 정책이 교차되는 지점에서, 얻는 것도 없고 잃는 것도 없이 벌어지던 인간과 박테리아 사이의 전투에 가까웠다. 이처럼 의학의 정치화와 정치의 의료화가 동시에 진행되는 과정은 두 명의 위대한 미생물 사냥꾼 파스퇴르와 코흐Robert Koch의 혈전에 가까운 경쟁에서 절정에 달한다. 이들의 경쟁은 1870년의 프로이센-프랑스 전쟁이 1차 세계대전으로 이어지는 가운데 벌어진 프랑스와 독일 간의 패권전쟁을 과학적인 언어로 옮겨놓은 것에 가깝다.

3. 이 책에서 나는 현재 진행 중인 생명정치적 전환을— 달리 말하자면 면역정치적 전환을— 상이하지만 결국에는 한 지점으로 수렴되는 두 종류의 관점에서 고찰했다. 첫 번째 관점을 구축하는 것은 민주주의다. 민주주의를 '면역주의'로 정의해야 마땅하다면, 그

이유는 민주주의가 자기보호의 형태를 취할 뿐 아니라 때로는 민주주의 자체의 전제 조건인 평등성을 무시하고 동등하지 않다고 보는 이들을 상대로 배타적인 입장을 취하기 때문이다. 사회-문화적 권리의 차원에서 결코 평등하다고 볼 수 없는 계층들 사이의 편차가 민주주의 내부에서 점점 더 증가하는 현상은 오늘날의 포스트민주주의가 민주주의에서 이름밖에는 이어받지 못했다는 것을 보여준다. 하지만 오늘날 눈앞에 환히 드러나 있는 이러한 불균형은 처음부터 민주주의의 개념을 가로지르며 민주주의 자체와 긴장을 유발해온 어떤 모순의 결과에 지나지 않는다. 달리 말하자면, 상황은 민주주의 내부에서 자유와 평등, 주체와 대리인, 권력과 참여 간의 조화가 이들 간의 간격이 점점 더 벌어지면서 불가능해지는 방향으로 전개되었다고 볼 수 있다. 과거와 현재의 해석자들이 조명했던 대로, '귀족주의적 민주주의'와 '민주주의적 독재'라는 본질적으로 이율배반적인 현상의 분해가 바로 여기서 비롯된다. 이제는 이러한 대립의 문제가 더 이상 형식적인 수정을 통해서는 해결될 수 없을 뿐 아니라, 주권 국가라는 궤도 바깥에서 사회의 역동적인 움직임과 분쟁에 더 즉각적으로 응답할 수 있는 제도들의 도입이 절실히 요구된다는 점이 분명해졌다. 그런 의미에서, 현대의 민주주의는 더 이상 외면할 수 없는 갈림길에 놓여 있다고 볼 수 있다. 민주주의는 누군가가 일종의 숙명으로 진단했던 자가면역 신드롬을 체념적으로 수용하거나 아니면, 경제와 기술의 이중적 속박으로 인해 질식 상태에 놓인 정치를 다시 활성화함으로써 기존의 모든 제도를 — 특히 제도로서의 민주주의 자체를 — 다시 검토해야 할 기로에 놓여 있다.

생명정치적 전환의 두 번째 관찰점을 구축하는 것은 다름 아닌 '생명정치' 개념 자체의 해석이다. 팬데믹이 일어나자 생명정치의 범주에 대한 아무런 내용도 논리도 없는 비판이 쏟아져 나온 현상은—이러한 역반응의 생리를 익히 알고 있는 이들에게는 조금 덜했겠지만—놀랍기만 하다. 왜냐하면 다름 아닌 팬데믹과 팬데믹이 촉발한—보건 정책 이상의—대응 현상이야말로 생명정치의 이론적 타당성을 뒷받침하는, 반박할 수 없는 근거가 되기 때문이다. 미셸 푸코의 모든 직관적 관찰은—앞서 언급한 면역 장치들의 일반화를 비롯해 개개인과 민중의 통제, 정부가 지닌 목자 권력의 전파, 의학의 정치화에 이르는 현상 모두—오늘날의 현실과 놀랍도록 정확하게 일치할 뿐 아니라 현실을 통해 전면으로 부각되기까지 한다. 푸코는 물론 '생명정치'를 지금과는 상당히 다른 시기에 이론화했고, 그만큼 그의 이론이 어느 정도 불확실한 측면과 모순을 안고 있다는 것은 사실이다. 하지만 바로 그런 이유에서 푸코의 '생명정치'를 획일적인 형태로 요약하는 것은 삼가야 한다. 아니, 우리의 과제는 오히려 푸코가 예상할 수 없었던 오늘날의 상황과 관련하여 그의 생명정치 이론을 보완하고 수정하는 데 있다. 이 책의 일부도 이러한 시도의 일환으로 쓰였다. 푸코의 생각을 보완하고 수정하는 작업은 무엇보다도 그의 저서에 대한 바른 이해에서 출발해야 한다. 푸코의 비판자들이 범하는 가장 커다란 오류는 푸코가 생명의 범주를 자연주의적이거나 생물학적인 관점, 다시 말해 비역사적인 관점에서 해석했다고 보는 데 있다. 하지만 푸코는 생명의 범주를 언제나 강력하게 역사적인 차원에서 이해했다. 콜레주 드 프랑스의 1976년 강의록 『사회를 보호해야 한다』는 이 점을 아주 명백하게 보여준다. 뒤이어 출간된 두 편의 강의록『안전, 영토, 인구』와『생명정치의 탄생』에서 푸코는 부분적으로나마 상이한 방향으로 나아간 듯이 보인다. 여기서 푸코의 논의는 '경제적 통치'의 개념에 집중되지만, 생명정치의 패러다임은 사실 경제 개념을 통해 긍정적인 차원을 확보하지 못한다. 결과적으로 상황은 마치 어느 시점에선가 푸코가 자신의 질문에 답변을 제시하지 못하는 것처럼, 마치 그의 담론이 스스로 고개를 숙이는 것처럼 전개된다. 이 경우에도 푸코의 해석을 가로막던 요소들 가운데 하나는 그가 충분히 발전시키지 못한 제도의 개념이라는 것이 드러난다. 푸코는 제도에 지속적인 관심을 보였지만, 제도의 강압적인 측면을 좀 더 강조하고 혁신적인—적어도 잠재적으로 발전적인—측면은 간과하는 성향이 있었다. 이러한 관점에서 보더라도, 오늘날의 현실은—팬데믹의 현실은—거꾸로, 제도의 대체 불가능한 성격뿐만 아니라 제도의 변화와 이론적인 발전의 필요성까지 극명하게 보여준다. 여기서 요구되는 것은 '생명정치'와 '제도화'의 관계를 재구축하는 작업이다. 바로 이것이 전자와 후자 모두에 대한 부적절한 해석으로 인해 지금까지 불가능했던 일이다.

4.   그렇다면 여기서 면역과 철학의 관계에 대해 잠시 살펴보기로 하자. '면역'이 오늘날에 와서야 철학의 주요 관심사로 정립되었다는 것은 틀린 말이 아니다. 하지만, 잊지 말아야 할 것은 이에 앞서 면역학적 성찰의 계보가 존재했다는 사실이다. 20세기의 철학은 면역의 패러다임에 직접적인 관심을 기울이지 않았지만, 면역학적 철학 자체는 은밀한 방식으로나마 근대화를 추진하는 강력한 동력

의 중심에 놓여 있었다. 면역학적 철학은 아울러 근대화 해석의 대표적인 이론들, 즉 근대의 이성화(베버), 세속화(뢰비트), 정당화(블루멘베르크) 이론의 어떤 대안이 아니라 이 이론들과의 생산적인 긴장 관계 속에서 탄생했다. 내가 받는 인상은—물론 이와 관련된 철학, 문학, 인류학 문헌들에 대한 장기간의 연구를 거쳐 확인해야 할 부분이지만—근대를 정초한 텍스트들이, 이를 특별한 각도에서 관찰하면, 텍스트 자체의 일반적인 의미 지평으로 분명하게 인지되는 '면역 장치'의 존재를 증언한다는 것이다. 만약 그렇다면—그러니까 '면역화'가 사실상 문명화의 비밀스러운 이름이었다면—이는 곧 정치적 존재론을 서구적인 지식 또는 권력의 어떤 구체적인 목소리로 이해할 것이 아니라, 오히려 지식과 권력이 접목되거나 인지될 수 있는 유일한 통로로서의 은밀한 플롯으로 이해해야 한다는 것을 의미한다.

네 번째 장에서 인용되는 여러 저자들은 면역의 문제를 훨씬 더 노골적으로 주제화한다. 물론 이들은 서로의 생각을 인용하거나 근거로 제시하지 않는다. 하지만 나는 바로 이들 간의 연관성을 발견하기 위해 철학에서 정신분석학, 사회학에서 인류학에 이르는 상당히 이질적인 어휘들의 궤도 선상에서 이들의 의견이 수렴되는 지점을 찾아내려고 노력했다. 니체, 지라르, 루만, 슬로터다이크, 데리다는 면역의 패러다임을 서로 다른 관점에서 관찰했지만, 이들의 상이한 의견은 이들이 사용하는 전문적인 용어들로 뒤덮여 있는—때로는 삭제된—특정 지점으로 수렴되는 듯이 보인다. 나는 이러한 경로들을 해체하고 흐트러트리는 대신 '부정성'의 범주와 직결되는 이들의 복합적인 관계 안에서 면역의 패러다임을 추적했다. '면역화'는 무엇보다도 하이데거가 일찍이 "세상이 이미지로 환원되는 근대적 과정"이라고 불렀던 것과 그런 식으로 주체에게 주어지는 '확보'의 개념에서 발견된다. 프로이트가 '문명 속의 불안'을 설명하며 사용했던 상당수의 표현들이 어떤 식으로든 수식하는 것도 다름 아닌 '면역화'였다. 프로이트는 문명화가 주체들이 경험하는 성적이고 파괴적인 욕망을 억제하는 만큼 이에 비례하는 병/악을 창출하지만, 그런 식으로 자연의 적대적인 힘을 지배하는 데 필요하다고 보았다. '부정성'이 최소치의 병/악이라는 형태를 취하면서 최대치의 병/악을 제어한다는 관점은 앞서 언급한 저자들 모두의 입장에서 발견되는 핵심적인 요소다. 니체는 지식 및 권력과 직결되는 근대의 모든 제도를 일종의 단일하고 기계적인 면역 정책으로 해석했고, 인간의 삶은 '힘에의 의지'와 다를 바 없기 때문에 스스로의 과도한 생명력으로부터 삶 자체를 보호할 수 있는 일종의 부정적인 제동 장치가 필요하다고 보았다. 이러한 측면에서 관찰하면, 면역화는 생명을 부정하지만 이는 원활한 생존에 필요하기 때문이라는 것이 드러난다. 사도 바울의 '카테콘katechon'처럼, 면역화는 세상을 악에서 구하지만 이를 위해 악을 추방하는 것이 아니라 오히려 끌어들인다.

프로이트의 분석적 구도를 유지하는 동시에 비판하는 관점에서 르네 지라르가 제시하는 해석에 따르면, 공동체가 내부의 폭력으로부터 스스로를 보호할 수 있는 유일한 길은 동일한 폭력을 특정 희생양에게 집중시켜 그가 모든 유형의 적대감을 흡수할 수 있도록 만드는 것뿐이다. 따라서 메시아도 결국에는 사심 없이 자신을 죽음의 제물로 내놓으며 희생 메커니즘을 폭로하는 동시에 폐기하기에 이른다. 이 희생 메커니즘의 중심에 다름 아닌 법이 있다. 법은 희생의 패러다임을 세속화하지만 제거하지 않고, 폭력을 독점함으로써 폭력 자체를 통해 폭력에 대한 면역력을 사회에 부여한다. 놀랍게도 니클라스 루만 역시—상대적으로 덜 근원적인 이론적 궤도에 머물 뿐—다름 아닌 법에서 사회체계의 하부 면역 체계를 발견한다. 더 나아가, 루만은—사실상 면역화와 다를 바 없는 소통의 관점에서—사회체계가 오로지 '아니'라는 말을 통해서만, 다시 말해 일종의 경보체계로 기능하는 모순들을 활용할 때에만 사회를 파괴적인 분쟁으로부터 보호할 수 있다는 점에 주목한다. 반면에 데리다와 슬로터다이크는 면역의 문제를 또 다른 각도에서, 보다 직접적으로 다룬다. 데리다가 주목하는 것은, 정치 공동체적 몸을 아이러니하게도 보호하기 위해 공격하는 면역체계의 자살 과정 혹은 자가면역의 차원이다. 데리다에 따르면, 민주주의는 스스로를 부정하지 않고서는, 혹은 적어도 민주주의의 가치를 위배하는 형태로 민주주의 자체를 중단하지 않고서는 스스로를 보호하지 못한다. 슬로터다이크도 시간의 흐름에 주목하는 수직적인 방식과 세계화된 공간의 차원에 주목하는 수평적인 방식으로, 진정한 의미의 '사회 면역학'을 구축했다. 하지만 무엇보다 놀라운 것은 슬로터다이크와 데리다가 서로 다른 전제에서 출발했음에도 불구하고 모두 면역의 자가면역화에서 전례 없는 '공동–면역 co-immunità'의 미래적인 윤곽을 발견했다는 점이다.

5. 마지막 장에서 나는 무시무시했던, 하지만 동시에 많은 것을 깨닫게 해준 최근의 상황을 역사–개념적인 분석의 차원에서 관찰

했다. 그리 멀지 않은 과거에 팬데믹을 예고했던 소설, 영화, 시나리오 등의 소름끼치는 내용들은─아울러 파국적인 재난을 예고했던 과학자들의 보고서들도─처음에는 과장인 것처럼 보였지만, 이제는 대부분이 굉장히 사실적이었을 뿐 아니라 2020년과 2021년 사이에 일어난 일들과 사실상 거의 다를 바 없는 상황을 묘사하고 있었다는 것이 드러났다. 팬데믹에 대한 환원주의적이거나 음모론적인 해석은 수백만이 넘는 전 세계의 사망자들 앞에서 여지없이 신빙성을 잃어버렸다. 이러한 유형의 해석이 누가 보기에도 틀렸다는 점은 2021년 초에 이미 드러나 있었다. 이러한 견해들이 틀린 이유는, 우리 시대의 가장 중요한 척도가 되어버린 면역의 패러다임에서 억지로 이탈하려는 성격을 분명히 드러냈기 때문이라기보다는, 오히려 면역의 패러다임이 지닌 내부적인 복합성, 즉 면역이 상당히 '위험'한 동시에 '필요'하다는 점을 간과하고 있었기 때문이다. 면역이 '위험한' 이유는 면역의 강화가 장기화될 경우 우리가 익히 알고 있는 치명적인 역효과를 일으킬 수 있기 때문이지만, '필요한' 이유는 치명적인 바이러스성 질병의 전염이 확산될 경우 유일하게 가능한 방어 전략이 바로 면역이기 때문이다. 각국 정부의 팬데믹 대응 전략이 실행되는 과정에서─특히 평가와 적용의 오류, 지연, 모순, 누락의 손실을 평가하는 과정에서─빈번히 부족했던 것도 사실은 팬데믹 상황에서 개인과 집단의 생명/삶을 '보호하는' 방식과 '제한하는' 방식을 식별하고 구분하는 능력이었다.

이 책에서 나는 팬데믹과 함께 화두로 부각되었던 모든 문제를─생존할 권리와 자유로울 권리의 관계, 예외상태와 비상상태, 과학기술과 정치의 관계, 백신의 보급 과정에서 나타난 경쟁 구도와 불평등성의 문제를— 면역 메커니즘의 내부적인 문제로 환원시켜 검토했다. 왜냐하면 이 모든 것의 의미 지평을 구축하는 것이 바로 면역의 패러다임이기 때문이다. 팬데믹은 이미 오래전부터 진행 중인 기술화와 면역화의 결속 과정을 가속화했을 뿐이다. 이 가운데 객관적으로 쇠약해진 것이 바로 정치적인 차원이다. 이러한 정황에서 전문가의 역할은— 반드시 기술자나 과학자와 일치하지는 않지만— 상당히, 어떻게 보면 무서울 정도로 중요해졌고, 그만큼 정책 수립의 공간을 사전에 구축해버리는 성향을 보인다. 결국 정치는 그런 식으로 탈-정치화될 수밖에 없는 처지에 놓인다. 기술만능주의는— 널리 사용되는 기술적 이미지에도 불구하고— 포퓰리즘의 정반대가 아니라 포퓰리즘 못지않게 위협적인 또 다른 얼굴에 불과하다. 위협적이지 않고 비-강압적인 형태의 유일한 대응책은 긍정적인 차원의 생명정치뿐이다. 물론 이 대응책은 일종의 좁은 길에 가깝다. 나는 팬데믹이 이 길을 더욱더 험난하게 만들었지만 그럼에도 불구하고, 다름 아닌 면역화의 차원에서 전례 없는 돌파구를 열어젖혔다고 생각한다. 이것이 바로 이 책의 내용 전체를 뒷받침할 뿐 아니라 '사회 면역'이라는 책 제목에도 함축적으로 표현되어 있는 논제다. 이 돌파구는 우선 비유의 차원에서 중요한 변화를 가져왔다. 인체의 면역체계에 관한 최근의 연구들은 생물학적 면역의 의미 영역을 오랫동안 지배해온 '방어 전략'의 비유에서 결정적으로 벗어난 듯이 보인다. 물론 그렇다고 해서 면역의 방어 기능이 덜 중요해지는 것은 아니다. 이 기능이 인류가 바이러스와 전면전을 치른 오늘날보다 더 중요했던 적은 없었을 것이다. 하지만 이 방어 기능은, 면역체계가 개인의 정체성을 보호하는 어떤 경직된 형태의 방어벽이 아니라 외부 환경에 대처하는 일종의 변증적 필터에 가깝다는 보다 복합적이고 포괄적인 생물학적 차원에서 이해해야 한다. 이러한 관점에서 살펴보면, **정치학**과 **생물학** 간의 의미론적 전이가 끊임없이 이루어지는 가운데, 후자는 전자의 자연적인 철장이 아니라 어떤 상징적인 척도로 간주될 수 있다. 인체의 '면역체계'만큼 인간이 외부를 자신의 내부에 수용할 수 있고 또 그래야만 할 뿐 아니라, 왜 스스로의 유기체를 **안**과 **바깥**의 지속적인 교환 장소로 간주해야 하는지 잘 보여주는 것은 없다.

하지만 면역의 패러다임에서 도출된 이 비유적인 차원의 척도의 뒤를 이어 최근에는 또 다른, 직접적으로 정치적인 차원의 척도가 두각을 나타냈다. 내가 말하려는 것은 임무니타스와 코무니타스의 관계다. 우리는 이 두 범주가 논리적인 차원에서뿐만 아니라 어원론적인 차원에서도 서로 대립된다는 것을 알고 있다. 하지만 그렇다고 해서 이들의 상호연관성이 무산되는 것은 아니다. 이들 가운데 어느 것도 현실 속에서는 독립적으로 존재하지 않는다. 물론 오늘날까지, 적어도 근대사 전체가 전개되는 가운데 면역화는 공동체를 절개하며 여러―서로 반비례하는―지대로 분해해왔다. 어느 한 계층의 보호나 특권은 언제나 또 다른 계층의 극단적인 열악함과 위기라는 결과로 이어졌다. 따라서 의료 분야에서도 전 세계를 대상으로 하는 보편적 면역화는 사실 생각조차, 상상조차 할 수 없는 것이었다. 하지만 오늘날 다름 아닌 팬데믹에 대처하기 위해 구체적으로 실현된 것이, 역사상 처음으로 인류 전체에게 백신 접종을 시도한 보편적 면역화다. 글을 쓰면서 더욱더 뼈저리게 느낀 부분이지만, 이러한 유형의 기획은 역사적, 정치적, 경제적 어려움을 겪기 마련이고 실행 과정에서 긴장과 대립 또는 분쟁을 초래하기 마련이다. 백신의 생산 및 보급 과정은 기존의 지정학적 경계를 어느 정도 허무는 데 기여했지만, 어쩌면 백신 생산 능력을 갖춘 이들과 백신을 구입조차 하기 힘든 처지에 놓인 이들 사이에 또 다른 울타리를 더욱더 높이 쌓아올렸는지도 모른다. 우리는 이 일이 앞으로 어떤 방향으로 전개될 것인지, 아울러 정치가 과연—아주 기본적이지만 결코 덜 집요하다고 볼 수 없는 기존의 가치들에 맞서—정치 고유의 자유화 요구를—이를 여전히 원한다면—관철시킬 수 있을 것인지 보게 될 것이다. 하지만 이러한 요구가 오늘날 역사상 처음으로 개개인을 비롯해 정부와 권력층의 적극적인 참여 속에서 이루어졌다는 사실은 영원히 기억될 것이다. 반복되는 말이지만 이러한 정황에서 역사상 처음으로 드러난 것이—적어도 일부의 견해로는—바로 코무니타스와 임무니타스, 즉 '공동체'와 '면역성'이 중첩되는 경로의 윤곽이다. 이 경로에 우리는 기꺼이 '사회 면역immunità comune' 혹은 '공동 면역'이라는 역설적인 이름을 부여할 수 있을 것이다.*

---

* 이 이름이 역설적인 이유는 '면역'과 '사회'의 조합이, 원래는 뒤섞일 수 없는 고유성과 공통성, 개인과 사회, 임무니타스와 코무니타스의 조합을 의미하기 때문이다.

전염

Contaminazioni

I. 전염

1. 탐구의 첫 단계에서부터 나는 '공동체'와 '면역성'이 지독히도 끈끈한 연관성을 지닌 만큼 이들을 분리시켜 생각한다는 것 자체가 불가능하다는 전제에서 출발했다. 각각 『코무니타스』[1]와 『임무니타스』[2]에서 개별적으로 다루었음에도 불구하고, 나는 이 두 범주를 이들의 근원적인 관계 속에서 고찰했다. 아니, 사실은 어떤 '관계'에 대해 이야기한다는 것 자체가 어떻게 보면 부적절하다. 왜냐하면 관건은 오히려 일종의 모순적인 공존이자 훨씬 더 내재적인 유형의 연관성이기 때문이다. 코무니타스와 임무니타스는 어떤 단일한 의미 체계의 두 측면이며, 이 체계는 정확하게 이들의 긴장 관계에서 의미를 얻는다. 이처럼 이 두 범주의 의미론적 분리가 불가능하다는 점은 이들의 어원에서 보다 분명하게 드러난다. 이 범주들의 이름이 공유하는 기본형 무누스munus는 '의무', '책무', '업무'를 뜻하는 동시에 '선사'를 의미한다. 바로 이 단어에서 '공동체'를 뜻하는 라틴어 코무니타스communitas와 '면역성'을 뜻하는 임무니타

스immunitas가 유래한다. 전자가 '무누스'의 의미를 직접적이고 긍정적인 방식으로 취하는 반면 후자는 제외하거나 부정하는 방식으로 취한다. 코무니타스의 구성원들이 — 보편적인 차원에서 코무니타스가 포괄하는 모든 인간이 — 타자에 대한 선사의 의무를 공유하는 반면, 임무니타스의 범주에 속하거나 속한다고 선포하는 이들은 이 의무에서 면제된다. 후자가 전자에 관여할 때에는 전자에서 '탈출'하는 식으로만 '개입'한다. 임무니타스에 속하는 이들은 — 라틴어 사전의 일반적인 정의에 따르면 — 다른 이들이 떠맡는 '선사의 의무'에서 달아난다. 하지만 임무니타스의 보다 본질적인 의미를 — 의무의 면제라는 차원을 뛰어넘어 — 파악하려면 코무니타스와의 원칙적인 대립 현상에 주목할 필요가 있다. 라틴어 사전에서도 '임무니스immunis'는 다른 '모두에게 공통된omnibus communia sunt' 업무의 노고에서 벗어난 자를 가리킨다. 이는 곧 그가 의무에서 벗어날 뿐 아니라 공통적인 것에서도 벗어난다는 것을 의미한다. 그는 — '부정'이 '긍정'에 관여할 때처럼 — 코무니타스에 내재하는 선사의 회로를 중단시키는 존재다. 항상 무언가를 부정하거나 무언가에서 제외되는 만큼, 임무니타스는 부정과 제외의 관계 안에서가 아니면 아무 것도 표현하지 못한다. 존중해야 할 공통의 무누스 혹은 완수해야 할 집단적 임무가 사전에 전제되지 않으면, 면제의 가능성도 사라지기 마련이다. 특이하거나 특권적인 위상을 확보하기 위해서는 벗어나야 할 일반적인 정황이 필연적으로 전제되어야 한다. 벗어나야 할 공통의 결속 관계가 사전에 주어지지 않으면 면역은 그 자체로 무의미해진다.

하지만 임무니타스의 부정적인 성격을 논할 때에는 임무니타스와 코무니타스의 원칙적인 대립에만 주목할 것이 아니라 대립 자체의 부정적인 방식에도 주목할 필요가 있다. 달리 말하자면, 특정 법규의 제약에서 벗어나는 일탈의 법적 의미에만 주목할 것이 아니라 전염병 예방과 관련하여 활용되는 면역의 생물–의학적인 의미에도 주목해야 한다. 널리 알려진 바와 같이, 자연면역이나 획득면역에서 백신 접종은 신체를 보호하기 위해 멀리해야 할 독의 일부를 받아들여 체화하는 과정을 수반한다. 생물학적 유기체를 보호하는 항체의 활성화를 결정짓는 것은 항원의 실재다. 파르마콘pharmakon이라는 오래된 용어의 양가적인 의미에 비추어 보면, 약은 독과 뒤섞여 있다고도 말할 수 있다. 이는 물론 독을 신체의 건강에 해가 되지 않는 정도만 취한다는 전제하에서 가능한 이야기다. 여기서 다시 부정성의 생산적인 역할이 부각된다. 적절한 양만 활용하면, 한 조각의 부정성으로 더 큰 부정성, 즉 죽음과 맞서 싸울 수 있기 때문이다. 서양철학은 전통적으로 수많은 유형의 부정성을 개발해왔다. 가장 대표적인 예는 헤겔의 변증법일 것이다. 하지만 사도 바울이 서간문에 사용한 '카테콘katechon'이라는 수수께끼 같은 표현보다 더 의미심장한 예는 찾아보기 힘들다. 근대와 현대의 정치신학이 모두 다양한 방식으로 카테콘의 개념에 집중했던 것은 결코 우연이 아니다. 카테콘은 지고의 악을—종말의 도래를—가로막는 일종의 방패 또는 제동 장치이지만 면역 과정에서처럼, 악에 직접적으로 맞서는 대신 악을 수용해 체화한 뒤 내부에서 억제하는 방식을 취한다. 바로 여기서 카테콘이 지니는 면역 장치와의 내밀한 연관성이 발견된다. 면역 장치 역시 카테콘처럼 부정적인 방식으로 기능한다. 아니, 면역 장치는 이중적으로 부정적이다. 이는 공동체가 이미 전복된 지점에서, 직접적이지 않은 방식으로, 공동체를 살리기 위해 막아야 할 악의 일부를 활용하면서 공동체를 치료하기 때문이다. 여기서 면역은 면역과 정반대되는 범주에 숙명적으로 결속되어 있다는 사실이 드러난다. 임무니타스는 '적대시하는' 동시에 '보호해야' 할 코무니타스와의 관계 속에서만 존재한다.

하지만 이는 우리가 다루어야 할 문제의 한 측면에 불과하고, 따라서 이와 정반대되는 또 다른 측면의 고찰을 통해 보완되어야 한다. 공동체 없는 면역화가 논리적인 차원에서 불가능하듯이, 면역화를 거치지 않는 공동체도 — 역사적인 차원에서 — 존재하지 않는다. 이러한 상호의존 관계를 이해하기 위해서는 코무니타스의 '상호 선사'라는 원천적인 의미를 되새겨볼 필요가 있다. 순수한 선사 관계로서의 코무니타스는 어떤 동일한 소속감 때문에 모인 주체들이 아니라 각자의 정체성을 위협하는 요소를 피하기 위해 모인 주체들의 모임이다. 이러한 각도에서 관찰하면, 코무니타스는 — 좀 더 보편적인 차원에서 — 오늘날의 신공동체주의가 내세우는 정체성 중심의 공동체와 전적으로 다를 뿐 아니라 오히려 정반대되는 범주라는 것이 드러난다. 이러한 유형의 공동체와 달리 코무니타스는 고유한 특성이 아니라 일종의 탈고유화, 고유성의 결핍에 의존한다. 이것이 바로 코무니타스를 이론적인 차원에서뿐만 아니라 역사적인 차원에서도 포착 불가능한 것으로 만드는 요소다. 이러한 유형의 공동체는 사실 실존적인 삶에 어울리지 않는다. 바로 이 지점에서 면역 장치의 필요성이 대두된다. 코무니타스의 무차별한 개방을 가로막고 공동체를 역사의 흐름 속에서 전개될 수 있도록 만드는 면역 장치와의 관계가 요구되는 것이다. 코무니타스의 실체 없는 허무, '조금도 없는 공통점'이 현실의 형상을 취하려면, 부분적으로나마 스스로와 정반대되는 것으로 채워져야 한다. 이는 곧 그 자체로는 무차별한 코무니타스의 개념이 역사적 현실 속으로 들어오는 순간 그것의 존속을 가능케 하는 면역화가 언제나 요구된다는 것을 의미한다. 인간의 몸과 마찬가지로 정치공동체적 몸도 방어를 위한 면역체계 없이는 외부와 내부의 공격과 위협에서 살아남지 못한다.

페르디난트 퇴니에스Ferdinand Tönnies가 유형학적인 관점에서 공동체comunità를 사회società³와 대립시켰을 때 그가 실제로 시도한 것은 후자로부터 전자를 부정적인 형태로 도출해내는 작업이었다. 퇴니에스의 '공동체'는 전복된 형태의 '사회'에 지나지 않는다. 역사적으로는, 면역의 정도에 차이가 있을 뿐, 면역화를 거친 사회만이 실재한다. 퇴니에스가 묘사하는 공동체가 언제나 면역의 폐쇄적이고 방어적인 성격을 지니는 것은 결코 우연이 아니다. 실제로 면역 메커니즘이 없는 공동체는 존재하지 않는다. 면역 기능 없이는 오래 버티지 못하기 때문이다. 그런 의미에서 면역화는 단순히 공동체의 정반대라기보다는 모든 공동체의 운명 내지 선결 조건에 가깝다. 어떤 유형의 공동체를 기대하든 간에, 역사 속의 공동체를 정의하는 데 결정적인 역할을 하는 것은 언제나 실질적인 외부와 내부의 경계다. 외부의 경계는 다른 공동체와의 구분을 위해 필요하고 내부의 경계는 공동체의 구성원들을 이들의 지위와 권력과 재산에 따라 상이한 그룹으로 세분화하는 데 필요하다. 어떤 사회에서도—심지어는 가장 동질적인 사회에서도—사회 구성원들 사이의 절대적인 동등성이 실현되는 경우는 없었다. 따라서 면역은 어떤 주관적인 선택 사항이 아니라 모든 정치적 유기체의 구조적인 특성이라고 보아야 한다. 면역화는 포함과 제외의 선으로 공동체를 도려낸다. 그런 식으로 구성원들에게 사회적이고 정치적인 성격을 부여함으로써 서로를 다르게 만든다.

따라서 코무니타스와 임무니타스의 공존은 본질적으로 문제적이다. 다시 말해 두 범주 모두의 순수하게 패러다임적인 의미를 본질적으로 왜곡하기에 이른다. 실제로 면역화가 모든 공동체의 역사적 존속 방식을 구축한다는 사실은 무차별 개방이라는 공동체의 원천적인 의미와 상충될 뿐 아니라 공동체를 공동체와는 정반대되는 방향으로 몰아붙인다. 모든 공동체를 고유의 면역화 방식과 형식을 둘러싼 지속적인 분쟁에 노출시키면서 불러일으키는 긴장이 바로 이러한 불가피한 모순에서 기인한다. 면역화는 다양한 사회에 다양한 특징을 부여하며 다양한 정도로 전개된다. 하지만 전체주의 사회가 아닌 이상, 사회가 고스란히 완전하게 면역되는 경우는 없다. 사회의 면역화 정도는 외부적인 사건과 내부적인 힘의 관계에 따라 다양하게 변화한다. 정치도 사실은 다양한 사회적 환경에서 면역화 과정을 조절하는— 강화하거나 약화하는— 활동으로 정의될 수 있다. 정치는— 현실적이려면— 면역 과정이 필수적이라는 사실을 전제한 상태에서 면역화를 최소화하기 위해 노력해야 한다. 정치는 공동체의 한계를 인지할 때에만 이를 넘어서지 못하도록 막을 수 있고, 면역 장치가 공통의 고리를 파괴하고 자가 면역이라는 파생적인 경로로 빠져드는 것을 막을 수 있다. 언제든 한계지점 혹은 일종의 문턱이 존재하며, 이를 넘어서는 순간 면역 과정은—외부에 대해서든 내부에 대해서든—비대해지는 성향을 보이다가 결국에는 고유한 표준과의 균형을 파괴하며 다름 아닌 자가면역질환과 흡사한 질병을 유발하기에 이른다. 이러한 관점에서 볼 때, 공동체나 면역성을 이들의 실질적인 공존 상태가 결정짓는 이율배반적인 관계 바깥에서 사유한다는 것은 사실상 불가능하다.

2. 면역에 관한 나의 첫 번째 책 『임무니타스』에서 분명히 언급했던 것처럼, 패러다임으로서의 '면역'은 '생명정치'를 정의하는 데 상당히 중요한 역할을 한다. 푸코의 해석자들이 그가 열린 상태로 남겨두었다고 본 '생명'과 '정치' 사이의 격차를 좁히는 데 결정적인 역할을 하는 것이 바로 '면역'이다. 과도하게 부정적인 생명정치 개념, 즉 권력이 생명/삶에 가하는 폭력의 관점에 치중하는 개념과 전적으로 긍정적인 생명정치 개념, 즉 생명/삶이 오히려 고유의 존재론적인 흐름 안으로 권력 자체를 흡수하는 관점 사이에서 오락가락하는— 이미 푸코의 텍스트에서도 발견되는— 일반적인 성향에 비해, 면역의 패러다임은 이 관점들을 단일한 의미론적 체계 안에서 융합하는 조합 지점으로 기능한다. 패러다임으로서의 '면역'이 이러한 장점을 지니는 이유는 부정성에 절대적인 성격을 부여하지 않기 때문이다. 면역의 논리 안에서 부정성은 권력이 생명/삶에 행사하는 압제나 배제의 힘으로 간주되지 않고 오히려 생명/삶이 내부의 잠재적으로 파괴적인 힘과 거리를 유지하며 생존하는 방식으로 간주된다. 면역이 생명의 '부정적인 보호 형식'이라는 것은 곧 면역이 생명을 즉각적이고 직접적인 방식으로 보호한다기보다는 생명을 구체적인 경계 안으로 유도하며 생명력을 제한할 수

밖에 없는 관계에 구속시키면서 보호한다는 것을 의미한다.

　그렇다면 이제 이 문제를 동일한 메달의 이면에서 관찰해보자. 면역의 패러다임이 생명정치를 보다 적절한 방식으로 정의하는 데 기여한다면, 생명정치 역시 면역의 패러다임을 해석하는 데 중요한 역할을 한다.⁴ 이때 관건이 되는 것은 생명정치를 구축하는 양 극단[생명과 정치]이 아니라 면역성의 양면, 즉 면역의 법률-정치적인 차원과 생물-의학적인 차원이다. 전자는 어떤 개인적이거나 집단적인 주체가 공통의 의무에서 벗어나는 경우와, 후자는 누군가를 전염병으로부터 자연적이거나 인위적인 방식으로 보호하는 경우와 직결된다. 우리가 지금까지 관찰해온 바에 따르면, 이 두 차원은 면역의 개념 내부에 공존하는 듯이 보인다. 결국 면역이라는 용어가 둘 중 어떤 뜻과 연결되는지를 결정하는 것은 용어가 사용되는 맥락이다. 하지만 이러한 현상은 우리 현대인의 눈에 그냥 우연의 일치인 듯 보일 뿐 실제로는 이 두 의미 영역이 시간이 흐르면서 교차되다가 상당히 뒤늦게야 단일한 용어로 수렴되는 기나긴 역사의 산물에 가깝다. 우리의 눈에 공시태 또는 어떤 공존 상태인 것처럼 보이는 것은 사실 법률-정치적 면역 개념이 생물-의학적 면역에 비해 적어도 2000년이나 앞서 등장하는 명백한 연대기적 거리에 대한 착시 현상에 불과하다.⁵ 물론 생물학적 면역을 언급하는 경우들은 상당히 오래된 문헌들 속에서도—예들 들어, 독사의 독에 대한 어떤 아프리카 부족의 특별한 저항력에 주목한 바 있는 루카누스(Marcus Lucanus, 서기 39~65년)의 『내전에 관하여De bello civili』에서— 발견되지만, 법률-정치적 차원의 면역 개념은 생물-의학적 면역보다 훨씬 더 오래 전으로 거슬러 올라갈 뿐 아니라 전자가 후자에 끼친 지대한 영향의 흔적 역시 분명하게 남아 있다. 생물학적 면역을 특정 유기체가 외부의 공격에 — 다름 아닌 세균과 바이러스의 침투에 — 맞서 취하는 일종의 방어 전략이나 심지어는 반격의 형식으로 설명할 때, 학자들이 이러한 설명과 함께 실제로 시도했던 것은 정치군사적인 용어들을 의학의 어휘에 접목시키는 작업이다.[6] 이와 유사하게, 주변 환경이나 또 다른 생명체들과 차별화된 개별적 주체를 정의할 때 사용되는 '면역학적 자기'라는 표현 역시 현대의 개인주의적인 관점을 의학적인 용어로 번역한 것에 지나지 않는다. 19세기 말에 면역학의 탄생을 뒷받침했던 어휘들은 정치적 어휘에서 차용한 것이 대부분이었다. 따라서 정황은 홉스나 로크가 생명과 개인의 정체성을 보호해야 한다고 주장할 때 당시에는 존재하지 않았던 면역학적 언어를 선구자적인 차원에서 사용했던 것이 아니라, 오히려 정반대였다고 보아야 한다. 다시 말해 오히려 면역학이 이들로부터 자가 보존적인 '자기'의 개념, 혹은 시간이 흐르면서 자신의 정체성을 보존할 줄 아는 개인적인 실체의 개념을 흡수했다고 보아야 한다. 면역학이라는 의학 분야가 시간이 흐르면서 점점 더 중요해지는 정황을 고려하면, 철학-정치적인 모델에서 출발한 이러한 의미론적 변화 경로의 중요성을 과소평가하기는 어려워 보인다. 하지만 정작 놀라운 것은 면역학이 시도한 이러한 비유적 체화의 결과에 대해 그 누구도 진지한 질문을 던지지 않았다는 사실이다. 해석자들 가운데 어느 누구도 반세기가 넘도록 — 어떻게 보면 여전히 오늘날에도 — 이러한 어휘적 전이의 수행적인 효과를 인지하지 못한 듯이 보인다. 사실은 면역학의 가장 일반적인 매뉴얼들만 살펴봐도 면역을 정의하는 문구들 뒤에 이러한 맹점이 숨어 있다는 점을 어렵지 않게 발견할 수 있다.[7] 실제로는 면역체계를 외부의 침입에 맞서 전투에 전념하는 병사들의 무리로 간주하던 사고방식이야말로 면역학을 미숙한 단계에 머물도록 하는 직접적인 원인이었다. 이러한 미숙함은 극복된 지 불과 몇십 년밖에 되지 않았을 뿐 아니라, 극복되기까지 수많은 어려움과 되풀이되는 퇴보의 과정을 거쳐야만 했다.

앞으로 좀 더 자세히 살펴보겠지만, 이러한 의미론적 전이는 정치학 분야에서 생물학 분야로만 전개되었다고 보기 힘들다. 왜냐하면 면역의 생물학적 차원이 사실은 정치적 차원에도 거꾸로 영향을 끼치면서 반응하기 때문이다. 이를 보여주는 가장 대표적이고 극단적인 예는 나치가 전염병학적인 용어들을 사용하며 유대인들을 절멸해야 할 항원, 박테리아, 바이러스 등으로 정의할 뿐아니라 절멸 정책을 실제로 실행에 옮겼던 경우다. 근대사에서 면역의 메타포가 지닌 잠재적인 수행성은 쌍방향으로, 즉 '정치학에서 생물학으로'뿐만 아니라 '생물학에서 정치학으로'도 실현된다. 하지만 계보학적인 차원에서 살펴보면, '면역'의 정치학적 의미와 생물학적 의미 사이에는 2000년에 가까운 세월의 공백이 가로놓여 있다. 2000년이 넘도록, 다시 말해 1800년대 후반에 이르기까지 '면역'은 법적-정치적 의미만을, 즉 특정 주체에게—그를 보호할 목적으로—주어지는 면책권 또는 법의 제제를 받지 않는 특권의 의미만을 지니고 있었다. '면역'이 지니는 면제의 의미는 상당히 광범위하게 활용되었고 그만큼 오랜 세월 동안 변하지 않은 채그대로 유지되었다. 이미 지중해의 초기 문명사회에서 일종의 법적 면역이라는 것이 어떤 이름으로든 실행되었고, 이는 오늘날 국제 사회에서 외교관들이 누리는 면책권과 크게 다르지 않은 형태를 띠고 있었다. 오늘날에도 외교관들뿐만 아니라 다양한 부류의 정치인들, 국회의원들, 국가 원수가 일반적인 법률이 적용되지 않는 일종의 면제를 통해 보호를 받는 특권을 누린다.[8] 그리스도교의 경우에도 교회를 보호하는 면책권의 필요성은 바티칸 시국의 존재 자체에 의해 증명될 뿐 아니라, 오랜 역사를 지닌 만큼 한 번도 문제시된 적이 없다.

연대기적 차원에서, 법적 임무니타스의 개념이 정립되는 시기는 고대 로마의 공화국 시대로 거슬러 올라간다. 로마가 발전시킨 법체계에서─과거와 현재의 또 다른 문명권과 비교할 때, 타의 추종을 불허하는 전파 효과와 복합성을 지닌 법체계에서─'임무니타스'는 특정 지대의 종족 또는 도시의 특별한─일반적인 법규에서 벗어나는─조건을 가리키는 용어였다.[9] 여기서 우리가 주목해야 할 것은 바로 법적 면역 장치가 지닌 문자 그대로 이율배반적인─법 안에 있는 동시에 법 바깥에 있는─성격이다. 법적 면역 장치는 법 자체가 규정하는 예외의 법칙이다. 법이 누군가를 '임무니스'로 천명할 때, 그는 고유의 영역 바깥으로 벗어나지만, 법이 규정하는 그의 특권만큼은 사라지지 않는다. 따라서 '임무니스'는 합법적인 방식으로 법에서 빠져나가는 자다. 아니, 사실은 예외 규정만큼 특정 법규를 보편적인 차원에서 확실하게 정립하는 것도 없다. 이는 특정법의 적용 범위를 가장 확실하게 보여주는 것이 바로 법을 뛰어넘는 예외 조항이기 때문이다. 생물학적 차원의 면역이 정치-군사적 어휘를 흡수하면서 법적 차원의 면역과 병립되는 순간 체화하게 되는 것이 바로 이와 동일한 성격의 이율배반적인 구조다. 의학적인 차원의 면역화도 환자를 오염의 위험으로부터 보호하기 위해 예외적인 영역에 위치시킨다. 다른 이들이 모두—공동체 전체를 면역화하지 않는 이상—노출되어 있는 위험의 정체를 확인시켜주는 것은 바로 이 고립된 영역이다. 물론 여기서 관건이 되는 것은 자연 법칙이지 정립된 형태의 법규가 아니다. 하지만 잊지 말아야 할 것은 자연 법칙이, 예를 들어 자연법 giusnaturalismo의 경우에서처럼, 근대 법률의 상당 부분을 차지하며 이를 보완한다는 점이다. 이러한 관점에서 볼 때에도 생물학은 법에서 유래하는 요소들을 이를테면 양면적인 형태로, 즉 존재론적인 동시에 인식론적인 형태로 흡수하면서 법을 생물학적인 것으로 만들 뿐 아니라 생물학적인 것을, 위반하지 않고서도 저촉할 수 있는 법으로 만든다.

당연히 면역이라는 범주가 하나의 의미 영역에서 또 다른 영역으로 전이되는 과정은, 이른바 '생명정치'를 전제로 발생한 동시에 '생명정치'의 효과이기도 한 일련의 결과와 결코 무관하지 않다. 역사적인 관점에서, 법적 면역이 생물학적 면역으로 전이되는 과정의 선결 조건으로 기능했던 것은 사회 의학의 탄생이었다. 반면에 19세기에 일어난 의학의 정치화는 어떻게 보면 면역의 개념이 생물학에 이식되는 과정의 결과에 가깝다. 그 이후에야 비로소 의학을 정치적 도구로 만드는 혼종적인 구도가—'전쟁은 정치를 지속하기 위한 또 다른 도구에 불과하다'는 클라우제비츠Carl von Clausewitz의 말과 유사한 맥락에서—구체적인 형태를 갖추기 시작한다. 어떻게 보면, 칼 슈미트가 모든 종류의 정치적 개념들이 신학에서 유래한다고 생각했던 것과 동일한 맥락에서, 모든 종류의 생명-의학적 개념들은— 적어도 명백하게 면역학적인 차원의 개념들만큼은— 정치에서 유래한다고 말할 수 있다. 단지 이 경우에는 의미론적 전이가 이루어지는 공간이 앎의 영역이 아니라 개개인과 종족의 신체 그 자체라는 차이가 있을 뿐이다. 모두의 몸이 건강과 질병 간의 전투가 벌어지는 공간으로 변한다. 하지만 전투는 법과 예외 조항 사이에서도 벌어진다. 그런 차원에서, 면역의 의미가 정치에서 생물학의 영역으로 전이되는 근대적인 현상은 정치공동체적 몸을 인간의 몸에 비유하는 상당히 오래된 메타포에 의존한다고 볼 수 있다. 그런 식으로 정치와 생물학, 역사와 자연 사이에서 의미 변환기의 끊임없는 교환이 이루어졌다. 자연적인 것이 역사의 일부로, 역사적인 것은 자연의 일부로 변했다. 예를 들어 세균은 생명체를 공격하는 군부대와 다를 바 없는 것으로 간주되었던 반면, 20세기 중반에는 오히려 인간을 흔적도 남기지 말고 절멸해야 할 세균으로 간주하는 사건이 벌어졌다.

3. 법적 면역이 생물학적 면역을 훨씬 앞선다는 것은 사실이다. 하지만 이때 관건이 되는 것은 개념적인 차원의 패러다임이지 역사적 현실이 아니다. 인류는 지구상에 존재했을 때부터 면역체계를 지니고 있었다. 면역체계 없이 인류는 결코 살아남지 못했을 것이다. 하지만 그것만으로는 대규모의 전염병에서— 천연두, 독감, 결핵, 말라리아, 페스트, 홍역, 콜레라 등의 전염병에서— 비롯되는 높은 사망률을 줄일 수 없었던 것이 분명하다. 전염병은 세계 인구를 문자 그대로 '절감'하는 데 결정적으로 기여했다. 심지어

는—가능한 한 먼 과거로 거슬러 올라가면—네안데르탈인의 멸종도 사실은 천연두 감염에서 비롯되었던 것으로 보인다. 통계에 따르면 천연두라는 단 하나의 전염병이 유럽에서만 적어도 1800년에 걸쳐 연간 50만 명에 달하는 사망자를 낸 것으로 추정된다. 이러한 자연적 재앙의 결과가 역사—정치적 흐름에 결정적인 영향을 끼쳤다는 것은 부인할 수 없는 사실이다. 아테네의 페스트에서 20세기의 스페인 독감에 이르기까지, 전염병은 인류의 역사에서 사람들이 상상하는 것보다는 훨씬 더 중요한 역할을 해왔다.[10] 예를 들어 2차 세계 대전의 피해가 1차 세계 대전에 비해 경미했던 것은 오로지 2차 세계 대전 당시 양 진영의 병사들 대부분이 백신을 접종받은 상태였기 때문이다.

여하튼 전염병은 물론 면역화 시도의 사회—정치적 중요성에 대한 의식이 전반적으로 부족하다는 것은 부인할 수 없는 사실이다. 예를 들어, 겨울에 나폴레옹의 군대를 러시아의 평야에서 후퇴하도록 만들었던 '동장군General Winter'의 역할은 널리 알려진 반면, 혹독한 겨울 못지않게 결정적인 역할을 한 '티푸스 장군'은 상대적으로 덜 알려져 있다. 이러한 해석적 공백을 메우는 데 크게 기여한 재레드 다이아몬드는 그의 유명한 책 『총, 균, 쇠』에서 면역의 문제가 지닌 놀라운 역사—정치적 중요성에 주목한 바 있다. 다이아몬드에 따르면, 인간들 간의 분쟁에서 면역은 상당히 중요한 전략적 요소로 기능한다. 면역력을 갖춘 침략자들이 면역력이 전혀 없는 원주민들에게 옮기는 전염병은 "세계사의 대대적인 변화 요인들 가운데 하나"였다.[11] 실제로 유럽인들이 아메리카 대륙에 옮긴 세균은 이들이 대륙을 정복하기 위해 필수적이라고 믿었던 무기보다 훨씬 더 효율적이었다. 원주민 종족의 거의 90%를 살해하는 데 사용된 실질적인 무기는 바이러스였다. 물론 이는 유럽인들이 발을 디딘 곳이면 어디에서든— 호주, 남아프리카, 심지어는 피지, 하와이, 통가 같은 섬에서도 — 일어났던 일이다. 하지만 아메리카 대륙에서 전개된 상황은, 극단적으로 적은 정복자들의 수와 절대적으로 많은 피정복자들의 규모 사이에 크나큰 차이가 있었기 때문에 특별한 의미를 지닌다. 1531년, 프란시스코 피사로 Francisco Pizarro가 168명의 병사들만으로 드넓은 잉카 제국을 단기간에 점령할 수 있었던 것은 몇 년 전 잉카에 도달한 천연두가 만연한 상태였고 천연두로 인해 황제와 그의 후계자마저 세상을 떠난 뒤였기 때문이다. 이와 크게 다르지 않은 방식으로, 8백만에 달하던 히스파니올라 섬의 주민들이 유럽의 침략자들과 접촉한 뒤 불과 40년 만에 거의 흔적도 없이 사라지고 말았다. 미시시피 계곡의 아메리카 인디언 종족도, 실제로는 데 소토 Hernando de Soto가 이곳에 도달하기 전에 이미 전염병으로 인해 거의 멸종한 상태였다.[12]

아마도 전염병을 계기로 정복에 성공한 경우들 가운데 가장 놀라운 예는 아즈텍 제국의 정복일 것이다. 왜냐하면 인구가 2천만 명에 달하는 제국이 불과 수백 명밖에 되지 않는 병사들을 데리고 침범한 코르테스 Hernán Cortés에 의해 초토화되었기 때문이다.[13] 물론 1520년 쿠바의 스페인 식민지에서 건너온 한 노예를 통해 멕시코에 전달된 천연두가 아즈텍 멸망의 유일한 원인이었던 것은 아니다. 스페인의 군사적 우위와 해전 기술, 전략적 기량 역시 스페인의 승리에 크게 기여했기 때문이다. 하지만 아즈텍의 왕 모테크소마의 병사들 절반 이상을 초토화한 천연두가 없었다면 제국은

쉽게 무너지지 않았을 것이다. 당시의 정황에 대한 보고에 따르면, 어느 무엇보다도 더 아즈텍인들의 치를 떨게 만들고 사기를 떨어 트렸던 것은 이들의 취약한 방어 전략이 아니라 오히려 자신들에 게는 심각한 피해를 입히던 전염병 앞에서 꿈쩍도 하지 않는 침략 자들의 건강이었다. 그러니까 전쟁을 스페인의 승리로 이끈 것은 사실 스페인 병사들이 아메리카 대륙에 직접 배로 실어 나른 바이 러스에 대한 이들의 면역력이었다고 볼 수 있다. 모테크소마는 바 로 그 해에 날개 달린 뱀 모습의 신 케찰코아틀이 되돌아올 것이라 는 고대의 예언을 믿고 있었고, 코르테스가 다름 아닌 케찰코아틀 이라고 확신했기 때문에, 사실상 패배를 직감하고 있었다. 그의 뒤 를 이어 왕위에 오른 동생 쿠이틀라우악마저 천연두로 사망하면서 대세가 기울어졌을 때, 스페인 병사들은 살아남은 아즈텍 원주민 들을 어렵지 않게 제압할 수 있었다. 따라서 사실은 스페인 병사들 의 강한 면역력이 반대로 전염에 취약했던 아즈텍 공동체를 정복 했다고 볼 수 있다.

하지만 그렇다면 아즈텍 사람들에게는 없던 면역력을 스페인 사람들이 지니고 있었던 이유는 무엇인가? 일반적인 차원에서, 전 염병이 퍼졌을 때 특정 종족이 다른 종족에 비해 쉽사리 병들지 않 는 이유는 무엇인가? 왜 어떤 종족에게는 있는 면역력이 타 종족 에게는 없는가? 다이아몬드는 면역학적인 차원에서 아메리카 대 륙이 유럽에 비해 훨씬 더 열악한 상황에 놓여 있었던 원인으로 세 가지 요인을 꼽았다. 첫 번째 요인은, 신세계 사회의 역사가 훨 씬 더 짧기 때문에, 바이러스와의 접촉을 오래전부터 경험해온 유 럽인들에 비해 아메리카 원주민들에게 경험의 기회가 상대적으로 적었다는 사실이다. 두 번째 요인은, 아메리카 종족들이 안데스 산맥에서 중앙아메리카, 미시시피 계곡에 이르는 상당히 방대한 지역에 흩어져 있었고 이들 사이에서 조차 접촉이나 교류가ㅡ유라시아 대륙에서 빈번히 일어났던 것과는 달리ㅡ전혀 없었다는 점이다. 세 번째 요인은 아메리카 원주민들이 기르던 가축들의 수가 유럽인들과 공생하던 가축들의 수에 비해 현저하게 적었다는 사실이다. 유럽인들이 세대가 바뀌고 오랜 세월이 흐르는 동안 가축의 바이러스에 노출되면서 후속 전염에 대처할 수 있는 면역력을 확보했던 반면, 아메리카 대륙에서는 이러한 과정 자체가 미흡했던 것이다. 이러한 요인들이 모두 아메리카 대륙에서 바이러스성 요소들의 순환을 가로막는 동시에, 유럽인들이 취득했던 면역 기억의 형성을 가로막았다고 볼 수 있다. 다이아몬드가 언급한 요인들 가운데 가장 중요한 것은 세 번째 요인이다. 인류의 가장 악독한 살해자는 사실상 종의 경계를 뛰어넘어 동물의 몸에서 인간의 몸으로 전염되는 병균이다. 바이러스의 확산에 가장 많이 노출되는 사회가 가축들과의 공생이 일상화되어 있는 농경사회인 것도 이 때문이다. 물론 사회 구성원의 수를 감안할 때 사회의 규모가 어느 정도는 커야 바이러스성 요소들의 순환과 반복 전염이 가능해 진다. 통계에 따르면, 공동체 구성원이 50만 정도일 경우, 바이러스가 어느 시점에선가 파고들어야 할 몸을 더 이상 발견하지 못하고 소멸 단계에 돌입한다. 전염병의 역사를 연구한 자크 뤼피에Jacques Ruffié에 따르면, 아메리카 원주민들이 유럽인들에 비해 미약한 면역 반응을 보인 데에는 또 다른 이유가 있다.[14] 문제는 이들의ㅡ우연이라기보다 좁은 유전적 선택에서 비롯된ㅡ단형성monomorfismo 혹은 미약한 다형성polimorfismo이었다. 이러한 특성은 시베리아에서 베링 해협을 건너 4번에 걸쳐 이주해온 첫 세대 이주민들의 시대에 형성된 것으로 보인다. 이러한 정황을 뒷받침하는 근거로, 북아시아 종족들과 북아메리카 종족들이 공통적으로 지닌 유전적 요소나 이들이 사용하던 언어의 유사성을 들 수 있다. 널리 알려져 있듯이, 단형성은—즉 특정 종족이 지닌 주조직적합성복합체major histocompatibility complex의 구성 요소들이 다양하지 못한 현상은—감염성 요소들에 대한 면역 반응을 제한한다는 문제를 안고 있다. 이러한 상황이 발생하는 이유는 다형성이 항체 생산 능력을 갖춘 항원의 다량 생산에 최적화되어 있는 반면 단형성은 이러한 능력이 뒤떨어지기 때문이다. 물론 다형성이 특징인 종족 내부에서도 항원의 다량 생산에 필요한 세포들을 보유하지 못한 개인들이 발견되는 것은 사실이다. 하지만 이러한 결핍은 세포를 풍부하게 지닌 또 다른 개인들의 실재에 의해 보완된다. 반면에 이러한 유형의 보완은 개개인의 유전적 다양성이 제한되어 있는 단형성의 경우에는 일어나지 않는다. 결과적으로, 단형성에서 비롯된 빈약한 면역력이 아메리카 종족들을 바이러스의 감염에 무방비 상태로 노출시켰다고 볼 수 있다. 물론 아메리카 대륙 중부와 북부에서 일어난 것처럼 실질적인 인구 절감 현상이 발생하려면 내부발생적인 요인만으로는 부족하며, 침략자들이 외부에서 전염병을 들여오는 사태처럼 외부발생적인 요인이 병행되어야 한다. 하지만 그런 식으로 외부에서 침투한 전염병은 원주민들이 지닌 면역체계의 저항력이 저조한 만큼 훨씬 더 수월하게 퍼져나간다. 원주민들은 결국 침략자와 전염병이라는 이중의 적 앞에서 무방비

상태에 놓는다. 그런 의미에서 단형성, 혹은 미흡한 다형성은 인구 절감의 원인인 동시에 결과라고 볼 수 있다. 원인인 이유는 외부의 바이러스에 대한 종족의 면역력을 약하게 만들기 때문이고, 결과인 이유는 패배한 종족의 인구 감소가 유전적 다양성을 더욱더 감소시키기 때문이다.

아메리카 정복의 경우에는 이러한 악순환 외에도 문화적이고 상징적인 요인들을 염두에 두어야 한다. 아메리카 원주민들의 눈에 스페인 정복자들의 침입은 전적으로 새로운 사건이었다기보다는 먼저 일어났던 첫 번째 침략의—오랫동안 우려했던—재현에 가까웠다. 아즈텍, 마야, 잉카 제국의 주민들이 바다에서 수염을 단 백인들이 쳐들어왔을 때 발견한 모습은 선조들이 그들의 기억 속에 물려준 백인들의 이미지 그대로였고, 결과적으로 이들을 감히 맞서 대항할 수 없는 신성한 존재로 간주하면서 쉽사리 무릎을 꿇고 말았다. 유럽인들의 눈에도 놀랍게만 여겨졌던 아메리카 원주민들의 미미한 저항은 이처럼 역사적인 사건의 초자연적인 해석에서 비롯되었다. 역사의 일부에 지나지 않는 것을 일종의 피할 수 없는 운명으로 받아들였던 것이다. 결과적으로는 역사-정치적인 현상과—스페인 정복자들의 군사-전략적인 우위와—자연적인 사실의—미약한 다형성에서 비롯된 원주민들의 부족한 면역력의—조합이 사실은 인류사에서 가장 무시무시한 학살 사건들 가운데 하나의 조건을 결정지었던 셈이다.

4. 18세기 유럽에서 시작된 '의학의 정치화'는 미셸 푸코가 연구했던 핵심 주제들 가운데 하나다. 물론 푸코의 입장에서 의학의 정

치화를 해석하는 기준이 면역의 패러다임이었다고 말하기는 어렵다. 아니, 앞서 살펴본 것처럼, 면역의 패러다임을 참조하지 않았기 때문에 푸코의 입장에서는 생명정치의 범주를 완전히 체계화하는 것이 어려웠다고 볼 수 있다. 하지만 면역화를 구체적인 방식으로 언급하지 않을 뿐, 푸코가 재구성한 유럽 의학의 역사에는 면역학적 관점들이 곳곳에 스며들어 있다. 이러한 특징은 푸코가 의학적 시각을 새로이 정의하면서 전염병과의 전쟁에 결정적인 역할을 부여할 때 명백히 드러난다. 푸코는 일찍이 『임상의학의 탄생 Naissance de la clinique』에서 의학이 과거의─여전히 식물학을 모델로 구축되던─분류학적 학문에서 역사적이고 집단적인 현상의 학문으로 전환하는 시점을 다름 아닌 전염병과의 전쟁에서 발견했다. 푸코의 저서에서 전염병은 특정 시기에 어마어마한 수의 인간을 공격하는 동일한 특징의 병으로 정의된다. 전염병이 공격하는 것은 일종의 "단수지만 글로벌한 대상, 또는 시공간 안에서 단 한 번밖에 드러나지 않는 특징들을 지닌 다수의 유사한 머리로 이루어진 한 사람"[15]이다. 물론 당시에는 접촉을 통한 전염이 아니라 공기 중에 돌아다니는 세균이 전염병의 일차적인 원인으로 간주되었지만, 그럼에도 불구하고 전염을 방지하기 위한 세밀한 감시의 필요성이 대두되었고, 이는 당연히 의학의 영역을 뛰어넘어 정치─행정적인 조치가 뒤따를 때에만 가능한 일이었다.

바로 이러한 정황을 계기로, 제도적인 차원의 구체적인 정책과 함께 의학의 정치화가 시작된다. 먼저 프랑스 왕립 의학 아카데미가─여전히 구체제가 유지되던 시기에─설립되었고, 뒤이어 프랑스 정부가 베르사유에 전염병과 동물유행병 확산을─조사, 연구, 처방의 세 단계에 따라— 막기 위한 위원회를 발족시켰다. 그런 식으로 질병의 제어 요구를 충족시키기 위한 이중의 조치가 이루어졌다. 우선적으로는 의사들의 양성이 대학이라는 영역을 벗어나 정부의 직접적인 책임하에 운영되는 기관에 의탁되었고, 아울러 조치의 영역이 일반인들에게까지 확장되면서, 통계를 위해 관련 정보들을 모으고 발병 사례들을 체계적으로 관찰하는 체제가 형성되었다. 또 다른 변화는 정치적인 차원에서 프랑스 혁명을 거치는 동안 발병 현상에 대한 책임이— 국익을 고려한다는 차원에서— 사회 자체에 부여되었을 때 일어났고, 이는 전염병과 이를 방지하기 위한 면역의 기준들에 대한 관심이 고조되는 결과로 이어졌다. 파리에 설립된 보건 기구Court de la santé의 우선적인 과제는 특정 지역에서 발견되는 발병 사례들을 조합해서 구성하는 망사 구도를 토대로 전염의 사슬을 재구성하는 것이었다. 이는 물론 질병의 개인적인 요소를 무시했다는 뜻이 아니라 단지 그것을 좀더 포괄적이고 사회적인 영역으로 도입했다는 것을 의미한다. 어떤 의미에서는 의학의 시선이 개인적인 유형과 집단적인 성격의 두 차원으로 배가되는 현상이 일어났다고도 볼 수 있다. 질병과의 전쟁이 혁명-신화적으로 작용하며 사회적 특권층과의 전쟁과 병행선상에서 전개된 것도 바로 이러한 차원에서 이해해야 한다. 어떻게 보면, 의학이 구원의 과제를 수행하기 위해 마치 교회의 뒤를 이어야 할 것 같은 상황이 전개되었던 셈이다. 교회가 영혼을 치유하기 위해 노력하듯, 국가라는 신성한 몸에 통합된 시민들의 몸을 치유하기 위해 노력하는 것이 의학이었다. 이러한 정황에서 비롯된 결과는— 푸코의 설명대로— 강렬하게 정치적이었다.

의사의 첫 번째 과제는 결국 정치적인 성격을 지닌다. 질병과의 전투는 부패한 정부와의 전쟁과 함께 시작되어야 한다. 먼저 자유로워지지 않는 이상, 인간은 건강을 완전히도, 결정적으로도 회복하지 못한다.[16]

푸코의 『임상의학의 탄생』에서 '면역'은 여전히 전염병의 분석에서 파생된 문제에 불과했다. 하지만 사회 의학을 다룬 리오데자네이로의 강연에서는 오히려 전면에 부각되는 것이 '면역'이다. 푸코가 강연의 시작 단계에서부터 무너트리며 해체하는 것은 근대 의학의 개인적인 성향과 중세 의학의 집단적인 성격이 대립된다고 보는 상식적인 견해다. 실제로 정황은 그렇게 흘러가지 않았다. 자본주의는 처음부터 노동자들의 신체를 사회화했고, 이는 무엇보다도 집단 노동력의 증대를 위해서였다. 이러한 메커니즘은 푸코가 같은 시기에 콜레주 드 프랑스의 강의에서 이론화하는 생명정치적인 전환의 일부를 차지하며 보완하는 요소다. 푸코에 따르면, "자본주의 사회에서 무엇보다 중요한 것은 생명정치다. 생물학적인 것, 육체적인 것, 신체적인 것이 중요하다. 몸은 하나의 생명-정치적 현실이고 의학은 하나의 생명-정치적 전략이다."[17] 후기 근대 사회에서 의학의 정치화는 모든 예상을 뒤엎으며 발달했다. 의학은 고유의 전통적인 울타리를 훌쩍 뛰어넘어 반응하며 상당히 광범위한 영역에 침투했고, 결국에는 다양한 영역 간의 모든 차이를 삭제해버리는 지경에 이르렀다.

오늘날의 상황에서—푸코가 리오데자네이로에서 열린 첫 번째 강연에서 주장한 바에 따르면— 정말 악마적인 것은 우리가 의학의 바깥에 있다고 믿는 영역에 호소하고자 할 때 해당 영역이 이미 의료화되었다는 점을 깨닫게 된다는 것이다. 게다가, 사람들은 의학의 취약점이나 단점, 유해성을 지적하며 의학에 반론을 제기할 때조차도, 여전히 보다 완전하고, 보다 세련되고, 보다 보편적인 의학적 지식의 이름으로 반론을 펼친다.[18]

하지만 염두에 두어야 할 것은 이러한 결과가 프로이센, 프랑스, 영국에서 개별적으로 시작된 오랜 과정의 마지막 퍼즐에 지나지 않는다는 것이다. 이 과정의 첫 단계는 독일의 국립 의료 정책과 함께 시작된다. 물론 일찍이 16세기와 17세기에 프랑스와 영국에서도 출생률과 사망률 조사, 호구 조사와 건강지표 조사를 통해 민중의 생산력을 평가하기 시작했지만, 이러한 정보 수집이 공공의 건강을 향상하고 보호하기 위한 직접적인 정책의 형태로 변신하는 일은 역사상 처음으로 독일에서 의료 경찰Medizinische Polizei의 제도화를 통해 일어났다. 널리 알려진 바와 같이 1700년대에 '경찰'의 개념은 오늘날보다 훨씬 더 넓은 의미로 활용되었고, 국가의 강화를 위한 민중의— 경제적이고 군사적인 동시에 생물학적인— 통치와 사실상 일치하는 개념이었다. 시간이 흐르면서 이처럼 국력을 강화할 목적으로 의학 지식의 본격적이고 진정한 규율화가 실행되었고, 이는 무엇보다도 통치에 유용하도록 의학 지식을 제어하는 데 필요한 조치였다. 독일의 의사는 건강 회복의 기술자이기에 앞서 국가의 공무원이었고 그가 관리하는 건강은 정부의 어떤 관리 대상과도 다를 바 없는 것이었다. 중상주의와 관방학의 성향에 동조하며 점점 더 관료화된 의학이 개개인의 몸에서 보호하던 것은 결국 국가의 집단적 힘이었다. 이러한 의학, 법률, 정치 간의 상응 관계 속에서, 곧장 면역화 과정의 두 가지 측면을 확인할 수 있다. 이는 '전염병으로부터의 보호'와 '국가적 현황의 보호'다. 이 두 종류의 보호는 생물학적 보안과 사회학적 보안의 지속적인 가역성을 바탕으로 고스란히 일치하기에 이른다.

의학 지식의 정치화가 밟은—여전히 면역학적 논리에 더 내재적인 형태의—두 번째 경로를 특징짓는 것은 프랑스의 도시 의학이다. 이 의학의 동력은 도시민들의 회합이 유발하는 생물학적인 동시에 사회적인 두려움의 증폭에서 발견된다. 카바니스Pierre Jean Georges Cabanis가 주장했던 대로 "인간들이 모일 때마다 부패하는 것이 이들의 도덕이다. 닫힌 공간에서 모임을 가질 때마나 인간들의 도덕과 건강이 퇴화한다."[19] 새로운 도시 군중의 확산 앞에서 어떤 정치-보건적인 차원의 공포에 사로잡힌 부르주아 계층은 새로운 전염의 위험을 피하기 위해—아주 예리한 형태를 취했을 뿐—가장 원시적인 동시에 효과적인 불멸의 면역 장치, 즉 중세의 낡은 격리 방식에 매달렸다. 격리 전략은 아주 단순하고 수학적인 분리의 원칙을 따른다. 모든 가족이 각자의 집에, 모든 사람이—가능한 한—각자의 방에 격리된다. 도시도 고대의 면역 관례를 재현하는 바둑판 모양의 분할법에 따라 구역과 거리로 엄격하게 세분화된다. 이때 모델이 되었던 것은 페스트다. 페스트에 대한 면역 방식은 나병의 경우에 요구되는 '배제'가 아니라 '식별'에 집중된다. 결과적으로, 오늘날에도 여전히 빈번히 발생하는 역설적인 상황, 즉 집단 전체가 집단에 포함되는 개인 각자의 고립을 통해서만 구원받을 수 있는 상황이 전개된다. 사람들이 공통적으로 활용하는 공간들, 예를 들어 공동묘지, 빨래터, 도살장 등은 도시의 성벽 바깥에 배치된다. 살아 있는 이들과 마찬가지로 죽은 이들 역시 공동 매장지에서 배제되어 각자의 관에 묻힌다. 이러한 조치는 종교적인 차원을 훌쩍 뛰어넘어 다름 아닌 보건 위생의 차원에서 이루어졌다. 공공 위생은, 적어도 백신의 발견 이전에는, 면역 의학의 핵심이었다. 건강에 유익한 것이 기준이던 단계에서 위생이 기준인 단계로 넘어오는 정황은 면역화가 규모의 측면에서뿐만 아니라 강도의 차원에서도 크게 확장되었다는 것을 보여준다. 환경과 유기체의 관계는— 뒤이어 퀴비에Georges Cuvier와 라마르크Jean-Baptiste de Lamarck가 상이한 방식으로 해석하게 되는 관계가— 바로 자연 과학과 도시 의학이 교차되는 지점에서 부각된다. 중요한 것은 인간들과 사물들의 유통을 제어하고 이들의 동선을 체계적으로 분리하는 일이었다. 바로 이러한 면역화의 요구에서 새로운 형태의 근대 도시가— 도로 확장, 공간 환기, 제방 건설을 통해— 탄생했다. 공공의 공간은 커지면 커질수록 더욱더 세분화된 방식으로 배분되는 양상을 보였다.

영국의 노동력-의학을 특징으로 하는 세 번째 경로에서 면역학적 조합은 더욱더 견고해진다. 자본주의의 발달은 경영자 계층의 불안을 증식시키면서 하류층의 빈곤 자체에 대한 인식의 변화를 가져왔다. 빈민층은 과거에 사회적으로 유용한 우편배달, 식수 운송, 폐기물 처리 같은 업무들을 해결하는 계층에 소속되어 있었지만, 시간이 흐르면서 점점 더 보호해야 할 계층인 동시에 [부유층의 보호를 위해] 멀리해야 할 계층으로 인식되기 시작했다.

1832년 파리에서 발생한 콜레라가 기승을 부리던 시기에 전 유럽에서 실행된 이른바 '빈민 구제법Poor Laws'은 보건적인 의미와 정치적인 의미를 동시에 지니고 있었다. 이 법은 한편으로는 전통적인 박애 정신을 토대로 '빈민층'과의 연대감을 표명하는 조치였고, 다른 한편으로는 엄격하게 선별적이고 배타적인 면역 줄기의 형태로 실행되어야 할 사회적 제어의 필요성을 충족시키는 조치였다.

그런 식으로 도시 내부의 부자들과 빈자들 사이에 권위적인 보건 줄기가 정립되었다. 이들에게는 무상으로 또는 최소한의 비용으로 치료를 받을 수 있는 기회가 주어졌다. 결과적으로 부자들은 빈민층의 열악한 환경이 유발하는 전염병 현상의 희생양이 될 위험에서 벗어날 수 있었다.[20]

19세기 말에 '빈민 구제법'을 보다 체계화하는 형태로 대체하며 이른바 '헬스 서비스Health Service'가 등장했을 때, 보건 정책의 패러다임은 사람, 사물, 환경에 대한 면역학적 예방 조치와 함께 잠재적으로나마 국민 전체에 적용되는 규모로 확장되기에 이른다. 물론 이러한 변화는 유복한 계층의 경제적, 생물학적 우위를 침해하지 않는 한도 내에서, 아니 오히려 이를 천명하면서 이루어졌다. 당시의 의료 체계는 서로 중첩될 뿐 일치하지는 않는 세 종류의 의학적 범주, 즉 1) 취약한 빈민층을 위한 의료 지원 차원의 의학, 2) 일반적인 문제들을 해결하기 위한 행정 차원의 의학, 3) 부유한 계층이 누리던 개인 치료 차원의 의학을 토대로 형성되어 있었다.

5. 면역의 패러다임은 19세기 초에 백신이 발견되고 널리 알려지면서—보건 정책의 국가적, 지역적, 도시적 차원을 뛰어넘어—결정적인 전환점을 맞이하게 된다. 하지만 의학사에서 빈번히 일어났던 것처럼, 백신도 실험 단계가 의학의 이론적 체계화를 선행했던 경우에 속한다. 백신 접종의 수공적인 단계에 해당하는 '종두법Variolation'을 과연 어느 나라에서 먼저 시작했느냐는 문제는 까다로울 수밖에 없고, 이에 대한 상이한 의견들도 의학적이라기보다는 지정학적인 색채를 지닌다.[21] 예를 들어 중국에서 활동하던 예수회 학자 페르 당트르콜Père d'Entrecolles은 최초의 종두법 실험이 10세기경 중국에서 이루어졌다고 주장한 바 있다. 콘스탄티노폴리스에서 활동하던 영국 대사의 부인 메리 몬태규Mary Montagu의 보고에 따르면, 몇 세기 후에 당트르콜이 언급했던 것과 유사한 치료법들이 오스만 제국에서도 널리 활용되었던 것으로 보인다. 몬태규는 종두법을 영국에 수입하려고 노력했던 인물들 가운데 한 명이다. 같은 시기에, 그리스 출신이자 파도바 의대에서 수학한 임마누엘 티모니Emmanuel Timoni와 야콥 필라리니Jacob Phylarini도 종두법을 런던의 왕립학회에 소개하며 이를 널리 알리는 데 기여했다. 특히 보스턴에 천연두가 만연했던 1700년대 초에, 이 지역에서 활동하던 저명한 의사 코튼 매더Cotton Mather는 매사추세츠 주정부를 상대로 종두법의 실행을 촉구한 바 있다. 아메리카 식민지 시대의 의학 서적들 가운데 하나인 『베데스다의 천사Angel of Bethesda』[22] 중 「천연두의 창궐 혹은 스몰폭스와의 만남Variola Triumphata, or the Small-phox Encountred」에서 코튼 매더가 주장했던 것은 천연두를 상대로 면역력을 확보하려면, 천연두를 앓았지

만 증상이 그리 심하지 않던 환자에게서 바이러스성 물질을 추출한 뒤 이를 정상인의 신체에 투입해야 한다는 것이었다. 실제로 어떤 병을 앓았던 사람이 회복한 다음에는 동일한 병을 앓지 않는다는 이야기가 오래전부터 오가고 있었지만, 이는 어느 정도의 경험과 어느 정도의 민간 신앙이 뒤섞인 형태의 통념에 가까웠다. 바로 여기서 환자의 병균으로 인위적인 전염을 유발하는 방식이 유래했고, 이러한 선택은 매번 치명적인 것으로 판명되었다. 이러한 조치는 사실 면역력 취득을 보장하지 못할 뿐 아니라 전염을 더욱더 확산시킬 위험까지 안고 있었다.

이처럼 때로는 치료 요법으로, 때로는 마술적인 가설로 간주되었기 때문에 분명한 것과는 거리가 멀었던 해결책들 사이에서, 실질적인 치료 효과를 발휘할 수 있는 첫 번째 실험을 시도했던 인물은 영국 글로스터셔의 버클리에서 활동하던 시골 의사 에드워드 제너Edward Jenner다. 특정 환자가 똑같은 질병을 다시 일으키는 것이 불가능하다고 믿었던 스승 존 헌터John Hunter의 영향 하에, 제너는 1788년부터 면역학 연구의 기반을 마련하며 전염 현상을 체계적으로 연구하기 시작했다. 그러던 어느 날—널리 알려진 바와 같이—제너가 의도한 적은 없었지만 결정적인 역할을 하게 되는 사건이 일어난다. 그는 소가 소젖을 짜는 사람에게 옮겨 발생하는 우두 농포의 추출물을 한 8세 소년에게 주사했고, 시간이 어느 정도 흐른 뒤에 다시 천연두 농포의 추출물을 주사했다. 뒤이어 소년에게는 아무런 증상이 나타나지 않았고, 제너는 이를 근거로 소년의 면역화를 증명해 보였다. '백신(vaccino)'이라는 단어는 암소를 뜻하는 'vacca'에서 유래하며 이때부터 전염병을 예방하는 데 쓰이는 모든 유형의 물질을 가리키는 용어로 사용되기 시작했다. 이 시점에서 기존의 종두법은—사람과 사람 사이에서 적용되던 만큼 비효과적이고 위험한 결과를 초래했기 때문에—보다 확실하고 안전한 것으로 확인된 백신 접종으로 대체되었다. 그럼에도 불구하고 제너는 다양한 유형의 난관에 봉착했다. 예를 들어 런던 왕립 학회에서는 백신 접종이 이론적인 전제의 차원에서는 혁신적이지만 결과의 측면에서는 신빙성이 떨어진다고 평가하며 백신의 합법화를 거부했다. 그러자 제너는 백신을 발견한 인물이 자신이라는 사실을 알리기 위해 자비로『우두의 원인과 효과에 관한 연구An Inquiry into the Causes and Effects of the Variolae Vaccinae』라는 제목의 책을 출판했고, 이 책에서 처음으로 '바이러스'라는 용어를 사용했다.[23] 그 순간부터 그의 이론과 접종법은 유럽 전역에 빠르게 전파되어 곧장 '제너의' 방식으로 불리기 시작했고, 이어서 식민지로도 수출되어 유럽인들 자신이 빈번히 유발하던 전염병을 퇴치하는 데 활용되었다. 결과적으로 불과 몇 년 만에 유럽에서만 십만 명 이상이 백신을 접종받았고 나폴레옹도 1805년에 아들에게 백신을 접종하며 이를 프랑스 국민 전체에게 의무화했다. 1840년과 1871년 사이에 발표된 일련의 법령을 살펴보면 영국의 법무부도 이 시기에 백신 활용을 의무화했고, 결국 그런 식으로 전염병을 막기 위한 전략에 본질적인 변화가 일어났다는 것을 확인할 수 있다. 이러한 정황에서 결정적인 역할을 한 것은 백신 접종이 드디어 대등한 조건으로 바이러스의 공격에 맞서 대응할 수 있는 유일한 면역 전략으로 인지되기 시작했다는 사실이다. 백신 접종법이 널리 보급되자 과거의 격리 방식은—결정적으로 폐기되지 않았을 뿐—역사상 처음으로, 백신이 부재할 경우에만 활성화해야 할 극단적인 조치로 간주되기 시작했다.

물론 역사적인 차원에서는 제너의 발견과 그의 대대적인 성공이 바로 이러한 과정을 통해 이루어졌다고 볼 수 있지만, 면역의 패러다임 차원에서 그의 발견이 지니는 근본적인 의미에 대해서만큼은 고찰의 여지가 남아 있다. 단도직입적으로 말하자면, 제너의 발견은 인류가 자연의 가장 무시무시한 적을 상대로 벌이는 전쟁의 한복판으로 면역의 패러다임을 끌어들이면서 이를 강화했지만, 다른 한편으로는 **임무니타스**와 **코무니타스**라는 두 범주의 간격을 좁히면서 서로를 이율배반적인 방식으로 체화하도록 만들었다. 다시 말해, 백신 접종을 통해 누군가를 면역한다는 것은 곧 백신을 접종받지 못한 자들로부터—여하튼 공동체의 일부로부터—그를 고립시킨다는 것을 의미하며, 아울러 접종이 언제나 모두에게 허락되는 것은 아니라는 상황에서 벗어나게 만든다는 것을 의미한다. 하지만 또 다른 관점에서, 백신 접종은 개인들 간의 울타리뿐만 아니라 다른 종들 간의 울타리까지 허무는 결과를 가져온다. 물론 오늘날의 백신 접종 과정은 과거와는 비교조차 할 수 없을 정도로 발달했고, 제너의 실험이 지녔던 특징은 조금도 찾아볼 수 없는 새로운 유형의 생물학 기술을 토대로 전개되는 것이 사실이다. 하지만 그럼에도 제너의 실험과 관련된 무언가가 여전히 남아 있다는 것 또한 사실이다. 이러한 정황은 오늘날 백신 접종의 방식 또는 효과를 정의하는 데 여전히 사용되고 있는 어휘들을 살펴보면 분명해진다. 예를 들어 '집단 면역(herd immunity)'이라는 표현은, 'herd'가 '가축의 무리'를 뜻하는 만큼, '백신 접종'이라는 용어 자체의 어원인 동물과 직결된다.

그뿐 아니라 '집단 면역'은 '공동 면역'으로도 정의되기 때문에 '공동체'와 '면역성'의 경계선상에 머물면서 이들의 밀착 현상을 일으킨다. 푸코가 근대 생명정치의 기원으로 주목했던 '목자의 통치'가 동물과 인간 간의 근접성을 표명하는 만큼, 이는 백신 접종자의 생명뿐만 아니라 이를 매개로 공동체 전체를 보호하려는 의도의 또 다른 표현이었다고 볼 수 있다. 그럼에도 불구하고, 몇몇 국가들이 '집단 면역'을 공개적으로 지지하고 나섰을 때, 이들이 생명정치의 패러다임을 그것과 정반대되는 사망의 패러다임으로 전복시킬지도 모를 죽음정치의 가능성을 스스로 품고 있었다는 것은 부인하기 힘들다. 이러한 전복은 '집단 면역'이 백신 접종의 확산을 통해 이루어지는 대신 오히려 백신에 의한 유도 면역을 자연 면역으로 대체할 때 일어난다. 이러한 정황은 전염의 확산을 전제로 높은 비율의 사회구성원을 면역하는 데 성공할 경우, 바이러스의 순환이 불가능해지는 만큼 전염도 멈추게 할 수 있다는 가능성을 토대로 전개된다. 하지만 이러한 전략은 만인의 백신 접종이 불가능한 만큼, 경제를 위기에 빠트릴지도 모를 완전봉쇄 조치를 피할 수만 있다면, 바이러스에 가장 취약한 계층을 포기할 수도 있다는 이른바 '죽음정치'를 전제로 이루어진다. 여기서 우리가 그려볼 수 있는 것은, 그런 식으로 **임무니타스**와 **코무니타스**가 조합되기는커녕, 다시 말해 모두에게 유익한 방식으로 전개되기는커녕 가장 분명하게 반대되는 진영에서, 오히려 현대의 생명정치는 경제적 생산 영역 바깥에 머무는 이들을 죽음에 내맡기며 생존을 보장한다는 푸코의 견해를 가장 괴상한 방식으로 구현하기에 이르는 장면이다.

물론 팬데믹 상황에서 유럽 국가들은 결국 이러한 논리를 수용하는 방향으로 나아가지 않았고 오히려 기본 정책으로 서둘러 되돌아가는 양상을 보였지만, 그렇다고 해서 이러한 유형의 해결책을 시도했었다는 사실 자체가 무효화되는 것도, 아울러 또 다른 상황에서 똑같은 시도가 다시 반복되지 말라는 법이 있는 것도 아니다.

그런 의미에서 백신 접종의 중요성은—보건 정책의 차원에서뿐만 아니라—이중적으로 정치적인 의미를 지닌다. 백신 접종의 대상을 선택하는 문제는 언제나—만인의 백신 접종이 과거에는 상상조차 하기 힘든 일이었던 만큼—정치적 투쟁의 장을 구축해왔다. 이러한 투쟁은 당연히 백신 접종을 원할 뿐 아니라 거부도 했기 때문에 일어났다. 푸코가 사회의학에 관한 강연에서 주목했던 대로, 19세기 중반에 영국에서 부유층을 보호할 목적으로 하층민들의 백신 접종을 의무화했을 때, 이를 거부하고 여러 차례 폭동을 일으키며 반대파들이 주장했던 것은 아이러니하게도 "자신이 원하는 대로 살아갈 권리, 병들 권리, 치료받을 권리, 죽을 권리"[24]였다. 이러한 항변에서—어떤 측면에서는, 비록 전혀 다른 맥락에서지만, 오늘날까지 계속되고 있는 이 이견에서—우리가 발견해야 하는 것은 무엇인가? "이처럼 강력하게 권위주의적인 의료화와 의학의 사회화, 무엇보다도 가난한 계층의 시민들을 상대로 가해지는 의료 검열을 거부하는 정치적 투쟁"[25]을 우리는 어떻게 해석해야 하나? 닉 브라운Nik Brown이 백신 접종의 생명정치를 다룬 『면역적인 생명Immunitary Life』에서 주목했던 것처럼, 백신 접종의 의무화를 거부하던 이들의 투쟁은 본질적으로 엘리트 계층과 노동계층 사이의 분쟁에 가까웠다.[26] 빅토리아 시대에 접종-의무화의 반대자들에 대한 제재가 강화되었던 것은 이들의 건강을 우려해서라기보다는 사회적 통제가 필요했기 때문이다. 당대의 자본주의가 규제를 강화하면서 요구했던 것은 한마디로 노동자들의 신체에 대한 소유권이었다. 이에 반해, 백신 접종의 거부는— 빈번히 보통선거를 지지하는 입장과 조합되었을 뿐 아니라— 착취에 가장 많이 노출되어 있는 계층의 입장에서 상징적으로 중요하기 때문에 드러내는 불복종의 표현이었다. 20세기 초에 보건국의 독재처럼 보이던 것에 대한 양심적 거부가 법적으로 허용되는 정황은 일종의 정치적 승리에 가까웠다. 이때 면역화의 논리는 공동체를 보호하는 방향으로 기울어져 있었고, 단지 일부가 불복하는 입장을 고수했다고 볼 수 있다.

6.　일반적인 견해에 따르면, 제너의 백신 접종법은 의학적 면역화의 '선례'에 가깝지만, 이 의학적 면역화를 최초로 체계화한 인물은 다름 아닌 파스퇴르다. 과거의 면역 방식에서는 찾아볼 수 없는 무언가가 파스퇴르에게 있었다면 그것은 이론적 관점이다. 제너의 면역 방식에서 차후에야 일반화가 가능한 형태로 실험의 경험적인 단계에 머물러 있던 것은 파스퇴르와 함께 어떤 생물학적 법칙으로 정립되기에 이른다. 한마디로 말하자면, 실험실에서 어떤 식으로든 고립될 경우 박테리아는 고유의 맹렬함을 잃고 결국에는 무력화된다. 파스퇴르는 박테리아의 힘이 이를 인위적으로 자극할 경우 어느 시점에선가 감소하는 양상을 보이다가 결국에는 소진된다는 점과 뒤이어 새로운 박테리아를 주입하더라도 더 이상 성장하지 않는다는 사실을 깨달았다. 이러한 현상에서, 파스퇴르

는 박테리아의 성장이 일단 한번 중단된 다음에는 다시 활성화되지 않는다는 결론을 이끌어냈다. 뭐랄까, 자연적 전염 혹은 미약해진 유기물의 주입을 통해 이루어지는 인위적 전염 후에 신체는—사실상 면역력을 취득한 터라—질병을 더 이상 발전시키지 않는다는 것이었다. 그는 이 원리가—물론 정도의 차이는 있겠지만—콜레라, 탄저병, 광견병을 비롯한 다른 모든 전염성 질병의 경우에 똑같이 적용된다고 보았다. 모든 병적 바이러스가 시간이 흐르면서 쇠약해진다는 사실은 인간이 경험을 통해—예를 들어 전염병의 확산이 어느 시점에선가 수그러드는 현상에서—언제나 인지해왔던 부분이다. 하지만 한때 자연적 현상으로 간주되던 것은 이때부터 인위적 생산이 가능한 현상으로 인지되기 시작했다. 동시대인들의 눈에 이 놀라운 변화의 열쇠를 쥐고 있던 인물은 다름 아닌 파스퇴르였다. 그가 곧장 위대한 인물로 추앙받았던 것도 바로 이 때문이다. 결국 사람들은 이런 결론을 내렸다. '파스퇴르 이전에는 진정한 의미의 의학이 존재하지 않았다. 과거에는 단지 불확실하고 비효과적인 의술만이 존재했을 뿐이다.'[27]

하지만 파스퇴르가 정말 면역학의 역사를 시작했다고 볼 수 있을까? 이 질문에 답하기란 그리 간단한 일이 아니다. 왜냐하면 무엇보다도 그가 '면역'이라는 용어를 사용하는 경우가 극히 드물었기 때문이다. 이 용어를 언급할 때조차도 파스퇴르는 어떤 긍정적인 활동의 의미라기보다는 어떤 부정적인 결과를 피한다는 의미로 사용했다. 따라서 그가 말하는 것은 '면역화'라기보다는 오히려 질병 감염에 대한 유기체의 '무반응성', 혹은 질병의 '무-재발성', 즉 동일한 병균에 다시 전염될 수 없는 상태에 가까웠다. 더군

다나 이 '재발recidivo'이라는 용어가 법률에서 유래한다는 사실은, 법률과 의학이 교차되는 지점의 면역학적 의미론을 되돌아보지 않을 수 없게 만든다. 그렇다면 이러한 특징들은 파스퇴르를—찬사로 가득한 위인전에서나 읽게 되는—면역학의 전설적인 선구자로 만들기에 충분한가? 물론 백신 접종을 광범위하게 적용한다는 것은 곧 면역이 보편화된다는 것을 의미한다. 하지만 파스퇴르가—아마도 증상의 극적인 성격 때문에—선택했던 광견병의 경우, 백신 접종은 예방 차원이 아니라 이미 전염된 환자들을 대상으로만 이루어졌다. 여하튼 관건은 면역화가 아닌 백신 치료였다. 뭐랄까, 어느 시점에 도달하기 이전에는, 즉 1880년대로 접어들기 전에, 파스퇴르는 어떤 새로운 지식의 발명가라기보다는 제너의 천재적인 후계자에 가까웠다. 앞서 언급했던 대로, 백신 접종법은 구체제의 의료 경찰에 의해 탄생했고 혁명당의 공화국 체제에서 수용되는 단계를 거쳐 결국 나폴레옹에 의해 프랑스 전역에서 법적으로 의무화되었다.

백신 접종법은 파스퇴르 연구소가 설립되고 산하 실험실들이 곳곳에 설치되는 과정에서 면역학적 단계로 도약한다. 이 실험실들은 먼저 프랑스 영토 전역으로, 뒤이어 이른바 '열대 의학'의 발명과 함께 식민지 영토로 널리 확산되었고, 이때부터 의학적 보건 정책과 지정학적 확장 정책이 조합된 형태의 이른바 '파스퇴르주의'가 발달하기 시작했다. 이러한 현상에 예방적인 측면과 이데올로기적인 측면을 모두 고려하며 주목한 바 있는 브루노 라투르 Bruno Latour에 따르면, 어떤 변화가 일어나기 이전 단계에서 박테리아 연구는 '사회 위생'의 부차적인 측면에 불과했다. 사회 위생의 기본적인 대상은—일반적으로 공기, 물, 토지 등이 포함된—도시 공간이다. 하지만 여기에는 또 다른 차원에서, 신체의 상태가—예를 들어 신체의 구성, 체액, 감염 상태 등이—대상으로 추가된다. 사회 위생의 관점에서, 포착하기 힘든 것은 이 두 단계를—외부에서 내부로 전이되는 과정에서—조합하는 요소였다. 파스퇴르의 날카로운 시선을 사로잡았던 것이 바로 이 요소를—즉 '병균'을—구축하는 미생물이었다. 이 병균의 존재는 의학의 기본적인 전제뿐만 아니라 사회 전체의 이미지를 근본적으로 바꾸어놓았다. 무엇보다도 사회는 단순히 사람들 간의 관계만으로 구축되지 않는다는 것이 분명해졌고, 이는 사회 내부에 지독히 해로울 뿐 아니라 너무 작아서 보이지도 않는 주민들이 살고 있었기 때문이다. 결과적으로 위험에 노출되는 것은 개개인의 몸뿐만 아니라 무엇보다도 총체적인 차원의 사회공동체적 몸이었다. 따라서 사회를 위협하는 보이지 않는 힘의 정체를 밝히고 이를 제어함으로써 이 힘 자체가 스스로에 맞서 발휘되도록 만들 필요가 있었다. 그리고 이를 위해서는—끊임없이 반복되는 박테리아와 백신의 전쟁에서—의사들의 개인적인 노력뿐만 아니라, 위계를 갖춘 진정한 의미의 의료 부대가 적을 공격하고 무찌르기 위해 전투에 직접 뛰어들어야 할 필요가 있었다.

바로 이를 목적으로 파스퇴르 연구소라는 중앙 본부가 설립되었고, 뒤이어 프랑스 영토 전역에 설치된 수많은 실험실에서 박테리아의 재배와 선별 작업이 이루어졌다. 한편으로는 「아날레스 Annales」 같은 간행물들도 방어와 공격을 동시에 시도하는 일종의 이중 전략을 수행했다. 라투르에 따르면, 파스퇴르가 시도했던 것은, 규모와 원대함의 차원에서 프로이트가 추진했던 정신분석학 기획에 비할 만큼 대대적인 생명정치 기획이었다. 프로이트의 목표가 일상의 망각 속에서 정신적으로 불안정한 요소들을 발굴하는 것이었다면, 파스퇴르의 목표는 유기적인 생명체의 여백에서 몸을 병들게 하는 기생충들을 추적하는 것이었다.

> 파스퇴르와 프로이트 모두, 소외되어 보이지 않는 위험천만한 세력의 이름으로 말한다고 천명하며, 문명사회가 무너지는 꼴을 보고 싶지 않다면 이 세력에 주의를 기울여야 한다고 주장한다. 파스퇴르주의자들은 그 누구도 근접할 수 없는 종족의 예외적인 해석자임을 자처한다.[28]

모든 전쟁과 마찬가지로, 미생물 사냥꾼들이 뛰어든 전쟁 역시 바이러스들이 배회하는 최전방에서 이루어진다. 모든 것은 경계선상의 통로에서 결정된다. "미생물이 지나가는 것을 놓치면 모든 예방 조치가 무용지물이 되고, 지나가지 못하도록 막으면 그 외의 다른 모든 예방 조치가 무의미해진다."[29] 이러한 정황에서 '사회 위생'은 의학적인 동시에 정치적인 형태의 새로운 권력을—새로운 의학 정치를—구축하기 위한 토대로 기능한다. 위생주의자들과 파스퇴르주의자들이 [정치와 의학이] 혼합되는 과정은, 예전에는 존재하지 않았던 곳, 기생충과 기생충을 무찌르려는 이들이 싸우는 곳, "기생충과 반쯤 기생충인 존재에게"[30] 공통된 지대에서 양자 모두의 힘을 극대화하기에 이른다.

에콜 노르말의 미생물학 실험실은 과학의 영역과 정치의 영역을 끊임없이 넘나들며 벌어지는 분쟁의 심장이었다. 이곳에 눌러 앉은 파스퇴르가 그에게 제공되는 수많은 정보를 토대로 시도했던 것은 한마디로 체내의 역학 관계를 체외로 옮기는 일이었다. 다시 말해 관건은 자연적인 현상을 인위적인 방식으로 제어하기 위해 무한히 작은 것과 무한히 큰 것 사이의 관계를 전복시키는 일이었다. 실험실에 모인 소수의 학자들은, 수십 세기에 걸쳐 어떤 인간 보다도 훨씬 더 강하다는 것을 증명해온 대규모의 미생물 부대를 새로운 군사—생물학적 기술로 제압해야 하는 상황에 놓여 있었다. 왜냐하면, 미세한 크기의 기생충이 수억 배나 더 큰 소나 인간을 죽일 수 있다면 미생물학 실험실에 모인 한 시대의 인간들이, 역사 의 여명기에 인류를 멸종 위기에 빠트렸던 천적의 박멸 방식을 밝 히는 것도 얼마든지 가능하리라고 보았기 때문이다. 이 전투의 첫 걸음은 아이러니하게도, 언제나 어둠 속에서만 존재했던 천적에게 이름과 얼굴을 부여하는 것이었다. 그런 의미에서, 어떻게 보면 파 스퇴르는 미생물이라는 이름을 '지어냈다'고도 말할 수 있다. 그는 사실 언제나 존재했던 것을 실험실로 가져와 재구성하고 새로운 의미를 부여하며 이를 식별이 가능한 실체로 만들었을 뿐 아니라 고유의 기능에 부합하도록 만들었다. 그는 이를 '발견'했지만, 그것 을 은폐하던 베일을 걷어올린 것이 아니라 의미 있는 의학 용어로 옮겨놓았을 뿐이다. 이 과정에서 핵심적인 역할을 했던 「아날레스」 의 학술 논문들은 미생물이 지닌 맹렬함, 변화무쌍함과 맞서 싸우 는 진정한 의미의 전쟁 기계에 가까웠다. 여기서 주목해야 할 것은 과학이 이처럼 색다른 수단으로 정치에 뛰어들어 사회를 변형시키 는 데 일조했다는 사실이다.

과학의 정치는 내부정책적일 뿐 아니라 외교정책적인 방향으로도 전개되었다. 앞서 살펴본 바와 같이, 아메리카 대륙의 정복 과정에서 천연두 바이러스가 일종의 비밀 병기 역할을 할 수 있었던 것은 정복자들이 면역력을 취득한 상태였던 반면 아메리카 원주민들은 무방비 상태였기 때문이다. 이와 유사한 무언가가, 19세기와 20세기 사이에, 팽팽한 경쟁 관계에 놓여 있던 유럽 국가들의 식민지 정책이 활성화되는 과정에서도 일어났다. 이러한 경쟁 상황은 빈번히 군사 의학에 의해 해결되는 양상을 보였다. 이는 군사 의학이 평화 시기에는 군부대의 보건을 책임지지만, 전쟁 시기에는 군부대가 바이러스에 의해 초토화되는 것을 방지할 수 있었기 때문이다. 물론 모든 전염 사태가 항상 백인들에게 유리한 쪽으로 흘러갔던 것은 아니다. 예를 들어, 1802년에 58000명 이상의 병사들을 이끌고 산토 도밍고를 향해 출발했던 프랑스 군대가 황열 바이러스의 공격으로 초토화된 뒤 고국으로 돌아왔을 때 병사들의 수는 8000명에 불과했다. 프랑스 군대는 몇 년 뒤인 1809년에 마다가스카르 원정을 떠났을 때에도 이에 못지않은 피해를 입었다. 하지만 바로 이 시점에서 전쟁의 향방을 바꾸었던 것이 바로 백신 접종에 의한 집단 면역이다. 왜냐하면 바이러스로 인해 무용지물이 된 군사 기술을 회복하며 우위를 점할 수 있는 계기를 제공했기 때문이다. 출생률이 저조했던 당시 프랑스의 입장에서 미생물 의학은 대체 불가능한 동맹국에 가까웠다. 파스퇴르주의는 군사 의학에 반영되는 순간부터 프랑스 식민 정책의 전초 부대가 되었고, 파스퇴르는 탕헤르와 튀니지, 사이공 등지에서 프랑스의 운명을 좌우하는 장군에 가까웠다. 1908년에는―「아날레스」 외에도―프

랑스 외교 의료 정책의 일환으로 「이국 병리학 협회 회보Bulletin
de la Société de pathologie exotique」가 출간되기 시작했다.

7. 물론 이러한 면역 과정의 정치적 중요성이 프랑스 식민 정책
의 영역에서만 부각되었던 것은 아니다. 19세기 말에, 면역화 정책
은 유럽 강대국들 간의 분쟁에도―특히 프로이센-프랑스 전쟁을
통해 절정에 달하는 독일과 프랑스 간의 분쟁에―결정적인 영향
을 끼쳤다.[31] 바로 이러한 정황에서, 전적으로 과학적인 성격의 연
구 기획에 강렬하게 국수주의적이고 민족주의적인 어조를 부여하
는 성향이 비롯되었다고 볼 수 있다. 예를 들어, 파스퇴르의 입장
에는 일찍부터―그의 입장을 뒷받침하는 것이 분명히 과학적이고
실험적인 차원의 전제들이었음에도 불구하고― 정치-신학적이라
고 해도 무방할 요소들이 가미되어 있었다. 이러한 특징을 확인하
려면, 당시에 벌어졌던 개체발생론 논쟁, 특히 펠릭스-아르쉬메드
푸쉐Félix-Archimède Pouchet가 『이형발생 혹은 자연발생에 관하여
Heterogenesis, or a Treatise of Spontaneous Generation』에서 옹호했
던 자연발생론에 주목할 필요가 있다.[32] 자연발생론은 유기물이 무
기물에서 유래한다는 전제에서 출발하기 때문에 종교적인 성격의
창조론과 양립할 수 없으며 그리스도교의 기본적인 교리들을 부
정한다는 특징을 지니고 있었다. 따라서 본질적으로 과학적인 차
원의 반론이 정치-신학적인 성격을 띨 수밖에 없었던 것도 이러한
특징 때문이었다고 볼 수 있다. 이처럼 자연적으로 무신론적인 관
점을― 얼마든지 무정부주의적이고 공산주의적인 이념으로 악용
될 수 있었기 때문에―주저하지 않고 거부하며, 파스퇴르는 애국

주의적인 어조로 자신의 이론은 전통적인 가톨릭 교리와 결코 모순되지 않는다는 주장을 펼쳤다. 파스퇴르는 1864년 4월 1일에 알렉상드르 뒤마, 조르주 상드, 마틸드 보나파르트 등이 참석한 가운데 가진 유명한 강연에서 이러한 이론이 틀렸을 뿐 아니라 그리스도교 신앙에 위배된다는 점을 강조하며 이를 신랄하게 비판했다. 그의 어조에는 그런 식으로 나폴레옹 3세를 지지하며 에콜 노르말을 위해 넉넉한 투자를 호소하려는 의도가 분명히 묻어 있었고, 그의 희망은 머지않아 현실화되었다.

아들이 참여했던 전쟁이 끝나자, 파스퇴르는 자신의 입장을 표명하면서 강력하게 민족주의적이고 반–독일주의적인 어조를 사용하기 시작했다. 예를 들어 그는 세균학이 '프로이센이라는 암'에서 프랑스가 회복하는 데, 다시 말해 프랑스 민족이 보상을 받는 데 쓰여야 한다고 주장했다. 한편으로는 라인 강 맞은편의 정황도 이와 크게 다르지 않은 방식으로 흘러가고 있었다. 독일의 촉망받는 의사 로베르트 코흐는 과학자로서 뿐만 아니라 개인적인 유명세로도 머지않아 파스퇴르를 꺾을 수 있는 가장 강력한 대항마로 주목받기 시작했다. 파스퇴르보다 한 세대 후에 태어난 코흐는 탄저병 세균을 연구하는 데 몰두했고 이를 신체의 혈액에서 찾아내는 데 성공했다. 코흐는 신체 내부에서 서로 다른 계열의 기관들 사이에 양분 수급의 경쟁 구도가 형성되며 이전 상태의 균형에 변화가 일어날 때 발병이 시작된다고 보았다. 파스퇴르처럼 코흐도 감염과 세균의 연관성에 주목했지만, 코흐는 세균들의 특수성에 좀 더 주의하는 성향을 보였다. 탄저병, 콜레라, 장티푸스 같은 질병들을 결정짓는 질병의 메커니즘이 본질적으로 동일하다는 것은 사실이지만, 그렇다고 해서 특정 질병과 이에 상응하는 세균의 특수한 관계가 무의미해지는 것은 아니다. 그런 의미에서 코흐는 미생물의 특수성과 미생물이 체외에서 분리된 상태의 순도가 치료 효과를 배가하는 데 결정적인 역할을 한다고 설명하며, 이에 비한다면 파스퇴르의 방법론은 그만큼 덜 엄밀하다고 주장했다. 파스퇴르가 세균이 지닌 공격성의 변화를 기반으로 구축한 방법론을 일반화하는 방향으로 나아갔던 반면, 코흐는 미생물의 특성을 연구하는 데 집중했다. 코흐는 문제의 핵심이 세균의 변화를 관찰하는 데 있지 않고 오히려 세균의 정체를 가능한 한 정확하게 파악하는 데 있다고 보았다. 물론 오늘날 고도로 발달한 생체 과학이 이러한 쟁점의 이론적 한계를 분명히 극복했다는 점을 감안하면, 파스퇴르와 코흐 사이의 차이점보다는 유사성이 오히려 더 크게 다가온다. 실제로 이들은 모두 면역의 패러다임 안에서 움직였고, 이는 둘 다 병균을 발견한 뒤 접종을 예방 조치로 제시했기 때문이다. 하지만 이들이 활동하던 시기에는, 이들의 이론이 근본적으로 다르다는 견해가 지배적이었다. 실제로 상호보완적이기도 한 이 예방 조치들 간의 표면적인 대립 현상은 사실 강렬하게 국수주의적인 어조로 점철된 이데올로기적 대립의 결과에 가깝다. 전쟁에 패하면서 알자스-로렌을 잃은 프랑스가 설욕을 갈망하고 있었던 반면, 다름 아닌 전쟁의 승리를 계기로 정치적 단합을 이루는 데 성공했던 독일은 자신들이 군사력뿐만 아니라 과학적인 차원에서도 우월하다는 것을 증명하는 데 혈안이 되어 있었다. 천적 프랑스를 상대로 펼쳐지던 이러한 제국주의적 전략에서 첨병 역할을 했던 것이 바로 — 후에 '로베르트 코흐 연구소'로 불리게 될 — 베를린 전염병 연구소였다.

　세균학 전투가 강렬한 정치적 성향뿐만 아니라 거의 영웅시적인 어조를 띠었던 것도 바로 이러한 정황에서 비롯되었다고 볼 수 있다.[33] 반–독일주의를 부르짖던 파스퇴르 연구소의 열렬한 조국 사랑에 맞서, 독일의 병리학자들은 파스퇴르주의의 치료 효과뿐만 아니라 과학적인 신빙성까지 부인하며 신랄한 비판을 퍼부었다. 결국 면역화는— 이러한 측면에서 관찰할 때에도— 정치와 의학의 생명정치적인 교차로에 놓여 있었다고 볼 수 있다. 두 진영에서 사용하던 어휘가 서로 전염되는 과정은 완벽하게 상호적이었다. 의학이 정치적 도구로 활용되는 과정은 다시 정치적 가치를 확보하려는 의학의 성향에 그대로 반영되어 나타났다. 독일 보건청의 첫 번째 공식 보고서는 파스퇴르가 미생물 재배 과정에서 근사치에 의존한다고 비판하는 내용이 거의 전부여서 제목을 '반–파스퇴르주의'라고 붙여도 무방할 정도였다. 이때부터 두 연구소— 파리의 파스퇴르 연구소와 베를린의 코흐 연구소— 간의 치열한 경쟁은 의학적인 동시에 정치적인 승리와 패배를 번갈아 반복하며 20년이 넘도록 지속되었다. 파스퇴르가 프로이센 정부로부터 받았던 명예훈장을 비난조의 편지와 함께 되돌려 보냈을 때, 가장 크게 분노했던 이들은 독일의 의사들이었다. 파스퇴르가 양에게 백신을 접종하며 시도했던 유명한 실험은 그가 옳았다는 것을 증명하는 듯이 보였지만, 그의 천적들은 오히려 그를 절충주의자로, 심지어는 표절자로 몰아가며 비판하는 반응을 보였다. 반대로 코흐가 1893년 이집트의 알렉산드리아에서 발발한 전염병의 콜레라 세균을 식별하는 과정에서 우위를 점하자, 파스퇴르는 이에 대응하기 위해 광견병 백신 연구를 시작했고 이를 성공적으로 이끌면서 다시 한 번 승리를 거머쥐었다. 이를 계기로 그의 명성은— 개인적인 유명세는 물론 과학적인 성과의 차원에서도— 절정에 달하게 된다. 그가 개에 물린 한 소년의 생명을 구했다는 소식이 전해지자, 파스퇴르는 프랑스 판테온의 진정한 영웅으로 지목되었고, 그 시점에서 파스퇴르 연구소로 쏟아져 들어오기 시작한 어마어마한 액수의 기부금 덕분에 연구소의 활동을 아시아 식민지로 확장할 수 있었다. 코흐의 반격이 시작된 것은 그가 결핵균을 발견한 1892년이다. 베를린 대학의 교수가 된 코흐는 건강 검진이 독일 영토 전역에서 이루어져야 한다는 주장을 펼쳤고, 결과적으로 중앙 정부의 권위를 강화하는 데 크게 기여했다. 그런 식으로 코흐는 의사임에도 전적으로 정치인다운 면모를 보여주었고, 그 공로를 인정받아 황제로부터 철십자 훈장을 수여받았다. 코흐는 1905년에 노벨 생리의학상을 수상했다. 면역의 패러다임 내부에서, 과학적 발견과 그것의 정치적 가치를 분리하는 것이 이 시기만큼 어려운 적은 없었다. 이러한 정황을 안-마리 물랭Anne-Marie Moulin은 다음과 같이 묘사했다.

프랑스 학파와 독일 학파, 즉 코흐의 제자들이 대변하던 프로이센 학파 사이의 적대감은 점점 더 악화하는 양상을 보였다. 세포가 먼저냐 체액이 먼저냐는 문제는 일종의 드라마로 변해버렸다. 열띤 논쟁이 1890년과 1910년 사이에 모든 학회, 모든 학술지를 지배했고 씁쓸하기만 한 알자스-로렌과 유대인 문제를 놓고 더욱더 불거지는 양상을 보였다. 과학자들 간의 전쟁은 1914년에

발발한 세계대전의—한 원인일 수도 있겠지만—적어도 분명한 징조 가운데 하나였다.[34]

파스퇴르의 죽음에도 불구하고 프랑스와 독일 간의 면역 전쟁은 막을 내리지 않았다. 이 생물–의학적인 면역 전쟁의 후반전은, '생물학적 면역'의 현대적인 개념을 처음으로 정립한 러시아의 동물병리학자 일리야 메치니코프Il'ja Il'ič Mečnikov가 파리의 파스퇴르 연구소에 도착하면서 시작되었다. 그때까지만 해도 어느 진영에서 결정적인 승리를 거두었는지는 여전히 불분명한 상태였다. 메치니코프는 일종의 소화 기능에 가까운 '식세포 작용'을 집중적으로 연구하면서 파스퇴르가 했던 것과—비록 전적으로 새로운 인식론적 지평에서지만—동일한 역할을 수행했고, 면역에 관한 획기적인 논문을 발표하며 면역학의 새로운 장을 열었다.[35] 백혈구의 존재는 오래전부터—적어도 루돌프 피르호의 연구를 기점으로—널리 알려져 있었지만, 메치니코프는 다름 아닌 식세포가 감염에 능동적으로 저항하는 유기적 요소라는 사실을 발견했다. 초창기부터 메치니코프의 활동은 무엇보다 독일에서 코흐의 이론을 기반으로 정립된 체액이론과 대립하며 경쟁하는 양상을 보였다. 일찍이 1890년 베를린 학술대회에서 메치니코프는 식세포의 역할이 결정적이라는 점을 증명해 보였고 독일의 경쟁자들을 상대로 완벽한 승리를 거두는 듯이 보였다. 하지만 머지않아 전세가 역전되고, 상황은 체액이론이 세포이론보다 현저하게 우위를 점하는 방향으로 전개되었다. 코흐의 공리를 토대로 전개되던 체액이론 분야의 연구들은 결국 세포이론을 비롯해 '능동적인' 면역의 개넘을 장외로 밀어내며 몇십 년간 면역학을 지배할 수 있었다. 실제로 1890년에 에밀 폰 베링Emil Adolf von Behring과 기타사토 시바사부로Kitasato Shibasaburō는 디프테리아와 파상풍 독소에 대한 면역성 취득이 항체에 의해, 특히 세포의 참여와는 무관하게 이루어진다는 사실을 발견했고, 코흐는 이를 토대로 식세포 이론의 결정적인 패배를 선언할 수 있었다. 뒤이어 파울 에를리히Paul Ehrlich가 세포의 곁사슬을—즉 항체 수용기가 항원을 붙들 수 있도록 만드는 측쇄를—발견했을 때, 그의 이론은 양 진영 간의 오랜 논쟁에 종지부를 찍으면서 세포이론을 무용지물로 만들어버렸다. 물론 1908년, 메치니코프와 에를리히가 모두 노벨상을[36] 수여하면서 양 진영의 경쟁 구도는 균형을 되찾는 듯이 보였지만, 항체이론은 이미 면역 현상을 해석하는 사실상 유일한 척도로 정립되어 있었고 세포이론은 지나간 과거의 유산에 불과했다.

그러나 과학의 역사에서 드물지 않게 일어났듯이, 이 승리조차도 결정적이지 않았다. 후에 좀 더 자세히 살펴보겠지만, 이식수술, 자가면역질환, 면역관용 등이 핵심적인 문제로 부각되는 시점에서 메치니코프의 관점은—물론 그가 제시했던 형태를 뛰어넘어 현대적인 의미의 면역 이론에 요구되는 개념적 도구들이 갖추어진 상태에서—뒤늦게나마 또 다른 승리를 쟁취하게 된다. 그런 식으로 면역의 패러다임은 당시에만 해도 가장 확실한 것으로 간주되던 화학요법에서 생물학요법으로 전환되었고, 오늘날 우리는 이때 일어난 전환의 선상에 여전히 머물러 있다. 그러나 19세기에서 20세기로 넘어오는 사이에 벌어진 면역학 논쟁의 정치적이고 심지어 군사적인 성향은 어떤 측면에서는 완전히 수그러들었다고 보기 힘들다. 오늘날에도 — 이러한 풍토에서 완전히 벗어난 것처럼 보일 때조차도 — 면역이라는 범주의 정치성은 항상 변화무쌍하고 문제적인 형태로 부각된다.

주

1 '무누스'의 어원과 파생어들에 대해서는 로베르토 에스포지토『코무니타스. 공동체의 기원과 운명』, 크리티카, 서문 참조.

2 로베르토 에스포지토, 『임무니타스. 생명의 보호와 부정』, 크리티카 참조. 면역패러다임에 대해서는 S. Spina, *Immunitas e persona*, ETS, Pisa 2020 참조.

3 Ferdinand Tönnies, *Gemeinschaft und Gesellschaft*, Fues's Verlag, Leipzig 1887 [trad. it. *Comunità e società*, Comunità, Milano 1979].

4 면역의 패러다임 내부에서 형성되는 정치와 생물학의 변증관계에 대해서는 I. Mutsaers, *Immunological Discourse in Political Philosophy. Immunisation and its Discontents*, Routledge, London-New York 2016 참조.

5 면역 패러다임의 계보학에 관해서는 폭넓고 상세한 분석을 제시하는 E. Cohen, *A Body Worth Defending. Immunity, Biopolitics and the Apotheosis of the Modern Body*, Duke University Press, Duhram-London 2009 참조.

6 면역체계를 묘사하면서 전쟁의 비유를 활용하는 측면에 대해서는 P. Jaret, *Our Immune System: The Wars within*, in «National Geographic», n. 169, 1986, pp. 702-35 참조.

7 생물학적 면역성을 정의하는 데 사용되는 정치적 메타포의 수행 능력에 대해서는 이하의 저서들 참조. E. S. Golub, *Semiosis for the Immune System but not the Immune Response, or what can be learned about language by studying the Immune System?* in E. E. Sercarz, F. Celada, N. A. Mitchison e T. Tada, *The Semiotics of Cellular Communication in the Immune System*, Springer, Berlin-Heidelberg-New York 1988, pp. 65-69, F. Karush, *Metaphors in Immunology*, in *Immunology 1930-1980: Essays on the History of Immunology*, Wall and Thompson, Toronto 1989, pp. 73-80, E. Martin, *Flexible Bodies. The Role of Immunity in American Culture from the Days of Polio to the Age of AIDS*, Beacon Press, Boston 1994.

8 법적 면역의 역사에 대해서는 이하의 저서들 참조. L. S. Frey e M. L. Frey, *The History of Diplomatic Immunity*, Ohio State University Press, Columbus 1999, G. McClanahan, *Diplomatic Immunity: Principles, Practices, Problem*, C. Hurt & Co. Ltd, London 1989.

9 Cohen, *A Body Worth Defending*, pp. 41.

10 M. Harrison, *Disease and Modern World: from 1500 to the Present Day*, Polity Press, Cambridge 2004, J. N. Hays, *The Burden of Disease: Epidemics and Human Response in Western History* (1988), Rutgers University Press, New Brunswick (N. J.) 2009, S. Morand, *La prochaine peste. Une histoire globale des maladies infectieuses*, Fayard, Paris 2016, M. D. Grmek, *Pathological Realities: Essays on Disease, Experiments and History*, Fordham University Press, New York 2019.

11   J. Diamond, *Guns, Germs, and Steel. The Fates of Human Societies*, W. W. Northon & Company, New York-London 1997 [trad. it. *Armi, acciaio e malattie. Breve storia del mondo negli ultimi tredicimila anni*, a cura di L. e F. Cavalli Sforza, Einaudi, Torino 1998, p. 55.], [재레드 다이아몬드, 『총, 균, 쇠』, 문학사상].

12   N. Gualde, *Les microbes aussi ont une histoire. Des épidémies de peste aux menaces de guerre bactériologique*, Empêcheurs de penser en ronde, Paris 2003, pp. 203 이하 참조. 전염병으로 인한 아메리카 원주민들의 멸종에 대해서는 이하의 저서들 참조. H. Dobyns, *Their Number Become Thinned*, University of Toronto Press, Knoxwille 1983, J. W. Verano e D. H. Ubelaker, *Disease and Demography in the Americas*, Smithsonian Institution, Washington 1992, A. F. Ramenofsky, *Vectors of Death: Archaeology of European Contact*, University of New Mexico Press, Albuquerque 1987, R. Thornton, American Indian Holocaust and Survival. A Population History since 1492, University of Oklahoma Press, Norman 1987, A. Crosby, *The Columbian Exchange: Biological and Cultural Consequences of 1942*, Praeger, Westport (Conn.) 2003.

13   스페인의 아즈텍 제국 정복에 관해서는 이하의 저서들 참조. H. Thomas, *Conquest: Montezuma, Cortés and the Fall of Old Mexico*, Simon & Schuster, New York 1993, B. Levy, *Conquistador: Hernán Cortés, King Montezuma, and the Last Stand of Aztecs*, Bantam Books, New York 2008 [trad. it. *Conquistador. Cortés, Montezuma e la caduta dell'impero azteco*, Bruno Mondadori, Milano 2010], C. Todorov, *La conquête de l'Amérique. La question de l'autre*, Seuil, Paris 2013 [trad. it. *La conquista dell'America. Il problema dell'«altro»*, Einaudi, Torino 2014].

14   J. Ruffié, *De la biologie à la culture*, Flammarion, Paris 1976, J. Ruffié, J.-C. Sournia, *Les épidémies dans l'histoire de l'homme. De la peste au SIDA*, Flammarion, Paris 1976.

15   M. Foucault, *Naissance de la clinique. Une archéologie du regard médical*, Puf, Paris 1963 [trad. it. *Nascita della clinica. Una archeologia dello sguardo medico* (1969), M. Bertani 편, Einaudi, Torino 1998, p. 36].

16   같은 책, p. 46.

17   M. Foucault, *El nacimiento de la medicina social*, in «Revista centroamericana de Ciencias de la Salud», n. 6, 1977 [trad. it. *La nascita della medicina sociale*, in *Archivio Foucault. Interventi, colloqui, interviste, II. 1971-1977. Poteri, saperi, strategie*, A. Dal Lago 편, Feltrinelli, Milano 1977, p. 222].

18   M. Foucault, *Crisis de un modelo en la medicina?*, in «Revista centroamericana de Ciencias de la Salud», n. 3, 1976 [trad. it. Foucault, *Crisi della medicina o crisi dell'antimedicina?*, in *Archivio Foucault II*, p. 113].

19   Foucault, *La nascita della medicina sociale*, p. 229.

20   같은 책, p. 237.

21 백신의 역사에 대해서는 이하의 저서들 참조. J.-F. de Raymond, *La querelle de l'inoculation ou préhistoire de la vaccination*, Vrin, Paris 1982, H. Bazin, *Vaccination: a history from Lady Montagu to Jenner and genetic engineering*, John Libbey Eurotext, Montrogue 2011, S. Plotkin 편저, *History of Vaccine Development*, Springer, New York 2011.

22 C. Mather, *The Angel of Bethesda* (1724), G. W. Jones 편, American Antiquarian Society and Barre Publishers, Barre (Mass.) 1972.

23 E. Jenner, *An inquiry into the causes and effects of the variolae vaccinae: a Disease discovered in some of the western counties of England, particularly Gloucestershire, and known by the name of cow pox* (1798), S. Cooley-Gosnell, London 1808.

24 Foucault, *La nascita della medicina sociale*, p. 239.

25 같은 곳.

26 N. Brown, *Immunitary Life. A Biopolitics of Immunity*, Palgrave MacMillan, London 2019, 특히 *Spherologie of Immunisation*, pp. 169-214 참조. 백신 접종의 정치와 백신에서 비롯된 분쟁에 관해서는 이하의 문헌 참조. D. Brunton, *The Politics of Vaccination: Practice and Policy in England, Wales, Ireland, Scotland*, University of Rochester, Rochester 2008, S. Blume, *Anti-vaccination Movements and their interpretations*, in «Social Science and Medicine», n. 62, 2006, pp. 628-42, J. Colgrove, *The Ethics and Politics of Colpulsory HPV Vaccination*, in «New England Journal of Medicine», n. 355, 2006, pp. 2389-91, N. Durbach, *Bodily Matters: the Anti-Vaccination Movement in England 1853-1907*, Duke University Press, Durham-London 2004, B. L. Hausman, *Immunity, Modernity, and Biopolitics of Vaccination Resistence*, in «Configurations», n. 25, 2017, pp. 279-300.

27 C. Richet, *Discours. Centenaire de Louis Pasteur. L'Institut Pasteur de Lille et la célébration du centenaire de Pasteur à Lille*, G. Marquart, Lille 1922. 파스퇴르에 대해서는 A. Cadeddu, *Dal mito alla storia. Biologia e medicina in Pasteur*, Angeli, Milano 1991 참조.

28 B. Latour, *Pasteur: guerre et paix des microbes*, La Découverte, Paris 2001, p. 71. 파스퇴르 연구소와 실험실에 대해서는 B. Latour e S. Woolgar, *La Vie de laboratoire*, La Découverte, Paris 1988, M. Morange 편, *L'Institut Pasteur. Contribution à son histoire*, Atti del convegno, La Découverte, Paris 1991 참조.

29 Latour, *Pasteur*, p. 83.

30 같은 책, p. 97.

31 파스퇴르와 코흐의 경쟁에 대해서는 이하의 도서 참조. K. C. Carter, *The Koch-Pasteur Dispute on Establishing the Cause of Anthrax*, in «Bulletin of the History of Medicine», n. 62, 1988, pp. 42-57, M. Crosland, *Science and the Franco-Prussian War*, in «Social Studies of Science», n. 6, 1976, pp. 185-214.

32 프랑스어 판본은 F.-A. Pouchet, *Hétérogénie, ou Traité de la génération spontanée*,

basé sur de nouvelles expériences, Baillière et fils, Paris 1859 참조. 자연발생에 관한 논쟁에 대해서는 이하의 저서들 참조. J. Farley, The *Spontaneous Generation Controversy from Descartes to Oparin*, Johns Hopkins University Press, Baltimore 1974, N. Roll-Hansen, *Experimental method and spontaneous generation: the controversy between Pasteur and Pouchet, 1859-64*, in «Journal of the history of Medicine», vol. 34, 1979, pp. 273-92, J. Farley, G. Geison, *Le débat entre Pasteur et Pouchet: Science, politique et génération spontanée, au xixème siècle en France*, in *La science telle qu'elle se fait*, M. Callon, B. Latour 편, La Découverte, Paris 1991, pp. 87-145.

33 A. Silverstein, *Cellular versus Humoral Immunity. Determinants and Consequences of an Epic Nineteenth-Century Battle*, in A *History of Immunology*, Academic Press, San Diego 1989, pp. 38-58. 보다 일반적인 '미생물 사냥꾼'들 간의 분쟁에 대해서는 P. de Kruif, *Microbe Hunters*, Harcourt Brace Jovanovich Publishers, San Diego-New York-London 1926 참조.

34 A.-M. Moulin, *Le dernier langage de la médecine. Histoire de l'immunologie de Pasteur au Sida*, Puf, Paris 1991, p. 69.

35 É. Metchnikoff, *L'immunité dans les maladies infectieuses*, Masson, Paris 1901; poi *Immunity in Infective Diseases*, Cambridge University Press, Cambridge 1905. 메치니코프의 탐구가 지니는 특별한 중요성에 대해서는 A. I. Tauber, *The immune Self: Theory or Metaphor?*, Cambridge University Press, Cambridge 1997 [trad. it. *L'immunologia dell'io*, G. Corbellini 편, Mac Graw-Hill, Milano 1999] 참조.

36 Ilya Ilyich Mechnikov, *Nobel Lecture*, 11 dicembre 1908, in *Nobel Lectures, Physiology or Medicine 1901-1921*, Elsevier Publishing Company, Amsterdam 1967, pp. 281-300.

자가면역적 민주주의

Democrazia autoimmunitaria

II. 자가면역적 민주주의

1. 면역의 패러다임이 고유의 이중적인―수용적인 동시에 배타적인―성격을 고스란히 드러내며 확산되는 단계에 이르기까지는, 우리가 앞서 살펴본 **의학의 정치화**뿐만 아니라 이와 교차되는 성격의 또 다른 과정을 거쳐야만 했다. 그것은 다름 아닌 **정치의 의료화** 과정이다. 정권 자체의 면역화를 추진하는 의료화는 대략 200년 전부터 '민주주의democrazia'라는 고대적인 이름의 정치 체제를 대상으로 시작되었다. 알랭 브로사Alain Brossat는 『면역적 민주주의La démocratie immunitaire』에서 정치의 의료화 과정을 재구성하며 공동체와 면역성의 변증관계를 집중적으로 조명한 바 있다. 브로사는 "'나를 만지지 마라Noli me tangere'야말로 우리가 민주주의에 요구해야 할 전부다"라는 에르네스트 르낭Ernest Renan의 의견을 전제로 이렇게 주장한다. "민주주의는 정치 체제이지만 보편적인 차원에서 삶의 복합적인 체제인 만큼, 근본적으로는 일종의 면역 체계다."[1] 민주주의의 가장 우선적인 목적은 사람들과 사물들을 비

롯해 사람들의 의견이 침해받지 않도록 안전을 보장하는 데 있다. 하지만 이를 보장하는 것은— 법적 권리로 제도화되기에 앞서— 우리가 '자유'라고 부르는 일종의 불문율에 가깝다.

면역의 패러다임에 고유한 특징이 부정성인 것처럼, 자유의 경우에도 관건이 되는 것은 부정적인 자유, 즉 생명/삶의 확장에 관여하는 것이 아니라 어떤 잠재적인 위험으로부터 생명/삶을 보호하는 일에만 관여하는 수동적인 자유다. 이 '부정적 자유'를— 이러한 표현이 널리 알려지기 이전부터— 이론화하고 고대인들의 긍정적 자유와 정반대되는 것으로 정의했던 인물은 뱅자맹 콩스탕Benjamin Constant이다. 그의 입장에서 자유는 "오로지 법에만 굴복할 수 있는 권리, 즉 누군가 혹은 다수의 독단적인 의지로 검거되거나 감금되거나 살해당하거나 어떤 식으로든 불이익을 당하지 **않을 수 있는** 권리"[2]를 의미한다. 관건은 사람들이 흔히 말하는 '~을' 할 수 있는 자유가 아니라 '~에 얽매이지 않을' 수 있는 자유다. 이 두 종류의 자유가 분리되는 현상은 코무니타스communitas의 지평에 내재하는 '참여'의 **능동적인** 범주가, 공동의 무누스munus에 내재하는 의무와 위험에서 면제된다는 의미로 이해해야 할 '보안'의 **수동적인** 범주로 전이되는 가운데 일어난다. 바로 여기서 근현대의 민주주의를 특징짓는 면역적인 틈새가 발생한다. 오늘날의 민주주의는 개개인의 신체와 행동을 에워싸며 이들을 서로 범접할 수 없는 존재로 만드는 일련의 자기보호적인— 보이지 않지만 효율적인— 울타리들로 구성된다. 일단 '보안'의 의미론으로 포장되고 나면, 면역-민주주의는 생물학, 정치, 의학, 법률처럼 원래는 서로 이질적이었던 영역들을 끊임없이 넘나들며 연결한다.

... 다름 아닌 면역의 패러다임이 일을 하고 있다. 면역이 결국에는 이 상이한 영역들 사이에서 일군의 무분별한 지대들을 생산하며 이를 더욱더 확장시키기에 이른다. 결과적으로— 예를 들어— 정치적 행위를 빈번히 의학에 견주어 사고하는 성향이나 반대로 의료 행위를 끊임없이 정치화하는 성향이 생겨났다.[3]

물론 면역의 특권은 민주주의에만 속하는 것도, 근현대라는 시대에만 속하는 것도 아니다. 법적인 차원에서 면역은 최소한 2000년이 넘는 뿌리 깊은 역사를 지녔다. 하지만 과거에 면역이— 로마의 가부장에서 절대 군주에 이르기까지—'예외적인' 성격을 지녔던 반면, 오늘날의 민주주의에서 면역은— 적어도 원칙적인 차원에서는—'모든 개인'의 범주로 확장된다. 구체제에서는 접촉 불가능성이 왕의 몸에만 제한적으로 적용되고 백성들의 몸은 어떤 식으로든 위험에 노출된 상태로 남아 있었던 반면 오늘날에는 모든 '사실적인reale' 신체가 그 자체로 물질적이고 상징적인 폭력에서 벗어난 '제왕적인regale' 몸으로 인지된다. 하지만 이러한 침해 불가능성은 결코 인류 전체에 적용되지 않는다. 침해 불가능성은 인류의 일부에게만 적용되며, 결과적으로 남은 일부의 피해와 차별화 현상이 발생한다. 이는 어두운 그림자에 가려 있는 면역 패러다임의 또 다른 얼굴이다. 이론상으로는 기초소득과 건강을 보장받는다는 차원에서 모두가 누려야 할 권리를 실제로는 적어도 인류의 절반가량이 전혀 누리지 못하고 있는 상황이다. 이러한 차별화 현상은 별도의 설명이 불필요할 정도로 만천하에 드러나 있지만, '언터처블'이라는 강력하게 면역적인 용어가 때에 따라 취하는 상반되는 의미들을 살펴보면 보다 극명하게 부각된다. '언터처블'은 기본적으로 모든 잠재적 위협에서 벗어나 있기 때문에 '건드릴 수 없는' 사람을 가리키지만, 다른 한편으로는 계층 분화가 심한 사회에서 철저하게 소외되어 폐기물과 다를 바 없기 때문에 '건드릴 수 없는' 사람을 가리킨다.

뭐랄까 면역화는 결코 뛰어넘을 수 없는 담장을 사이에 두고 대립하며 양분되는 두 세계에서 이중적인 방식으로 전개된다. 이른바 '아파르트헤이트apartheid'는 이러한 담장의 극단적인—결코 사라졌다고 볼 수 없는—예들 가운데 하나다. 점점 더 널리 확산되고 있는 이러한 현상의 본질을 파악하기 위해서는 서로 다른 세계에서 살아가는 두 유형의 인간을 동일한 매듭으로 끌어안는 결속 관계에 주목할 필요가 있다. 이들의 세계는—건드릴 수 없는 인간들의 세계와 건드리면 해가 되는 인간들의 세계는—서로에게 배타적이지 않으며 아이러니하게도 상호보완적이다. 달리 말하자면, 관건은 단순히 누군가는 보호를 받고 다른 누군가는 받지 못하는 우발적인 상황이 아니라, 누군가의 보호를 가능하게 해야 하기 때문에 다른 이들이 보호를 받지 못하게 되는 상황이다. 다름 아닌 예방 차원에서 추진되는 특정인의 면역화가—면책, 면제가—다른 이들이 위험에 노출되는 상황을 초래한다. 이 두 진영 사이에는 일종의 역비례 관계가 성립된다. 특정인이 면역적인 차원의 보호를 받으면 받을수록 다른 이들은 폭력, 차별화, 소외에 노출된다. 면역력의 취득 역시 모든 법적 권리의 취득 과정에서 드러나는 것과 동일한 메커니즘을 따른다. 다시 말해 면역 혹은 면제는 언제나 일부가 인종적, 사회적, 경제적 이유로 인해 동일한 면역 특혜를 누리지 못하는 상황이 전제되어야만 면역 또는 면제로 인지될 수 있다. 양 진영의 분할선이 아무리 긍정적인 방향으로 움직인다 하더라도, 완전한 '포함'은 결코 이루어질 수 없으며 상황은 언제나 '배제'에 유리하도록 흘러간다. 모든 사회적 기능이 바로 이러한 메커니즘의 영향 하에 놓여 있을 뿐 아니라 서로 상반되는 두 영역으로— 하나는 '안'으로, 다른 하나는 '바깥'으로— 분리된다. 이러한 정황은 예를 들어 선박 여행이 수직적인 구도로 분리되는 현상에서 발견된다. 다시 말해 한편에는 즐거움을 광적으로 추구하는 부자들의 크루즈 여행이 있는 반면, 다른 한편에는 목숨을 걸고 바다를 건너는 피난민들의 망명 여행이 있다. 어떻게 보면, 전근대 사회에서 사회적 분리를 조장하던 계층, 가문, 출신 간의 간극을 근현대 사회가 좁히기는커녕 이를 반복적으로 사회 내부에 각인시키면서 국가들 간의 분리를 조장했을 뿐 아니라 국가 내부에서도 계층 간의 분리를 조장해왔다고 말할 수 있다. 바로 그런 의미에서, 모두가 '인간의 것'으로 천명하는 법적 권리도, '페르소나'의 법적 범주도 이러한 분열을 가로막지 못했을 뿐 아니라 오히려 새로운 형태의 '배제'를 통해 분열을 부추겼다고 볼 수 있다. 그렇다면, 여기서 관건이 되는 것은 위험으로부터 보호를 받는 이들과 위험에 노출된 이들을 매번 다른 방식으로 대립시키면서 내부와 외부의 경계를 넘나드는 법적인 동시에 생명정치적인 장치들이다.

그런 의미에서, 면역화는—근대에 와서야 구체화되었음에도 불구하고—카네티가 인간 문명사회의 기원에 위치시켰던 '접촉 기피증'을 더욱더 강렬한 형태로 반복할 뿐이다.[4] 이 원천적인 접촉 기피증과 오늘날의 기피증 사이에 역사적인 관계 대신 패러다임적인 관계가 실재한다는 소름끼치는 사실이 ─ 팬데믹 시대를 맞아 감염을 막기 위해 사람들 사이의 간격마저 수치로 계산하는 ─ 오늘날만큼 피부로 다가온 적은 없었을 것이다. 하지만 여기에는 차이가 있다. 카네티가 '개인적인 거리두기'와 정반대되는 것으로 정의했던 '군중'은 더 이상 해결책이 되지 못한다. 왜냐하면 오늘날의 상황을 지배하는 군중은 소통과 면역의 기능을 동시에 수행하는 장치들에 의해 이미 분리되어 있는 개인들로 구성되기 때문이다. 오늘날 모두가 숙명적으로 받아들이는 듯이 보이는 '원거리 접속'보다 사회적 관계의 붕괴를 구체적으로 체현하는 것은 없다. '원거리 접속'은 오늘날 삶의 가장 보편적인 형태가 되어버린 '고립' 혹은 '고뇌'의 증폭기에 가깝다. 토의용 줌 프로그램 같은 기술적인 도구들도 '고립'을 조장한다. 왜냐하면 이 역시 '거리두기'를 전제로 이루어지는 '모임'이고, 그만큼 겉으로만 모여 있는 이들 사이의 거리를 실제로는 더욱더 떨어트리기 때문이다. 그런 의미에서 ─ 루만과 관련하여 살펴보겠지만 ─ 면역화야말로 오늘날의 진정한 소통 형식이라고 할 수 있다. 이는 무엇보다도 소통의comunicativo 언어가 정확하게 면역의immunitario 언어를 활용하기 때문이다. 하지만 이러한 역학 관계는 문명화 과정에 역행하는 요소라기보다는 오히려 퇴폐적인 결과에 가깝다. 예를 들어 **사회적 거리두기**는 ─ 우리 시대의 특징인 의미론적 혼돈을 극명하게 보여줄 뿐 아니라 ─ 오늘날의 대중 사회에서 삶의 양태가 총체적으로 획일화되는 과정의 또 다른 얼굴에 불과하다. 왜냐하면 이러한 표면적 획일성이 뿌리 깊은 차별화를 은폐할 뿐 아니라, 무엇보다도 획일화에 적응할 힘이 없는 이들을 추방하기 때문이다.

이러한 **비사회화** 과정이—모든 서구 민주주의 사회에 깊이 관여하는 만큼—다름 아닌 팬데믹 시대에 굉장한 탄력을 얻었다는 것은 놀라운 일이 아니다. 우리가 **생명정치**라고 부르던 것은 현시점에서 진정한 의미의 **면역정치**로 변신했다. 노베르트 엘리아스Norbert Elias가 문명화 과정의 여러 요소들 가운데 하나로 지목했던 '접촉 금지'는 오늘날 우리 삶의 기본적인 형식이 되어버렸다. 마스크를 쓰고 얼굴을 가린 사람들은 서로에게 악수조차 건네지 않는다. 게다가 이 모든 것은 감시 카메라가 우리의 움직임을 주시하고 열상 스캐너가 신체의 온도를 읽는 가운데 전개된다. 전염의 확산 정도가 심한 지역을 보다 강렬한 색깔로 표시해 전시하는 전염 분포도는 사람들이 접근하지 말아야 할 지대로 이동하는 것을 가로막고 물리적인 만남을 불가능하게 만들 뿐 아니라 결과적으로 모든 만남이 전자기기를 통한 가상의 만남으로 완전히 대체되는 상황을 초래했다. 심지어는 학습의 차원에서뿐만 아니라 사회화의 차원에서도 중요한 역할을 하던 교육마저 '거리를 둔' 상태에서, 혹은 의도적으로 '가까이'와 정반대되는 용어를 사용하며 '원거리'에서 이루어졌다. 결과적으로 일어난 것은 공통의—코무니타스의—경험이 문자 그대로 도식화되는 현상, 다시 말해 **접촉**을 방해만 하는 것이 아니라 더욱더 **전염**에 가까운 것으로 간주하면서 결과적으로 공통의 경험을 세분화하는 현상이다. 몇몇 국가에서는 대부분이 노인으로 구성되는 이른바 '고위험군'의 격리가 필요하다는 주장까지 대두되었다. 물론 이런 일은 실제로 일어나지 않았지만, 앞으로 일어나지 않으리라고 기대할 만한 단서는 찾아보기 어렵다. 아니, 이는 오히려 면역-민주주의를 배제 장치와 다를 바 없는 것으로 만들 때 충분히 일어날 수 있는 일이다.[5] 물론 백신 접종의 세계적인 확산과 새로운 치료법의 발견에 힘입어 이러한 단계를 이제는 극복했다고도 볼 수 있겠지만, 이는 전적으로 전염병이 창궐한 후의 일이다. 또 다른 유형의 무시무시한 전염병이 우리의 삶에 다시는 끼어들지 못하리라고 확신할 만한 근거는 어디에도 없다.

2. 물론 이것이 '민주주의'와 '면역'의 은밀한 관계에 대한— 민주주의의 면역적 특징에 관한— 이야기의 전부는 아니다. 앞서 살펴본 바로는 이 관계에 역사적인 의미를 부여할 수 있다. 근대 민주주의의 초기 형태에서 오늘날의 민주주의가 팬데믹 시대를 맞아 대규모의 면역 조치를 취하기에 이르는 과정은 분명히 역사적인 성격을 지닌다. 하지만 이 관계는 패러다임적인 차원에서도 조명할 수 있고, 그것의 뿌리를 다름 아닌 민주주의의 개념 내부에서 추적하는 것이 가능하다. 데리다가 9.11 테러 직후에 '불량국가'를 주제로 쓴『불량배들Voyous』에서 시도했던 것도 바로 이러한 유형의 탐색이었다. 물론 데리다가 민주주의의 문제를 이 책에서 처음으로 다룬 것은 아니다. 데리다는 먼저 나온『법의 힘Force de loi』,『우정의 정치Politiques de l'amitié』,『오늘의 유럽Oggi l'Europa』에서도 민주주의를 다양한 방식으로 조명한 바 있다. 이 저서들에서 주요했던 것은 민주주의 개념의 탈−구축 작업이었고 이 작업은 "도래할−민주주의"라는 메시아적 관점으로 수렴되는 양상을 보였다. 이 메시아적 '관점'에서 우리는 민주주의 정권의 자기비판 의지나 완성된 형태로는 결코 확인될 수 없는 민주주의적 과제의 비소

진성 같은 다양한 의미를 발견할 수 있다. 하지만 『불량배들』의 담론에는 이러한 메시아적 전제 자체를 비활성화하면서 그것의 모든 역사적 실현 가능성을 무효화하는 듯이 보이는 무언가가 등장한다. 그것은 바로 '민주주의'라는 이름에 정확히 상응하는 민주주의는 이제껏 존재한 적도 없고 앞으로도 존재할 수 없으리라는 의식이다. 바로 이러한 관점에서, 데리다는 민주주의에 대해 이야기한다는 것 자체가—적어도 서구사회가 장장 2500년에 걸쳐 이를 정의하려고 노력하며 사용해온 언어로는—불가능하다는 결론을 내린다. 민주주의는 엄밀히 말해 '고유의' 이름을 지니지 않는다. 바꾸어 말하자면, '민주주의'라는 이름에는 더 이상 어떤 구체적인 내용도 상응하지 않는다. 데리다에 따르면 "민주주의와 민주주의라는 이념 자체는 이러한 고유성과 즉자성의 결핍을 통해 정의된다."[%]

　　이러한 의미의 결핍은 **자유**와 **평등**이라는 두 극단적인 개념 사이에서뿐만 아니라 각각의 개념 내부에서도 결코 융합될 수 없는 형태로—민주주의의 어휘 속에—실재하는 어떤 이항식에서 비롯된다. **자유**의 경우, 주목해야 할 것은—그리스 철학적인 관점을 감안할 때—**자유**가 어쩔 수 없이 일종의 **자격**으로 변신하는 경로에서 다름 아닌 전제정치의 징후가 발견된다는 점이다. **평등** 역시, 수적 평등성과 질적 평등성 사이에서 결정을 불가능하게 만드는 양자택일적 조건으로 인해 문제적으로 변한다. 바로 이러한 이중적 긴장 관계에서 분출되는 어떤 분해의 힘이 '도래할-민주주의'를 기대하는 입장과 모순을 일으키며 필연적으로 자기파괴적인, 혹은 다름 아닌 자가면역적인 성향으로 변한다. 데리다에 따르면 "이 아포리아를 난해하게 만들 뿐 아니라 무엇보다도 여기서 벗어나기 위한 어떤 탈출구도 가늠하거나 정하거나 예상할 수 없도록 만들고, 또 이 아포리아를 다시 자가면역적인 것의 이율배반성에 내맡기는 것은 바로 평등성이 그것 자체와 평등하지 않다는 사실이다."⁷ 민주주의 사회에서 흔히 일어나는 일이지만, 평등성의 요구는 일종의 수적 평가로 그칠 때 악의 가장 나쁜 방편임이 드러난다. 왜냐하면 자연적인 불평등을 무효화함으로써, 결국에는 또 다른 형태의 새롭고 훨씬 더 심각한 불평등을 초래하기 때문이다. 한마디로 말하자면, 수적 평등성은 균형을 추구하기 때문에 불균형을 초래한다. 바로 이러한 아포리아가— 비역사적이고, 따라서 수정이 불가능한 형태로— 민주주의 자체의 현실을 구축한다. 민주주의는 차이점들의 특수성을 무효화함으로써 평등성을 부인하고, 결국에는 민주주의 자체를 부정하기에 이른다.

　모든 민주주의가 지닌 구조적으로 자가면역적인 성격이 바로 여기서 비롯된다. 한편으로는 가늠도 측량도 할 수 없는 것을 향해 문을 열어젖히지만, 다른 한편으로는 출발선상의 상이한 조건들을 무시한 채, 어떤 경우에든 적용될 수 있다고 맹신하는 기준을 내세우며 그 문을 다시 닫아버리는 것이다. 데리다에 따르면 "이러한 가능성은 언제나 자가면역적인 위협의 형태로 주어진다. 계산의 기술은 사실상 기술 자체가 실효성을 부여하는 개별적이고 헤아릴 수 없는 경우들을 분명히 파괴하거나 무효화한다."⁸ 민주주의는, 서로 상이할 뿐 아니라 분쟁을 일삼기 때문에 조합될 수 없는 두 종류의 '의지' 사이에서 상처를 입는다. 한편으로는 소외되거나 배척당한 이들을 모두 고유의 경계 내부로 수용하면서 경계 자체를 허물지만, 다른 한편으로는 오로지 '시민', '형제', '인격체'로 천명하는 이들만을 수용함으로써 결국 동일한 법률이 시민이나 형제는 아니라고 말하는 모든 이들을 배제한다. 오늘날의 민주주의가 **국가**인 동시에 **나라**인 [정치 공동체이면서 민족-언어-문화 공동체인] 형태의 통치체제를 유지하는 것은 결코 우연이 아니다. 이 국가-나라Stato-nazione의 틀에서 벗어난 민주주의는 사실상 생각조차 하기 힘들다. 인류 전체로 확장되어야 할 '보편적 민주주의'의 문제는 서양 철학에서 한 번도 진지하게 다루어진 적이 없다. 심지어는 칸트조차도 '보편적 공화국'에 대해 이야기할 뿐 '보편적 민주주의'는 언급하지 않는다.⁹ '민중의 주권'도 칸트에게는 아무런 의미가 없는 표현이었다. 왜냐하면 '국가'만이 주권자의 역할을 하거나 주권을 지닌다는 것이 명백했기 때문이다. 물론 칸트는 민주주의자가 아니었지만, 칸트에 앞서, 두 명의 위대한 민주주의 사상가 루소와 토크빌도 모두 — 의중에만 차이가 있었을 뿐 — 민주주의가 민주주의 자체의 전제들을 토대로는 실현될 수 없다고 주장했다. 이들은 민주주의가 필요할 뿐 불가능하다고 보았다. 루소의 입장에서는 어떤 유형의 인간 사회에도 적용될 수 없는 것이 민주주의였고, 토크빌의 입장에서는 부패로 인해 민주주의의 정반대인 독재로 이어질 수밖에 없는 것이 민주주의였다.

하지만 데리다의 입장에서 문제의 핵심은 민주주의의 불완전성이 아니라 오히려 민주주의가 목숨을 걸고 스스로와 싸우는 정황, 좀 더 정확하게는 데리다가 민주주의의 자살이라고 부르는 것에 있다. "민주주의는 언제나 자살자였다."¹⁰ 데리다는 식민지인 동시에 자유국가였던 알제리를 예로 들어 설명한다. 데리다에 따르면, 식민지화와 탈식민지화는 모두 자가면역적인 경험이다. 알제리의 식민지화가 진행되던 당시에 프랑스의 민주주의는 고유의 민주주의적 이상과 명백하게 모순되는 방향으로 나아가고 있었고, 이러한 상황은 결국 내란으로 이어졌다. 반면에 식민지에서 탈식민지화가 진행되던 당시에는 민주주의 자체가 선거라는 민주주의적 관례의 가장 엄숙한 순간에, 이를테면 식민지화와 탈식민지화 사이에서 잠정적으로 폐지되는 상황이 발생했다. 왜냐하면 승리가 유력한 진영에서 권력을 거머쥔 다음 민주주의의 원칙을 무시한 채 정책을 신권 정치에 유리하도록 이끌어갈지도 모른다는 우려가 앞섰기 때문이다.

> 민주주의는 내부나 외부의 침략에 맞서 스스로를 면역화하고 보호하기 위해, 내부의 적과 외부의 적을 함께 만들어냈다. 결과적으로 남은 것은 살해인가 자살인가라는 상상 속의 선택뿐이었다. 하지만 살해는 어느새 자살로 변해 있었고 자살도, 언제나 그랬듯이, 살해로 이해할 수밖에 없었다.[11]

여기서 관건이 되는 것은 단순히 민주주의가 독재체제로—그리스인들이 주기적인 순환의 관점에서 이해했던 대로—되돌아가는 과정이나, 파시즘과 나치즘이 모두 민주주의적인 과정을 거쳐 권력을 거머쥐었다는—역사적으로는 의심의 여지가 없는—사실이 아니라, 민주주의의 심장에 둥지를 튼 '자가면역' 장치다. 알제리에서 자유선거가 중단된 사건이 보여주는 것은 **민주주의적인 선택**과 **민주주의의 선택**을 구분하는 것이 불가능해진 정황이다. 여기서 부각되는 것은 단순히 자유와 평등의 조화가 민주주의 체제 내부에서는— 평등성을 수호하려면 자유를 포기해야 하고 자유의 이념을 실현하려면 평등성을 포기해야 하기 때문에— 불가능하다는 사실뿐만 아니라, 보다 본질적인 차원에서, **민주주의적인 방식으로는** 답변이 불가능한 질문, 정말 민주주의에 유해한 자들까지 평등하게 다루어야 할 필요가 있는가라는 질문이다. 물론 민주주의 국가인 알제리의 선택은 민주주의 체제를 완전히 폐지하는 대신 근본주의가 조장하던 위험이 모두 사라질 때까지만 뒤로 미루자는 것이었다. 하지만 위험의 회피가 가장 전형적인 면역 과정이라는 사실과도 무관하게, 민주주의의 면역화가 자가면역적인 활동으로 전환되는 이유는— 적어도 특정 상황에서는— 민주주의가 자기부정을 통해서만 스스로를 보호할 수 있기 때문이다. 물론 누군가는 이런 이야기가 극단적인 경우에 불과하다는 반론을 제기할 수 있을 것이다. 하지만 민주주의 사회에서 어떤 불가항력적인 동기에 의해 민주주의의 규칙들이 일시적으로— 항상 짧지만은 않은 기간 동안— 폐지되는 예외상태 혹은 비상상태가 얼마나 비일비재하게 일어났는가를 기억하면, 우리는 민주주의가 실천적인 차원에서뿐만 아니라 관념적인 차원에서도 '불가능'하다는 점에 주목하지 않을 수 없다.

　　… 법-구축적인 차원이든 헌법적인 차원이든, 민주주의의 절대적인 패러다임은 존재하지 않는다. 절대적인 방식으로 인지할 수 있는 민주주의 개념이나 민주주의의 형식 또는 어떤 이념 같은 것도 존재하지 않는다. 사실은 민주주의의 '이상'이라는 것도 존재하지 않는다. 설사 있다 하더라도, 그것이 있을 만한 곳에서 '있

다'라는 말은 모순적인 형태로, 이중적이고 자가면역적인 매듭에 묶인 상태로 남아 있다.[12]

이러한 이율배반적인 관계는 우리가 대략 2세기 전에 '민주주의'라고 정의했던 체제에서뿐만 아니라 대략 25세기 전에 동일한 이름으로 불리던 통치체제에서도 발견된다. 따라서 우리가 여전히 일종의 극단적이고 상징적인 근거로 제시하는 데 익숙한 고대 그리스 문화는, '민주주의'라는― 우리가 해결하지도 포기하지도 못하는― 단어를 중심으로 형성된 이 이율배반적인 매듭을 풀어내지 못한다. 그 이유는 분명하다.

... 일찍이 고대 그리스에서도 '민주주의'는 그 자체로 부적절한 개념이었고, 모든 번역어를 무의미하게 만들거나 자가면역적인 형태의 모든 오해와 모순을 펼쳐 보일지도 모를 까마득한 의미론적 심연의 중심에서 파낸 단어였다.[13]

3. 아테네에서 '민주주의demokratia'라는― 원래는 법 앞에서의 평등을 뜻하는 '이소노미아isonomia'라는― 이름으로 탄생한 통치체제가 무언가 비범한 것이었다는 점은 분명하다. 역사상 처음으로 권력을 가시화하고 적어도 이론상으로는 모두가 쟁취할 수 있는 것으로 만들면서 권력의 불균형을 정치적 제방으로 막으려는 시도가 이루어졌기 때문이다.[14] 아울러 대리인 체제의 부재도 뒤이어― 적잖은 오해를 불러일으켰음에도― '직접 민주주의'라는 이름으로 불리게 될 통치체제, 즉 통치자와 피통치자 간의 잠재적인 일치를

전제로 이루어지는 통치의 여건을 형성하는 데 결정적으로 기여했다. 하지만 이러한 서술은 수도 없이 반복되고 칭송되어왔음에도 불구하고, 그 자체로 일련의 무시할 수 없는 문제점 내지 진정한 허점을 안고 있다. 먼저 주목해야 할 것은 현대인들이 그토록 추앙하는 '민주주의'가 고대 그리스에서 — 당대의 철학적, 문학적, 역사적 맥락에서 — 오늘날만큼 많은 신뢰를 받지 못했다는 사실이다. 물론 헤로도토스와 투키디데스의 경우는 예외다. 헤로도토스에 따르면, 페르시아의 현자 오타네스는 두 명의 토론 상대가 주장하던 군주제와 과두제에 반대하며 민주주의를 칭송한 바 있고, 투키디데스에 따르면, 페리클레스도 펠로폰네소스 전쟁의 아테네 희생자들을 위한 추도 연설에서 민주주의 이상을 지지한 바 있다. 이러한 경우들을 제외하면, 고대 그리스에서 대부분의 식자들은 민주주의에 대해 비판적인 시각을 지니고 있었다. 예를 들어 플라톤과 아리스토텔레스는 민주주의를 항상 정치적 불안이나 독재체제로 이어질 위험과 관련지어 언급했다.

하지만 이러한 유형의 평가를 무시하더라도, 주목하지 않을 수 없는 것은 페리클레스의 시대에 아테네에서 천명된 민주주의적 평등이 상당히 적은 수의 시민들에게만 제한적으로 적용되었다는 사실이다. 이들은 자유인 혹은 노예가 아니라 경제적으로 자립한 성인 남성들이었고, 이들 외에는 모두 피선거인과 선거인 자격을 지닌 사람들의 명단에서 제외되었다. 이들은 불과 몇만 명밖에 되지 않았고 자격이 없는 이들의 수는 4배 또는 5배에 달했다. 한편으로는 '민주주의democrazia'라는 용어를 구성하는 두 단어 '데모스demos'와 '크라토스kratos'만 살펴보아도, 민주주의의 개념이 지닌 문제점을 보다 분명하게 확인할 수 있다. 우선 '크라토스'라는 용어부터가 '정당한 권력'에서 '폭력적인 지배'에 이르는 꽤 다양한 의미로 활용되는 용어였고, '데모스' 역시 나름대로 복잡하고 층화된 의미를 지니고 있었다. '데모스'는 기본적으로 '활동하는 국민' 전체를 가리키지만 다른 한편으로는 본질적으로 민중적인 부분, 다시 말해 소수의 부유층과 대별되는 다수의 가난한 서민층을 가리키는 용어였다. 이처럼 결코 일치한다고 볼 수 없는 두 의미가 중첩되는 상황은—뒤이어 근대적인 '민중popolo' 개념에도 그대로 각인되며—민회에서 수적으로 우세한 당파의 의견이 모두의 의견으로 간주되고, 그런 식으로 헤로도토스의 "많은 것 속에 모든 것이 있다"(III, 80, 1-6)라는 독특한 표현을 실질적으로 구현하게 되는 정황과 깊은 연관이 있다. 하지만 바로 여기서 문제점이 발견된다. 이처럼 많은 것을 모든 것으로 간주하는 정황은 여기에 논리적으로 상응하는 또 다른 상황, 즉 '소수'의 배제가 완전한 '묵살'로 이어지는 상황을 수반한다.[15]

그렇다면 이처럼 다수를 **하나로 축약**하는 방식, 즉 '다수'일 뿐인 '일부'에 권력 전체를 떠맡기는 방식 속에 이미 어떤 강제적이며 폭력적인 요소가 담겨 있고, 바로 이 폭력적인 요소가 민주주의의 원칙을 끊임없이 괴롭히며 이른바 '다수의 전제주의'로 기울어지게 만들었다고 볼 수 있다. '다수의 전제주의'라는 표현은 거의 '크라토스'가 '데모스'에 우위를 점하는 형태, 혹은—좀 더 정확히 말하자면—한 용어를 다른 용어의 주체로 만드는 상호체화에 가깝다. 물론 관건은 '노모스nomos'와 결코 분리될 수 없는 성격의 '크라토스'다. 이는 '크라토스'의 실행이 일련의 공통된 규칙에 좌우되기 때문이다. 하지만 중요한 것은 이러한 정황이 **전체성**과 **배타성**을 조합하는 형태로 전개되었다는 점이다. 이와 똑같은 방식을 우리는 20세기의 철학-정치 토론에서 다시 완전히 뿌리내린 형태로 발견하게 된다. 루치아노 칸포라Luciano Canfora는 민주주의 이데올로기의 계보학을 구축하면서 단순히 문헌학적이지만은 않은 방식으로 **민주주의**와 **독재체제**의 근접성을 조명한 바 있다. 유럽 헌법의 서문에 페리클레스의 추도 연설이 초보적이고 부적절한 방식으로 인용되었다는 점을 지적하면서, 칸포라는 페리클레스가 했던 말의 이데올로기적인 해석을 거부하고 원래의 의미를 복원하는 데 집중한다. 칸포라에 따르면, 투키디데스가 인용하는 페리클레스는—오늘날 우리가 민주주의를 수식하는 차원에서 관련짓는 것과는 달리—**민주주의**와 **자유**를 조합하는 것이 아니라 오히려 대립시키면서 아테네의 정치 체제가 예외적으로 긍정적이라는 점을 강조했을 뿐이다. 페리클레스의 시대에 민주주의를 반대하던 이들이 문제점으로 지적했던 것은 민주주의가 본질적으로 폭력적이고 자유-파괴적이라는 점이었고, 이에 대한 페리클레스의 답변은 아테네에 자유가 **없지는 않다**는 것이었다. 그런 식으로 그는 민주주의의 반-자유주의적인 성격을 부인하기보다는 오히려 암묵적으로 인정했던 셈이다. 유럽 헌법 서문의 작성자들이 곡해했던 부분의 원래 의미는 다음과 같은 페리클레스의 주장에서 보다 분명하게 드러난다. "우리의 정치 체제를 정의할 때 **민주주의**라는 용어를 사용하지만, 그 이유는 오로지 우리가 다수의 의견을 존중한다는 원칙에 빈번히 의존하기 때문이다. 반면에 우리에게는 **적어도** 자유가 있다."[16] 이 모든 것을 재차 증명이라도 해보이려는 듯, 칸포라는 시간이 한참 흐른 로마 시대에 '민주주의'가 '민중에 의한 지배'라기보다는 오히려 '민중을 지배하는' 체제에 가까웠고, 다름 아닌 '데모크라티아demokratia'에서 '독재' 혹은 '특정인의 지배'를 암시하는 '데모크라토르'가 유래했다고 강조한다. 아피아노스Appianos가 쓴 『내란Guerre civili』(II, 122, 514)에는 카이사르와 폼페이우스가 '데모크라티아'를 쟁취하기 위해 서로 다투었다는 기록이 남아 있다. 이는 곧 이들이 다름 아닌 로마의 패권을 장악하기 위해 다투었다는 것을 의미한다. 뒤이어 카시우스Cassius Dio도 술라를 독재자로 정의할 때 이와 동일한 용어를 사용했다. 어쩔 수 없이 칸포라는 이런 결론을 내린다. "이 시점에서 '데모크리타아'는 '독재'와 일치한다."[17]

한편으로는 아우구스투스의 군주제가 시작되기 4세기 전에 투키디데스도 페리클레스를 군주로 간주하며 그를 '독재자'와 상당히 가까운 의미의 '일등 시민protos aner'으로 정의한 바 있다. 물론 이 모든 것은 오늘날 눈에 띄지 않거나 희미하게만 포착되는 경향이 있다. 오늘날에는 현대 민주주의의 고귀한 원리 원칙을 재발견해야 한다는 목소리가 지배적이지만, 그런 식으로는 문제적인 성격만 더욱 부각시킬 뿐이라는 점을 사람들은 간과하는 듯이 보인다. 아테네의 '명예정치timocrazia'는— 오늘날 우리가 '민주주의'라고 부르는 것도 좀 더 정확하게 '명예정치'로 정의되어야 하겠지만— 처음부터 확연하게 면역적인 성격, 다시 말해 다수를 성별, 출신, 혈통의 울타리 바깥으로 밀어내는 배타적인 성격을 지니고 있었다. 평등한 사람들의 클럽에 들어갈 수 있는 이들은 경제력을 갖춘 성인 남성이기에 앞서 무엇보다도 아테네 출신의 부모에게서 태어나 순수한 피를 물려받은 이들뿐이었다. 게다가 조국을 지키기 위해 군인 역할까지 수행해야 했던 이들은 사실상 **시민**인 동시에 **전사**였고, 국가로부터 무기 외에도 넉넉한 생계 수단을 제공받았다. 물론 아테네 해군의 탄생과 함께 선원들이 필요해지면서 시민권 보유자가 늘어났던 것은 사실지만, 대부분의 시민은 여전히 군대에 소속되어 있었고, 이러한 상황은—그리 멀지 않은 곳에 있는—스파르타의 상황과 크게 다르지 않았다. 두 나라의 정치 체제적인 차이에도 불구하고, 아테네에서도 스파르타에서처럼, 나라의 운명을 결정하는 것은 군대였다. 바로 이 지점에서 우리가 최초의 민주주의 사회로 이해하는 체제의 강렬하게 면역적인 뿌리가 드러난다.

> 아테네에서 자유인들은 비-자유인들을 비-인격체로 전락시켰다. 솔론 이후에는 (...) 자유와 노예 제도 사이에 메울 수 없는 심연이 가로놓였다. 아테네에서 자유인과 노예의 비율은—적어도 기원전 5세기와 4세기 사이의 상황을 고려하면—1대 4였다. 비-인격체들로 구성되는 대규모의 민중은 체제의 유지에 필수적이었고, 체제를 사실상 힘겹게 유지하는 것은 침략 전쟁과 제국적인 통치였다.[18]

고대 아테네가 민주주의 사회였다는 것은 의심의 여지가 없지만 당대의 민주주의는 보편화된 평등성이나 모두에게 적용되는 자유의 개념으로는 설명되지 않는다. 그것은 반대로 상당히 엄격한 사회적 계층화의 체계에 가까웠다. 실제로 기원전 5세기 말에 순수혈통의 성인 남성 시민은 약 3만 명에 달했지만 민회에 참석하는 인원이 5000명을 넘는 경우는 극히 드물었다.

칸포라는 그람시의 13번째 노트북에 실린 '대리 정권에서의 수와 질'이라는 의미심장한 단상에 주목한 바 있다. 이 글에서 그람시는 국회 민주주의에 대한 과두제적 비판과 엘리트주의적 비판을 구분한 뒤, 민주주의의 가장 지고한 원칙을 숫자로 보는 관점, 다시 말해 한 사람이 던지는 표의 가치가 다른 사람의 그것과 다를 바 없다고 보는 관점에 문제가 있다고 지적한다. 그람시에 따르면, 개표 결과는 엘리트층의 패권이 총체적으로 지배하는 어떤 과정의 최종 결과에 불과하다.

> 숫자가 '지고의 법'이라는 것도, 모든 선거인 각자의 견해가 '정확하게' 동등한 가치를 지닌다는 것도 어떤 식으로든 사실이 아니다. 이 경우에도, 숫자는 그저 도구적인 기능을 수행하며 척도와 비율을 제시할 뿐이다. 그렇다면 우리가 가늠하는 것은 무엇인가? 그것은 활동 중인 소수계층, 엘리트층, 진보주의자들 등의 견해가 지니는 설득력과 전파력 및 그 효과, 다시 말해 이들의 타당성 또는 역사성, 혹은 구체적인 기능이다.[19]

그람시가 적어도 이곳에서만큼은 동의를 표하는 모스카Gaetano Mosca나 파레토Vilfredo Pareto 같은 엘리트주의 이론가들의 주장에 따르면, "민주주의에서 숫자의 승리는 표면적일 뿐이다."[20] 이와 동일한 맥락에서, 민주주의의 **자가-대리** 체제가 이른바 '동등한 기회'를 내세우며 은폐하는 것은 일군의 권력자들이 정치의 향방을 암암리에 결정지으며 군림하는 현상이다. 이 경우에 문제가 되는 것은 사실 다수의 전제주의가 아닌 소수의 전제주의다. 모스카가 일찍이 그의 『정치학 요강』에서 주장했던 대로, 소수 엘리트 계층의 힘은 다수당의 어떤 정치인도 모방할 수 없는 불가항력적인 매력을 지닌다. 그는 이런 결론을 내린다. "여하튼 다수당의 실질적인 통치로 정의되는 민주주의는 무언가 본질적으로 비논리적이며 실현 불가능한 것이다."[21]

4. 자가면역적인 성향을 타고난 민주주의는 고유의 원리 원칙을 부인하지 않고서는 성립조차 되지 않는다는 문제를 안고 있다. 이는 민주주의가 어떤 두 종류의 상반되는 요구에 응답하지만 어느 하나가 한계선을 넘어설 때 다른 하나를 제거하는 방향으로 나아가며, 그런 식으로 민주주의 체제의 붕괴를 가져올 수 있기 때문이다. 역사적으로 가장 우세했던 이원론적 구도는 민중의 주권과 대리정치인단 간의 긴장을 유발하는 구도다. 전자의 경우 민중은 스스로에게 부여하는 법의 주체인 동시에 대상이어야 한다는 조건이 전제되는 반면, 후자의 경우에는 민중의 의지를 표현할 수 있는 대리인의 위임이 요구될 뿐, 민중에 의해 선출된 대리인은―직책에 남아 있는 한― 민중의 명령에 복종하지 않는다는 조건이 전제된다. 이 문제는 어떤 기능적인 차원의 단순한 차별화로 볼 것이 아니라 근본적으로 상이한 두 모델의 대립으로 이해해야 한다. 이들은 서로 조합될 수 없으며, 조합되는 순간 민주주의 체제의 본질 자체가 문제시될 수밖에 없는 상황을 초래한다.[22] 이처럼 민주주의 체제를 끊임없이 불안정하게 만드는 모순은 시민들 자신이 누

군가가 그들의 위치에서 한 행위의 연기자임을 자처한다는 사실에서 비롯된다. 이러한 불균형을 해결하지 못한 상태에서, 민주주의의 어휘는 극단적인 형태로 양극화될 뿐 유기적인 형태로 조합되지 못한다. 이러한 양극화는 실재와 부재, 직접성과 매개성, 정체와 차이처럼 완전히 대립되는 원리들로 귀결된다. 대리정치가 원칙적으로 요구하는 것은 피-대리인들의 부재인 반면, 직접정치가 요구하는 것은 대리인을 위임해야 할 민중의 필연적인 실재다. 따라서 대리정치가 '통치하는 이들'과 '통치되는 이들'의 분리를 조장하는 반면, 민주정치는 이들의 통합을 요구한다.

근현대의 민주주의는 이처럼 상반되는 요구들 사이에서 나름대로 세련된 모델을 제시하며 끊임없이 균형을 모색해왔지만 그 목표에 단 한 번이라도— 실질적인 효과의 차원에서든 전제를 충족하는 차원에서든— 도달한 적이 없다. 이러한 불균형에 대해서는 정치 분석가들조차 충분히 의식하지 못하는 듯이 보인다. 예를 들어, 실제로는 구조적 모순으로 보아야 할 문제들이 때로는 일시적인 성격의 기능 저하로, 때로는 선거제의 개혁으로 해결될 수 있는 유형의 규칙들이 잘못 적용된 경우로 해석된다. 하지만 그런 식으로 놓치게 되는 것이 바로 선거제를 민주주의적 변증관계의 핵심으로 보는 관점 자체의 문제적인 성격이다. 베르나르 마넹 Bernard Manin은 이러한 문제의 계보학을 구축하며 이를 민주주의와 대리정치 간의 어떤 해결되지 않은 긴장 관계로 환원시킨 바 있다.[23] 마넹에 따르면, 민주주의와 대리정치의 양립 불가능성은 절대적인 것이 아니다. 실제로는 지난 250년간 어떤 민주주의 체제도 대리정치를 포기한 적이 없었다. 하지만 문제는, 그런 식으로 내부적인 일관성을 서서히 무너트리게 될 귀족정치적인 요소를 끌어들여 체화했다는 데 있다. 이처럼 민주주의를 귀족정치로 변형시켜야만 민주주의를 실현하게 되는 상황의 모순은 사실 대리인의 위임 과정에서 추첨제 대신 선거제를 선택했기 때문에 시작되었다고 볼 수 있다. 물론 선택을 반드시 해야만 하는 정황이 조성되었던 것은 아니다. 사람들이 흔히 생각하는 것과는 달리, 이 두 메커니즘은 서로를 배척하는 식으로 존속해온 것이 아니라 오히려 공존 관계를 유지해왔다. 단지 어느 시점에 이르러 둘 중 하나가—그러니까 추첨제가—무대에서 사라지는 순간, 선거제가 승리를 거머쥐는 상항이 전개되었을 뿐이다. 하지만 추첨제는 가장 오래된 민주주의 사회 아테네에서뿐만 아니라 공화국 시기의 로마, 르네상스 시대의 피렌체와 베네치아에서도 언제나 활용되어 왔고, 때로는 지배적이기도 했다. 추첨제는 마키아벨리, 귀차르디니, 해링턴, 몽테스키외를 비롯해 루소까지도 항상 중요하게 생각하며 심지어 선호하기까지 했던 제도다. 이들은 모두 추첨제가 민주주의와 밀접한 연관성이 있으며 선거제는 본질적으로 귀족정치적인 성격을 지녔다고 보았다. 루소도 『사회계약』의 한 문장에서 몽테스키외를 인용하며, 추첨제를 선택하는 성향이야말로 "민주주의의 본성"[24]인 반면, 선거제는 상대적으로 귀족정치에 가깝다고 밝힌 바 있다.

그러나 루소의 시대에 당연하게만 여겨지던 것은—추첨제의 민주주의적인 성격은—한 세대가 지나자마자, 어떤 구체제의 잔재 내지 이색적인 행위로 이해되기 시작했고, 그런 식으로 가능한 선택의 지평에서 사라지고 말았다. 마넹은 이러한 갑작스러운 단절의 원인이 자연법학자들처럼 '동의'를 정치적 정당화의 유일한 형식으로 간주하기 시작하면서 일어난 개념적인 변화에 있다고 보았다. 추첨제는 어떤 식으로든 '동의'로 환원될 수 없었기 때문에 결국 뒷전으로 밀려났고, 대신에 선거제가 가장 모범적인 제도로 대두되었다. 바로 이 시점에서 일종의 역사−개념적인 역설이, 다시 말해 시민들의 평등성이 가장 보편적인 원칙으로 정립되는 순간 이 원칙을 어느 무엇보다도 확실하게 수호할 수 있는 메커니즘 [추첨제]이 사라지고, 선거인과 피선거인의 분리를 조장하며 선거제가 도입되는 역설적인 상황이 발생했다고 볼 수 있다. 미국 헌법의 제정 과정에서 벌어진 논쟁도— 연방주의자들과 반−연방주의자들 간의 상당한 의견 차이에도 불구하고—선거제가 승리를 거두는 데 결정적인 역할을 했다. 이때부터 선거제가 민주주의적인 결정 방식의 가장 기본적인 절차라는 점은 단 한 번도 문제시되지 않았다. 혁명을 경험했음에도 불구하고, 프랑스 역시 이와 유사한 경로를 밟았다. 루소의 강경한 '직접 민주주의'에 맞서 시에예스도 메디슨처럼 대리정치를 지지했다.[25] 물론 루소도 『폴란드에 관한 고찰』에서 어떤 특별한 지정학적 상황에서는 대리정치인단의 정당성이 인정될 수 있다고 말했지만, 이는 피−대리인들의 의지를 실현해야 한다는 명령이 실질적인 구속력을 지닐 때에만, 아울러 이를 위반할 경우 대리인들의 위임 철회가 가능하다는 조항이 실효성을 지니는 경우에만 해당되는 이야기였다.[26] 반면에 이러한 위임−명령의 실질적인 이행 가능성이 희박해지자, 선거 과정의 방향은 귀족정치적인 형태로 기울어지기 시작했다. 선거인들의 입장에서 피선거인들에게 자신들의 의지를 관철시킬 수 있는 효과적인 방법을 찾지 못하는 상황은 결과적으로 위임-명령을 이행하지 못한 피선거인들에게 처벌을 이들의 위임 기간이 끝난 후에야, 그것도 재선을 허용하지 않는 방식으로만 가하는 방향으로 흘러갔다. 결국에는 대리인들이 위임-명령을 이행하지 못하고 이를 어기더라도 시간이 한참 흐른 뒤에, 정치 경력을 앞당겨 마감하는 식으로만 대가를 치르는 구도가 형성되었다. 하지만 이러한 정황은 민주주의 자체를 더욱더 의심쩍게 만들었다. 바로 그런 이유에서 "선거인들이 미래에 영향을 끼칠 수 있는 가장 훌륭한 방법은 과거를 돌아보는 것이다."[27]

그렇다면 이처럼 평등성의 원칙에 흠집을 내면서까지 귀족정치로 변신해야만 실현될 수 있는 민주주의의 '자가면역적' 역설이 발생하는 이유는 무엇인가? 아울러 대리민주주의의 귀족정치적인 특징은 정확하게 무엇인가? 일찍이 20세기 초반부터, 대리민주주의의 과두정치적인 결과가 특별히 눈에 띄지 않았던 이유는 무엇보다도 민주주의가 이룬 두 가지 성과 때문이었다. 하나는 대리인으로 선출되기 위한 출신상의 조건들을 사라지게 만들었다는 점, 다른 하나는 보통선거의 단계에 가까울 정도로 선거권자의 영역을 크게 확장시켰다는 점이었다. 그러나 이처럼 분명한 민주주의적인 성과에도 불구하고 민주주의는 어김없이 귀족정치로 기울어지고 말았다. 상황을 이런 식으로 흘러가게 만들었던 요인은 기본적으로 네 가지다. 후보들에 대한 불평등한 대우, 모든 선택에 필연적으로 내재하는 차별화, 후보의 어떤 특징들이 선거에 유리하도록 작용하는 현상, 부유한 후보들만 홍보에 충분한 자금을 투자할 수 있다는 현실, 바로 이 네 가지가 민주주의를 귀족정치로 기울어지게 만든 주요 요인이다. 이러한 현상은 결국 투표자들의 조건이 동등한 반면 후보자들의 조건까지 동등하다고는 말할 수 없는 정황으로, 따라서 후보자들과 투표자들의 격차가 점점 더 벌어지는 결과로 이어졌다. 당선자는 투표자들과 가장 비슷한 사람이 아니라 가장 다른 사람이었다. 마넹에 따르면 "선거제는—선택이 필수적인 만큼—다른 사람들과 여러모로 닮은 사람이 선출되는 것을 방해하는 어떤 내부적인 메커니즘을 지닌다. 선거제의 심장에는, 통치자와 피통치자들 간의 유사성을 기대하는 입장에 반대하는 힘이 실려 있다."[28]

물론 그렇다고 해서—마넹에 따르면—선거제에 민주주의적인 요소가 전혀 없는 것은 아니다. 이는 물론 모든 시민의 표가 동등한 가치를 지녔기 때문이기도 하지만, 무엇보다도 통치자들이 임기를 마칠 때 이들의 재임을 투표자들이 거부할 수 있기 때문이다. 그럼에도 불구하고 이들이 재차 선출되는 이유는 항상 현실적으로 더 많은 수단을 활용하는 이들이 선택을 받기 때문이다. 이는 곧 선거가 두 얼굴을 지녔다는 것을 의미한다. 선거는 평등한 동시에 불평등하고 민주주의적인 동시에 귀족정치적이다. 바로 이러한 양가성이 민주주의의 자기극복을 끊임없이 부추길 뿐 아니라 헌법상으로는 거부하는 귀족정치 체제만의 고유한 특징들을 체화하도록 종용한다.

선거제의 이러한 이중적인—민주주의적인 동시에 반민주주의적인—본성에 주목했던 유일한 인물은 다름 아닌 칼 슈미트Carl Schmitt다. 그가 『헌법이론』에서 분명하게 밝힌 것처럼 "추첨제에 비한다면 선거제는, 플라톤과 아리스토텔레스가 정확히 파악했던 대로, 귀족정치적인 방법이다. 하지만 상부의 요구에 의한 임명이나 세습에 비한다면, 선거제는 무언가 민주주의적인 것으로 보인다."[29]

두 체제 가운데 어느 하나의 우세를 결정짓는 것은 선출 방식의 방향성이다. 다시 말해, 선출 과정이 '민주주의'적인 직접정치에 유리하도록 흘러가는지, 아니면 '귀족정치'적인 대리정치에 유리하도록 흘러가는지에 달렸다. 여기서─앞으로 좀 더 자세히 살펴보겠지만─담론은 두 갈래로 양분되어 중재가 불가능한 택일적 선택의 논리로 변한다. 관건이 되는 것은 더 이상 두 가지 유형의 민주주의 체제들이 아니라 민주주의적인 체제와 더 이상 그렇지 못한 체제 사이의 선택이다. 마넹은 이러한 모순이 민주주의의 외부가 아닌 내부에 있다고 보았다. 다시 말해 모순은 민주주의를 특징짓는 선거 방식에 있다. 그것은 민주주의적인 동시에 귀족정치적인 형태를 취한다. 다시 말해, 민주주의적 귀족정치이기도 하고 귀족정치적인 민주주의이기도 한 것이다. 바로 이 지점에서 민주주의의 자가면역 장치가 발견된다. 민주주의는 정치적 정체성의 포화에 맞서 고유의 존재 방식에 이질적인─자가면역질환처럼, 민주주의 자체를 파괴할지도 모를─요소를 끌어안으면서 면역화를 추진한다. 그런 의미에서 민주주의는 귀족정치적일수록 민주주의적이다. 하지만 대리정치를 직접정치보다 우선시하는 원칙은 언제나 민주주의를 그것과 정반대인 과두정치로 전락시킬 위험이 있다.

5. 그러나 자가면역화의 결과는 대리정치를 오히려 직접정치의 이름으로 [정치적 주체의 단일성 원칙을 고수하며] 희생시키는 정반대의 선택에서 비롯되기도 한다. 이러한 입장의 가장 저명한 해

석자는—그런 의미에서, 근대 민주주의의 창시자로 간주되는—
루소다. 대리정치를 집요하게 비판하는 루소의 입장에서, "보편 의
지는 대리를 필요로 하지 않는다. 그것은 보편 의지 그 자체이거나
전혀 아니거나 할 뿐이다. 여기에 중도는 없다."[30] 루소의 이러한
비판적 시각은 '주권의 원천'과 '주권의 행사'를 어떤 식으로든 분
리하는 체제가 폐지되어야 한다는 요구에서 비롯된다. 진정한 민
주주의는 민중이—고유한 권력의 주체인 동시에 대상인 만큼—
주권을 직접적으로 행사하는 체제다. 하지만 주권의 직접적인 행
사는 모든 사회 구성원이 그가 속한 공동체를 위해 스스로를 [희생
하며] 이질화할 때에만 가능해진다. 그런 식으로 "[개인의] 이질화
가 조건 없이 실행될 때, 통합은 최대한 완벽해진다."[31] 바로 이 지
점에서 다음과 같은 루소의 유명한 일체화 공식이 정립된다. "우리
각자는, 보편 의지의 지고한 통치 하에, 자신의 인격과 모든 권력
을 공통의 것으로 내놓는다. 한 몸이나 다를 바 없는 우리는 각 구
성원을 전체의 떼어낼 수 없는 한 부분으로 받아들인다."[32] '나'와
'타자' 간의 모든 거리가 사라지고 하나의 '공통된 나'가 형성될 때,
개인은 어떤 전체에 완전히 내재적인 존재, 즉 전체의 떨어질 수
없는 일부가 된다. 사회공동체적 몸에 주름을 만드는 모든 유형의
분리 현상은—입법부와 행정부, 공과 사, 권력과 지식 등은—여
기서 절대적인 정체성을 위해 완전히 소각된다. 피-대리인의 부재
를 전제로 내세우는 대리정치의 명분이 사라지고 남는 것은 스스
로와 고스란히 일치하는 공동체의 실재뿐이다. 바로 이 공동체 내
부에서—루소가 『에밀』에서 주장했던—일종의 형이상학적 전이
가 이루어진다. 결과적으로 "모든 특수한 존재는 스스로를 더 이상

개별적인 존재가 아니라 전체의 일부로 인식하며 전체 속에서가 아니라면 아무것도 느끼지 못한다."[33]

그럼에도 불구하고, 루소가 민주주의 고유의 특징으로 이해하는 일체성의 단계가 절정에 달할 때, 다시 분열이 시작된다. 분열은 우선 개인과 전체, 개별적인 주체와 집단의 몸 사이에서 일어난다. 홉스의 개인주의를 신랄하게 비판하면서도, 루소는 인간들이 불화를 피하기 위해 분리된 상태로 살아가는 자연적인 차원의 홉스적인 지평 내부에 머물면서 공동체의 전제를 모색한다. 실제로 루소가 가장 어려워했던 개념적 난점이 발생했던 이유는 그가 공동체의 철학을 다름 아닌 고독의 형이상학에서 발견하려고 했기 때문이다. 루소가 염원했던 공동체에서—예를 들어 클라랑Clarens 공동체의 경우—'개인적' 일인이 '집단적' 일인으로 전이하는 경로는 인간의 본성 자체를 재구성해야 할 정도로 강렬한 존재론적 변화를 요구한다. "민중을 위한 제도의 정립에 착수하는 자는 자신이 인간의 본성을 변화시킬 수 있다고 느낄 줄 알아야 하고, 모든 개인이 스스로의 입장에서 완벽하고 고독한 전체라면 그를 더 커다란 전체의 일부로 변화시켜 어떤 식으로든 자신의 삶과 존재 방식을 이 전체로부터 부여받을 수 있도록 만들 줄 알아야 한다."[34] 루소의 민주주의에서 어떤 전체주의의 씨앗을 발견한 이들은—물론 20세기의 전체주의와는 견줄 수 없겠지만—눈에 띄지 않을 뿐, 루소의 패러다임이 분명히 안고 있는 요소를 발견한 셈이다. 모든 차이가 폐지된 다음에 남는 것은, 개별적인 존재들을 남김없이 획일화하는 데 소요되는 어떤 실재의 형이상학뿐이다.

좀 더 가까이서 살펴보면, 루소의 계획은 내부의 모순에 대한 면역력도 전혀 갖추지 못한 것으로 드러난다. 달리 말하자면— 이 경우에도— 분명하게 드러나는 것은 민주주의의 가장 중요한 가치들 가운데 어느 하나를, 즉 자유를 무시하고 평등성만 지나치게 강조할 때 민주주의는 독재체제로 전복될 수 있다는 사실이다. 실제로, 루소가 다수를 **하나로 축약**하기 위해 노력하면 할수록— 마치 원치 않았던 결과처럼— 부각되는 것은 오히려 존재론적일 뿐 아니라 정치적인 성격의 내부적인 '골절' 혹은 모순이다. 이러한 측면은 루소의 자서전에서— 그가 절대적으로 개별적인 실존 방식을 표현하는 곳에서— 다양한 형태로 분명하게 부각되는 반면, 정치와 관련된 글들에서는 일련의 환원 불가능한 모순의 형태로 서술된다. 철학사를 통해 확인할 수 있듯이, 전체주의 외에 **하나**를 대리할 수 있는 것은 없다. 정치에서는, 특히 민주주의에서는 **둘**이 있을 뿐이다. 달리 말하자면, 서로 상이하고 이질적인 제도들, 예를 들어 주권과 통치, 입법부와 행정부, 지식과 권력 간의 기능적인 긴장이 있을 뿐이다. 주권과 통치의 경우, 루소는 민중의 주권이 분리되거나 이질화될 수 없는 반면, 권력의 행사는 위임이— 잠정적이고 취하할 수 있는 형태라면— 가능하다고 보았다. 입법부와 행정부의 경우에도, 루소는 이들을 통합하는 것이 바람직하지만 완전한 중첩은 실현되기 어렵다고 보았다. 물론 이상적인 조건하에서는— 예를 들어 국가의 규모가 크지 않고 시민들이 훌륭할 뿐 아니라 이들 간에 빈부의 차가 없을 경우— 실현될 수도 있겠지만, 현실적으로 이러한 조건들이 동시에 충족되기를 기대하기는 어렵다. 한 민족이 어떻게 항상 민회에만 모여 있을 수 있겠는가? 게다가, 법을 제정하는 사람이 이를 어떻게 실행해야 하는지에 대해서도 누구보다 더 잘 안다는 것은 사실이지만, 법의 제정자와 실행자가 일치하는 체제는 바로 그런 이유에서 결함을 드러낸다. "왜냐하면 구분되어야 할 것들이 구분되지 않고 주권자와 군주도 동일한 인물이어서 이를테면 아무것도 통치하지 않는 정부를 구성하기 때문이다."[35]

이러한 문제를 해결하기 위해 루소가 도입한 것은 '신성한 입법자'라는 신화적인 해결책이다. 그런 식으로 루소는 원래 피하고자 했던 초월성을 복원시켰지만, 결과적으로 발생한 것은—결국에는 루소의 논리적 견고함을 부식시키게 될—일종의 이중적인 괴리현상이다. 한편으로는, 주권자적 민중이 법의 주체인 동시에 대상이라는 전제하에 이루어져야 할 입법 절차를 다름 아닌 정부의 정치적 중재가 방해하는 상황이, 다른 한편으로는 '신성한 입법자'가 원칙적으로 사회공동체적 몸 '바깥에' 머물기 때문에, 공동체가 스스로와 유지하는 자기지시적인 관계의 고리가 파괴되는 상황이 벌어진 것이다. 그런 식으로 공동체는 완벽한 정체성을 유지하는 데 필요한 조건들을 상실하게 되고, 법을 제정하는 자의 **앎**과 법을 실행하는 자의 **힘**이 완전히 분리되는 상황에 놓이게 된다. 이러한 비일관성을 조장하는 요인은 언제나 **다수**와 **하나**의 통합 불가능성이라는 문제와 이에 뒤따르는 **통제**와 **복종** 간의 불균형이라는 문제다. 우리는 루소가 제시하는 해결책의 핵심이 민중을 명령의 주체이자 객체로 만드는 데 있다는 것을 알고 있다. 하지만 민중이란 과연 무엇인가? 형성되기에 앞서, 도처에 분산되어 있는 수많은 사람이 아니라면 무엇이겠는가? 그렇다면 민중이, 아직 형성되지 않은 상태에서 스스로를 형성하는 일은 어떻게 가능한가?

정치적 형태를 부여하는 구축적인 행위 없이, 스스로를 구축하는 것은 과연 가능한가? 물론 이러한 질문들이 전제하는 것은 홉스의 '대리정치'적인 체제이며, 루소는 이를 거부하고 '보편의지'의 범주를 내세운다. 하지만 이런 식으로 문제는 해결되지 않고, 문제의 위치만 '보편의지'의 내부로 바뀔 뿐이다. '보편의지'의 체제에서 이해관계에 얽힌 분쟁을 해소하며 분쟁이 보다 더 강렬한 형태로 폭발하는 것을 막는 것은 무엇인가? 사실상 '보편의지'는 선거-민주주의 패러다임을 근본적으로 변형시켜 '동의'라는 까다로운 문제마저 사라지게 만든다. 루소가 대리민주주의의 자유주의적인 해석에 매달리는 귀족정치에서 벗어나는 것도 바로 이러한 방식을 통해서라고 볼 수 있다. '보편의지'의 기저에는 '동의에 의한 공유'나 '이견들의 변증적 교환'이 없고, 그저 민중의 즉각적인 자기-일체화가 있을 뿐이다.

　　미래의 프랑스 혁명가들이 루소에게서 강렬한 매력을 느꼈던 것도 이처럼 **다수**를 단 **하나**의 정치공동체적 몸으로 만드는 급진적인 전략 때문이었다. 이들이 기대했던 것은 제도의 안정성이라기보다는 오히려 고유의 적을 무찌르기 위해 하나로 뭉친 민족의 특별히 강력한 힘이었다. 아렌트도 '적'의 개념이—미국의 입헌주의와는 대조적으로—루소의 저술에서 결정적인 역할을 한다는 점에 주목한 바 있다. 루소의 논리는 공동의 적이 있을 때에만—그렇지 않으면 분산될 수밖에 없는—내부의 힘을 단합할 수 있다는 정치적 경험을 바탕으로 전개된다. "프랑스 민족주의의 이상이자 모든 민족주의의 이상인 '단 하나의, 분열될 수 없는 나라' 같은 것은 '적'이 있을 때에만 실현될 수 있다."[36] 물론 이러한 논리는 외교

—정치 우선 원칙이 전제되어야만 가능하고, 따라서 이 원칙은—생-쥐스트Saint-Just가 어김없이 주목했던 대로—모든 정치의 전형으로 간주되기에 이른다. 하지만 루소의 가장 독창적인 전략은 통합의 장치를 오히려 내무—정치의 영역으로 도입했다는 데 있다. 루소는 공동의 적을 공통의 관심사와 보편 의지가 아닌 개개인의 관심사와 특별한 의지의 영역에 위치시킨다. 일단 관심사와 의지를 중첩시킨 다음에는, 이들을 특수성과 보편성의 영원한 전투라는 차원에서 사고하는 것이 가능해진다.

    루소의 천재적인 전략은—혹은 치명적인 오류는—특별한 관심사들을 모두 모아 하나의 유일한 적을 만든 뒤에 여기서 거꾸로 "국가의 신성한 통합"을 도출해냈다는 데 있다. "국가의 통일성은 모든 시민이 공동의 적뿐만 아니라 공동의 적이 생산하는 보편적 유익을 마음속에 간직하고 있을 때 보장된다. 왜냐하면 공동의 적이란 다름 아닌 모든 개인의 특별한 유익 또는 특별한 의지이기 때문이다."[37] 공동의 적이 모든 특별한 관심사의 합에 상응하는 것과 마찬가지로 보편의지 역시 모든 인간이 시민임을 자각하는 순간 스스로에게 요구하는 희생의 총합에 상응한다. 보편의지는 특별한 의지들이 모두 사라진 후에 공통적인 요소로 남게 되는 무언가에 가깝다. "정치적으로 한 국가의 일부가 되기 위해, 모든 시민은 자신을 향해 궐기하고 스스로에게 끊임없이 반항해야 한다."[38] 이처럼 개인적인 의지와 집단적인 의지의 충돌이 정치적인 차원으로, 아니, 일종의 전쟁으로 전환되는 메커니즘이야말로 프랑스 혁명과 공산주의 혁명의—수많은 차이에도 불구하고—공통점이라고 볼 수 있다. 반면에 이러한 특징을 지니지 않았던 것이 바로 미국 혁명이다. 아렌트가—미국 혁명을 지지하는 입장에서—루소를 비판하며 지적하는 것은 그가 사유의 차원에 머물러야 할 '둘이-하나로'를, 사회의 말단들을 동정하기 때문에 스스로와 싸우는 영혼의 분쟁적인 '둘이-하나로'로 전이시켰다는 사실이다. 이것이 바로 자신과의 대화에만 몰두하는 개인의 정신적인 고독을 대체하기 위해 루소가 제시하는 이기주의와 동정 간의 혈전이다. 이러한 대체가 이루어질 수 있는 것은 "심장이, 다툼으로 인해 무너진 다음에야, 혹은 상처를 받은 다음에야 비로소 뛰기 시작하기"[39] 때문이다. 바로 이 시점에서 자가면역 장치가 담론의 중심으로 되돌아온다. 조합될 수 없는 양극 사이에서 균형을 잃는 순간, 민주주의 이론은 고유의 본성을 부정하며 혁명의 이론으로 변신할 태세를 갖춘다. 이 경우에도, 민주주의는 고유의 귀족정치적 성향을 상대로 면역화를 시도하며 스스로를 파괴하기에 이른다.

6. 민주주의의 자가면역 과정에 대한 가장 극단적인 해석을—1920년대와 1940년대 사이에—제시했던 인물은 칼 슈미트다. 고대와 근대의 민주주의와 관련하여 지금까지 언급했던 이율배반적인 요소들은 슈미트의 해석에서 어떤 자가분해적인 성격의 혼합물로 융합되고—슈미트의 저서에서 빈번히 일어나듯이—최대한 명확한 동시에 격화된 형태로 드러난다. 슈미트가 분석의 전제로 내세우는 것은 자유와 평등, 대리정치와 정치적 정체성, 다수성과 통일성처럼 민주주의 원칙 내부에서 극단적으로 대립되는 개념들을 과감하게 떨어트려놓아야 한다는 것이다. 슈미트에 따르면, 체계적인 민주주의 이론은 이 개념들의 균형이라기보다는 오히려 분리

를 기반으로만 정립될 수 있다. 슈미트는 자유주의와 민주주의를 단일한 형태의 자유—민주주의 체제 안에서 구축하려는 일반적인 정치학적 성향을 거부하고, 전자와 후자의 논리와 결과를 분명하게 구분한다. 슈미트에 따르면, 개인주의와 보편주의를 자유분방하게 혼합하는 방식은 모순적인 동시에 비효율적이며 이를 정당화하는 어떤 실체도 지니지 않는 반면, 민주주의는 우리의 숙명, 혹은 일종의 피할 수 없는 도전에 가깝다. 자유주의와 민주주의 체제의 정초 원리 역시 이와 동일한 구도에 따라 대립된다. **자유**가 그 자체로 정치적 형식을 수반하지 않는 원리인 반면, **평등성**은 민중에게 동질성을 부여한다. 이 동질성은 물론 모든 인간을 대등하게 보는 보편적 개념이 아니라 정치적으로 존재할 줄 아는 국민의 구체적인 정체성에 가깝다. 달리 말하자면, 무분별한 다수가 아니라 정치적 의미를 지닌 단일한 몸으로 존재할 때에만, 민중은 고유의 구축적인 힘을 발휘할 수 있다.

그렇다면 아직 구축되지 않은 상태에서, 민중의 구축적인 힘은 어떤 식으로 발휘되는가? 이는 루소가 '보편 의지'의 개념을 통해 제기했던 것과 유사한 형태의 문제다. 루소처럼 슈미트도 선거제의 메커니즘을 받아들이지 않는다. 슈미트는 특히 비밀 투표를 정치 행동의 사유화로, 따라서 무효화로 간주하며 국회마저도 결단력이 없고 비생산적인 만큼 신뢰할 수 없는 제도로 간주한다. 반면에 슈미트가 실질적인 차원에서 유일한 민주주의적 행위로 간주하는 것은 지지선포_acclamatio_라는 로마 시대의 관습이다. "실제로 민중의 진정한 활동, 능력, 기능이라고 할 수 있는 것, 즉 모든 민중적 표현의 핵심이며 민주주의의 원천적인 현상이자 루소가 진정한 민주주의의 목소리로 간주했던 것은 지지선포 제도, 즉 한 곳에 모인 대중이 한 목소리로 인정—또는 거부—의사를 표명하는 제도다."[40] 지지선포를 더 이상 활성화할 수 없는 과거의 제도로 간주하는 이들과 달리, 슈미트는 이 제도에서 직접 민주주의, 다시 말해 유일하게 정통적인 민주주의 형식의 원천적인 가능성을 발견한다. 실제로 과거에든 현재에든 이 제도를 활용하지 않은 국가는 거의 없다. 군주조차도 그를 지지하고 그의 권력을 공개적으로 정당화하며 그에게 날개를 달아줄 민중이 필요했다. "민중의 지지선포 제도는 모든 정치공동체의 불멸하는 현상이다. 민중 없이는 국가가 있을 수 없듯이, 지지선포 제도 없이는 민중도 존재하지 않는다."[41] 민중의 지지선포는 당연히 피지지자의 존재를 필요로 한다. 예를 들어 군대에는 장군이, 민중에게는 지도자가 필요하다. 민중이 그의 제안을 인정하거나 거부하는 의사를 표명할 때 중요한 것은 이러한 의사 표시가 지도자와 동일한 정치공동체를 공유한다는 민중의 분명한 의식 속에서 이루어진다는 점이다. 이처럼 정체를 확인하는 행위 없이는 사실상 민주주의가 존재한다고 볼 수 없고, 그저 투표소 안에서 비밀리에 표현되는 사적인 의견들의 순수한 총합이 있을 뿐이다. 바로 여기서, 언뜻 보기에는 모순적이지만, 민주주의와 독재체제는 공존할 수 있을 뿐 아니라 분리가 불가능할 정도로 밀접한 연관성을 지녔다는 결론을 내릴 수 있다. 루소가 '대입법자'의 신화를 제시하며 시도했던 것과 동일한 차원에서, 슈미트는 '교육자'의 신화를 제시한다. 민중이 **고유의 동일한** 의지를 인식하도록 만들 수 있는 유일한 인물이 바로 슈미트의 '교육자'다. 하지만 이는 곧 민주주의 원칙을 잠재적 독재체제에 순응시키는 결과로 이어진다. 슈미트는 이러한 정황이 야기할 수 있는 폭발적인 결과를 과소평가하지 않는다. 민중을 형상화하기 위해 필요한 것이 독재자라면 이는 곧 민주주의가 고유의 원칙이 부정될 때에만 실현된다는 것을 의미한다. "이러한 교육론은 끝내 독재로, 즉 진정한 민주주의의 실현이라는 명분으로 민주주의 자체를 폐기하는 결과로 이어진다."[42]

바로 이 지점에서 민주주의 원칙의 잠재적인 자가면역성이 극명하게 드러난다. 민주주의는 민주주의와 정반대되는 것을 통해서만 실현되는 듯이 보인다. 여기서 우리는 민주주의의 이론과 실제를 연결하는 끈이 곧 끊어질 것처럼 팽팽해졌다는 인상을 받는다. 민주주의와 독재체제는 정치적인 실행 방식의 차원에서만 상극일 뿐 이론적인 차원에서는 서로를 외면하지 않는다. 민주주의의 지평에서 자유의 원칙이 제거되고 나면, 독재체제는 민주주의의 충분히 가능한 결과인 것처럼, 심지어는 피할 수 없는 운명인 것처럼 보인다. 독재자가 통치하는 경우에도 국가는 얼마든지 민주국가로 정의될 수 있다. 볼셰비즘 역시 내부의 자유─파괴적인 관행에도 불구하고 대외적으로는 언제나 민주주의 체제였다. 볼셰비즘이 **형식적인** 민주주의를 폐지하고 **본질적인** 민주주의를 천명했을 때처럼, 볼셰비즘의 전체주의적 활동은 언제나 민주주의 원칙에 호소하면서 전개되었다. 그리고 보면, 자코뱅주의자들이 이론화했던 혁명적 민주주의도 모두의 유익을 추구한다는 명분하에 소수 계층이 다수 계층의 자리를 차지하도록 만들지 않았었나? 민주주의 없는 의회주의가 있을 수 있듯이, 의회주의 없는 민주주의도 있을 수 있다. 바로 이 지점에서 몽테스키외와 루소 사이의 모든 연관성이 사라진다. 몽테스키외가 이론화한 입법부와 행정부의 분권 이론은 루소가 주장한 정치적 일체성의 구도와 조금도 어울리지 않는다. 실제로 19세기 중반에, 국회 입헌주의를 거부하면서도 민주주의에는 반대하지 않는 형태의 독재체제가 부활한 적이 있었다. 특히 1848년은 민주주의의 해인 동시에 독재체제의 해였고, 이 체제들이 모두 거부했던 것은 부르주아의 자유주의였다. 이러한 성향을 보다 분명하게 드러낸 20세기의 대중민주주의도 원칙적인 차원에서는 자유주의 세계와 거리가 먼 것이었다.[43] 자유주의가 언제나 다양성과 차이를 인정하는 반면, 대중민주주의는 통일성과 동질성을 전제로 내세웠다. 그런 의미에서 슈미트가 펼쳐놓은 문제는 결코 해결되었다고 보기 힘들다. 자유로운 중립주의의 병폐에서 민주주의를 구하려면 독재에 의존해야 한다는 논리는 슈미트의 입장에서도 인정하기가 쉽지 않은 문제다.

　슈미트가 결코 해결하지 못한 이러한 모순의 뿌리는 그가 민중의 범주에 부여하는 '부정성'에서 발견된다. 슈미트에 따르면, 모든 정치적 개념과 마찬가지로, 민중의 범주 역시 그것과 정반대되는 개념을 기점으로만 중요성을 확보한다. '민중'은 또 다른 유형의 어떤 정치적 주체로도 환원될 수 없으며, 오로지 부정적으로만 정의된다. "뛰어나거나 특별하지 **않은** 이들, 특혜를 누리지 **못하는** 이들, 가진 재물이나 사회적 위치 또는 학식의 차원에서 뛰어나지 **않은 이들** 모두가" 민중에 속한다.[44] 자본주의의 등장과 함께 민중은 고유의 '부정적인' 위상을 더욱더 강화하기에 이른다. 민중 혹은 프롤레타리아는 소유권과 잉여 가치 생산 과정에서 소외된 계층을 가리킨다. 이러한 부정성을 극복하고 긍정성을 회복하기 위해, 민중은 공공의 차원을 취하지 않을 수 없고 스스로의 존재로 공공성을 생산해야 하는 입장에 놓인다. 슈미트는 '실재'하는 민중이 '대리'될 수 없다는 루소의 생각을 고스란히 받아들인다. 왜냐하면 '대리'되는 순간 뒤로 물러나 '부재'해야 하기 때문이다. 하지만 민중은 '부재'하는 형태로 정의될 수 없다. 바로 여기서 지지선포의 필요성이 부각된다. 지지선포는 민중이 '실재'적으로 스스로의 존재를 알릴 수 있는 유일한 방법이다. 물론 슈미트가 주목했던 대로, 모든 시민의 의사가 각자의 거주 공간에서 분리된 상태로 표명되는— 오늘날처럼 인터넷을 통해 소통하는— 미래를 얼마든지 그려 볼 수 있다. 하지만 이 경우에는 어떤 공공의 의견이나 보편 의지가 아니라 오로지 다양한 견해들의 단순한 합이, 즉 루소가 말하는 공공의 적이 있을 뿐이다. 이는 곧 자유주의적 사유화로 전락하게 될 민주주의의 종말을 의미한다. 그럼에도 슈미트는 이런 결론을 내린다. "실질적인 민중의 민주주의적 동질성이 여전히 남아 있고 민중이 정치적 의식을 지니는 한, 다시 말해 아군과 적군을 구분할 줄 아는 한 위험은 크지 않다."⁴⁵

여기서 우리는 민중이 아군과 적군의 식별력을 기준으로 정의된다는 점에 주목해야 한다. 왜냐하면 민주주의의 자가면역적인 문법을 극단적으로 몰고 가는 관점의 아포리아적인 핵심이 바로 여기에 있기 때문이다. 이 경우에도 슈미트는 루소의 논리를 따른다. 아렌트도 동일한 관점에 주목한 바 있지만, 슈미트의 판단은 아렌트와 완전히 반대되는 방향으로 나아간다. 아렌트가 프랑스 혁명의 실패 원인을 루소에게 돌리면서 배제의 원칙을 거부하는 반면, 슈미트는 배제의 원칙을 민주주의 실행의 불가피한 경로로 이해한다. 슈미트는 먼저 '모두'가 '모두'와 절대적으로 일치하는 형태의 정체성이— 적어도 법적인 차원에서— 실제로는 확립되기 어렵다는 점에 주목한다. 왜냐하면 그런 식으로는 '판사'와 '피고'의 관계뿐만 아니라 특정 상황에 놓인 '일부'와 또 다른 '일부' 간의 관계마저 사라지기 때문이다. 하지만 슈미트의 입장에서 무엇보다 중요한 것은 자유주의적인 중화를 피하는 일이다. 이 중화에서 벗어나려면 유사성의 원칙을— 서로 유사한 범주의 인간들을 유사한 존재로 규정하는 원칙을— 수용하는 것으로 그칠 것이 아니라 서로의 대립을 유발하는 비유사성을 동시에 수용해야 한다. 이 두 요소는— 유사성과 비유사성은— 단순한 대조가 아니라 어떤 본질적인 상응 관계의 관점에서, 즉 동질성의 원칙을 가능하게 하는 것은 이질성의 원칙이라는 관점에서 관찰해야 한다. 민주주의는, 흔히 유사한 인간을 유사한 방식으로 대우하듯, 유사하지 않은 인간도 유사하지 않은 방식으로 대우할 때에만 진정한 민주주의라고 할 수 있다. 동질적인 것의 평등성은 이질적인 것을 멀리하는— 즉 배제하는— 거리두기와 짝을 이룬다.

하지만 우리는 이러한 논리적인 차원을 뛰어넘어, 역사적인 사실에도 주목해야 한다. 고대와 근대의 어느 순간에든, 정치적 권리의 적용 대상에서 국민의 일부를— 때에 따라 야만인, 무신론자, 귀족정치주의자, 반혁명주의자 등을— 제외하지 않은 민주주의 체제는 존재하지 않았다. 민주주의 사회였던 아테네에서는 물론 로마 제국이나 영국에서도 고유의 영토에 상주하는 모든 국민에게 동일한 권리를 부여해야 한다고 생각한 적이 없었다. 유럽의 민주주의 사회가 식민 정책을 추진하며 고유의 영토 바깥에서 상주하는 이민족을 지배했던 정황도 이와 동일한 맥락에서 이해할 필요가 있다. 모든 인간이 동일한 권리를 지녔다는 생각은 자유주의적인 발상이지 민주주의적인 관점이 아니다. 만약에 그렇다면, 그러니까 민주주의의 권리가 무분별한 방식으로 모두에게 적용되면, 사실은 사회 구성원들 간의 불평등성에서만 가치를 확보하는 평등성의 본질적인 의미 자체가 무효화된다. 슈미트에 따르면, 다름 아닌 평등성과 불평등성, 시민과 이방인, 아군과 적군 간의 이러한 구분 또는 상충 관계야말로 민주주의 정치의 특수성을 정의하는 본질적인 요소다. 예를 들어, 국가에 소속되지 않는 자는 원칙적으로 이방인이며, 따라서 배제되어야 한다. 민주주의의 자가면역적인 자살은 이런 식으로, 다름 아닌 20세기의 가장 뛰어난 정치 분석가 칼 슈미트의 이론을 토대로 이루어진다. 민주주의를 정의하는 것은 **수용**의 원리라기보다는 오히려 **배제**의 원리다.

7. 민주주의는 스스로를 위협하는 자가분해의 숙명에서 어떻게 벗어날 수 있는가? 이는 물론 불가능한 **코무니타스**의 실현을 기대하며 고유의 면역 장치마저 기꺼이 포기하는 식의 망상으로는 불가능하다. 민주주의 역시 모든 정치공동체적 몸과—아울러 인간의 몸과—마찬가지로 고유의 생명을 보호하기 위한, 다시 말해 귀족정치나 전제정치 같은 정반대의 체제로 전락하는 것을 막는 면역체계를 필요로 한다. 이 면역체계는 민주주의의 핵심 개념인 평등과 자유, 주권정치와 대리정치, 통일성과 다양성처럼 서로 상반되는 두 원칙의 공존 상태에 의해 형성된다. 여기서 쌍을 이루는 두 원칙 가운데 어느 하나를 절대화함으로써 다른 하나의 손실을

조장하는 경향은— 앞서 살펴본 것처럼— 민주주의 통치체제에 치명적인 결과를 가져온다. 대리정치를 통해 통치자와 피통치자 간의 분리를 고수하는 자유주의 원칙이 우세하면, 민주주의는 귀족정치로 기울어진다. 반면에 민중의 주권을 중시하는 유기적인 원칙이 우세하면, 전제정치라는 정반대되는 형태의 위험이 부각된다. 어떤 경우에든 민주주의는 고유의 원칙들이 가져오는 충격을 견디지 못한다. 양극을 어느 **하나로 축약**하는 일은 민주주의를 뒷받침하는 복합적인 메커니즘 자체를 파괴하는 결과로 이어진다. 그렇다면 문제는 사람들이 흔히 말하는 민주주의의 불완전성이나 민주주의가 지키지 못한 약속에 있다기보다는 오히려 민주주의만의 내부적인 변증관계를 지나치게 **단순**화하며 민주주의의 **완성**을 꾀하는 성향에 있다고 볼 수 있다.[46] 평등과 자유, 민중주권과 대리정치, 통일성과 개별성 간의 균형이 유지될 때에만 민주주의가, 민주주의 자체를 부정하는 체제로 전복되는 상황을 피할 수 있다.[47] 한 가지 원칙만으로는 완전할 수 없는 민주주의에 요구되는 것은 해독제의 체화다. 하지만 해독제를 과다하게 받아들이는 것은 삼가야 한다. 오히려 독이 될 수 있기 때문이다. 달리 말하자면 소화할 수 있는 만큼의 부정성만 체화해야 더 큰 부정성의 피해를 막을 수 있다. 민주주의 면연체계는 이러한 전략을 취할 때에만 자가면역의 메커니즘으로 전복되는 상황에서 벗어날 수 있다.

물론 이러한 전략만으로는 부족하다. 다시 말해, 이 전략은 앞선 두 원칙의 예외성을 무너트릴 수 있는 세 번째 원칙의 도입을 통해 강화되어야 한다. 정확히 말하자면, 대리정치의 기원이 되는 홉스적인 원칙과 직접정치의 기원이 되는 루소적인 원칙 간의 고

전적인 상충 관계를 극복하기 위해서는 토크빌로 거슬러 올라가는 또 다른 원칙이 필요하다. 관건이 되는 것은 토크빌이―'평등성', '자유'의 원칙과 함께―미국 민주주의의 기반으로 간주했던 '조합 association'의 원칙이다. 토크빌의 입장에서 이 '조합'의 원칙은 오늘날 우리가 '제도주의'라고 부르는 것에 가까웠다. 널리 알려진 바와 같이, 『미국의 민주주의』에서 토크빌은 미국의 지방 분권 체제가 프랑스의 중앙 집권 체제와는 달리 자치제의 구현에 크게 기여했다는 점을 집중적으로 조명한 바 있다. 자치제에 대해, 토크빌은 이렇게 말한다. "민주주의 국가에서 '조합'의 학문은 제2의 어머니다. 다른 모든 학문의 발전은 바로 이 '조합'에 좌우된다."[48] 왜냐하면―홉스와 루소가 각자의 입장에서 나름대로 관찰했던 바와는 달리―정당이나 조합 같은 중간 단계의 단체들이 체제의 분리를 조장하기보다는 오히려 체제의 통합에 기여하기 때문이다. 이 단체들은 시민들의 직접적인 참여를 장려하기 때문에 사회와 정부 사이에서 교량 역할을 수행할 뿐 아니라, 직접정치와 대리정치를 긍정적인 방향으로 활성화하면서 민주주의의 자가면역적인 표류를 가로막는 데 기여한다. 결과적으로 직접정치는 다수당 주도 원칙의 절대성을 완화하고 소수당의 권리를 충족시키는 방향으로, 대리정치는 통치자와 피통치자 간의 거리를 좁히고 하층민들의 사회적 요구를 수용하는 방향으로 나아간다. 토크빌에 따르면, 바로 그런 이유에서 "모든 미국인은 연령, 위치, 성향과 무관하게 끊임없이 조합을 형성한다."[49] 이들이 형성하는 것은 일종의 협동조합이며 이러한 조합은 조직력을 갖출 경우 정당 같은 기관으로 성장할 수 있다. 하지만 어떻게 보면, 이 조합들이 추구하는 가치는 정당들이 제도를 바탕으로 '대리'하는 가치에 우선하는 것들이다. 정당과 달리 조합은 문화적인 기관이기 때문에 법률이 규정하는 바에 응답하기보다는 습관, 관행, 전통 등에 응답한다. 이는 사람들이 법에 얽매이는 것 못지않게 습관이나 전통에도 얽매이기 때문이다. 영리단체와는 분명한 차이가 있음에도 불구하고, 조합이 표현하는 것은, 변경되거나 때때로 침해되기까지 하는 주권권력이 아니다.

토크빌의 이러한 생각을 이어받아 발전시킨 20세기의 대표적인 정치철학자는 아렌트다. 토크빌처럼 아렌트도 주권의 장치와 대리정치의 메커니즘에 대해 이중의 비판을 시도했다. 주권을 논하면서 아렌트는 이렇게 말한다. "미국이 이룬 위대한—장기적인 관점에서 가장 위대했다고 볼 수 있는—정치적 혁신은 공화국의 정치적 구도 내부에서 주권을 근원적이고 일관적인 방식으로 폐지했다는 데 있다."[50] 반면에 아렌트가 대리정치를 논하면서 토마스 제퍼슨까지 언급하며 주장하는 바에 따르면, 미국의 건국자들 입장에서 목표는 시민들이 연중 하루에 불과한 선거일뿐만 아니라 날마다 '공적인-일res-publica'의 통치에 참여하도록 만드는 것이었다. 물론 아렌트는, 미국에서도 대리정치가 민주주의와 귀족정치의 경쟁 구도 안에서 과두정치의 형태로 발전했기 때문에 이러한 목표가 달성되었다고는 보기 힘들지만, 그럼에도 취지만큼은 옳았다는 평가를 내린다. 왜냐하면 이러한 취지가 본질적으로는 주권과 개개인 사이에—이는 프랑스의 구체제에서뿐만 아니라 혁명 공화국 체제에서도 꽉 막힌 양자 관계에 불과했지만—중재적이고 협동조합적인 성격의 단체들을 도입하는 것이었고, 결과적으로는 이 단체들이 뒤이어 복수 정권을 정립하는 데 결정적인 역할을 했기 때문이다. 아렌트에 따르면 "이 새로운 형태의 정치단체들은 사실 정치적인 성격의 '사회단체'들이었다. 이 단체들이 장기적인 관점에서 중요했던 이유는 그런 식으로 창출되는 정치적 공간들이 소유권이나 주권을 요구하지 않고서도 권리를 주장할 수 있는 힘과 권한을 지니고 있었기 때문이다."[51] 이러한 구도는 일찍이 아메리카가 영국의 식민지였을 때부터 형성되어 있었고, 이 단체들이 독립 후에 자율적으로 발전시킨 체제가 바로 통일된 형태의 연방정부로 정립되기에 이른다. 사실은 이 단체들이 존속했기 때문에 구축적인 권력과 구축된 권력 사이의 변증관계가—프랑스의 경우 혁명 과정에서 붕괴될 수밖에 없었지만—유지되었다고 볼 수 있다.

바로 여기서—사실은 미국의 독립 선언에 앞서 이루어진 13개 주 식민지의 헌법 제정 과정에서부터—하부 계층의 인격적 대리인들이 행사하게 될 새로운 형태의 '권한' 개념이 유래한다. 연방체제가 정말 특별한 이유는 그것의 제도화가 실제로는 혁명뿐만 아니라 식민화보다도 먼저, 다시 말해 개척자들이 미국 땅을 밟기 전에 이미 메이플라워호 협약을 통해 선상에서 이루어졌기 때문이다. 바로 이러한 역사적 선례가 있었기 때문에—프랑스에서 일어났던 것과는 달리—미국인들은 혁명 후에도 반란자들을 어떤 자연 상태로 내모는 대신 일련의 동의와 계약을 통해 이들과 화합을 꾀할 수 있었다. 이러한 정신과 관행은 독립 선언 이후에도 결코 수그러들지 않았다.

'혁명rivoluzione'의 어원이 지닌 '복구'의 의미가 보여주듯이, 혁명에 의해 확립된 정권과 전복된 체제 사이에는 어떤 대칭 관계가 존재한다. 군주가 절대적이었다면 그만큼 그를 폐위시킨 혁명 역시 절대적일 수밖에 없으며, 그의 특징들을 군주제가 국가로 전이될 때 그대로 물려받는다. 아렌트에 따르면, 시에예스는 "군주였던 왕이 사라지고 남은 빈 자리에 국가의 주권을"[52] 위치시켰을 뿐이다. 이처럼 모두를 하나로 통합하는—루소의 '보편 의지'를 구현하는—광폭한 행보를 거부하며, 미국인들은 역사상 처음으로 권력이 분리되어야 한다는 점과 반대파의 역할이 긍정적이라는 점을 발견했고, 정치적 분쟁이 민주주의를 쇠약하게 하기는커녕 오히려 강하게 만든다는 것을 깨달았다. 그런 의미에서 "반대파의 존재를 통치 제도의 일환으로 인정하는 일은 (...) 오로지 국가를 **분리될 수 없는 하나**로 간주하지 않을 때에만, 아울러 분권 정책이 권력을 약화하는 대신 오히려 생성하고 견고하게 할 때에만 가능하다."[53] 민주주의 정권은 독립적인 형태의 차별화된 제도로 세분화될 때에만, 민주주의 자체를 귀족정치의 낡은 고랑에 빠트리거나 새로운 독재체제로 밀어 넣을지도 모를 고유의 자가면역적인 성향에서 벗어날 수 있다.

에티엔 발리바르Étienne Balibar도 '쇠퇴기 이후의 민주주의'[54]를 다룬 최근의 저서에서 대리정치, 참여정치, 정치적 분쟁의 세 가지 핵심 개념을 함께 되돌아보아야 한다고 주장한 바 있다. 발리바르에 따르면, '평등한 자유egaliberté'의 개념 속에 함축되어 있는 평등과 자유 간의 '대립적 동의'만으로는 민주주의를 활성화하지 못한다. 이 '대립적 동의'는 **반란**과 **제도** 사이의 언뜻 보기에는 모순적인 변증관계를 필요로 한다. 현재 진행 중인 강력하고 역동적인 탈–민주주의화에 저항하기 위해서는 정치적 분쟁 자체를 제도화함으로써 새로운 민주주의적 규칙들을 발명해야 할 필요가 있다. 민주주의의 가장 치명적인 자가면역질환이 분쟁의 중화라는 점을 생각하면, 우리는 제도를 항상 보존 대상으로만 간주하는 낡은 관점에서 벗어나, 제도 속에서는 새로운 형태의 불평등과 소외에 맞서는 형태의 분쟁이 언제든지 발생할 수 있다는 점을 인정해야 한다. 분쟁을 민주주의적 목표에 도달하기 위한 수단으로만 볼 것이 아니라 민주주의의 첫 번째 제도로도 이해할 필요가 있다. 그런 의미에서―마키아벨리가 주목했던 대로―사회적 분쟁은 사회문명화 과정의 일부에 지나지 않는다. 수많은 견해들을 획일화하는 다원주의와 언제 일어날지 모르는 내전의 양극 사이를 오가며 항상 흔들리는 '분쟁'만이 민주주의를 진정한 의미에서 정치화함으로써, 언제나 새로이 시작되는 자가면역의 표류 현상에서 구해낼 수 있다.

주

1 A. Brossat, *La démocratie immunitaire*, La Dispute, Paris 2003, p. 10.

2 B. Constant, *De la liberté des anciens comparée à celle des modernes* (1819), in *Écrits politiques*, Gallimard, Paris 1997 [trad. it. *La libertà degli antichi, paragonata a quella dei moderni*, G. Paoletti 편, Einaudi, Torino 2005, p. 6].

3 Brossat, *La démocratie immunitaire*, p. 16.

4 E. Canetti, *Masse und Macht*, Claassen Verlag, Hamburg 1960 [trad. it. *Massa e potere*, Adelphi, Milano 1981, pp. 17-19].

5 A. D. Napier, *The Age of Immunology: Conceiving a Future in an Alienating World*, University of Chicago Press, Chicago 2003.

6 J. Derrida, *Voyous*, Galilée, Paris 2003 [trad. it. *Stati canaglia*, Cortina, Milano 2003, p. 64].

7 같은 책, p. 84.

8 같은 책, p. 85.

9 특히 칸트의 『영구 평화론』에서 '영구적 평화에 관한 두 번째 확정적 조항' 참조. *Zum ewigen Frieden. Ein philosophischer Entwurf* (1796), in *Kant Gesammelte Schriften*, 23 voll., Königlich Preußische Akademie der Wissenschaften, Berlin-Leipzig 1900-, vol. VIII [trad. it. *Per la pace perpetua*, in *Scritti politici*, N. Bobbio, L. Firpo, V. Mathieu 편, Utet, Torino 1965].

10 Derrida, *Stati canaglia*, p. 59.

11 같은 책, p. 61.

12 같은 책, pp. 64-65.

13 같은 책, p. 111.

14 A. Schiavone, *Non ti delego. Perché abbiamo smesso di credere nella loro politica*, Rizzoli, Milano 2013, pp. 31 이하 참조.

15 G. Carillo, *Nel molto c'è il tutto. La democrazia nel dibattito sui regimi politici (Erodoto, III, 80, 1-6)*, 이 논문은 G. Duso 편 *Oltre la democrazia. Un itinerario attraverso i classici*, Carocci, Roma 2004, pp. 31-53에 실려 있다.

16 L. Canfora, *La democrazia. Storia di un'idea*, Laterza, Roma-Bari 2004, p. 13.

17 같은 책, p. 10.

18 같은 책, p. 37.

19 A. Gramsci, *Quaderno 13*, in *Quaderni dal carcere*, V. Gerratana 편, vol. III, Einaudi, Torino 1975, p. 1625.

20 L. Canfora, *Critica della retorica democratica*, Laterza, Roma-Bari 2002, p. 63.

21 같은 책, p. 66.

22 근대적인 민주주의 개념에 내재하는 이율배반적인 성격에 대한 특별히 설득력

있는 해석에 대해서는 G. Duso, *Genesi e aporie dei concetti della democrazia moderna*, in Duso 편저, *Oltre la democrazia*, pp. 107-38 참조. 아울러 '민주주의'를 주제로 다룬 학술지 «Filosofia politica» n. 3, 2006 전체 참조.

23 B. Manin, *The Principles of Representative Government*, Cambridge University Press, New York 1997 [trad. it. *Principi del governo rappresentativo*, il Mulino, Bologna 2010], B. Karsenti, *Elezione e giudizio di tutti*, in «Filosofia politica», n. 3, 2006, pp. 415-30.

24 J.-J. Rousseau, *Le contrat social*, in Œuvres Complètes, Gallimard, Paris 1959-69, vol. III [trad. it. *Del contratto sociale*, in Opere, a cura di P. Rossi, Sansoni, Firenze 1972, p. 329].

25 E.-J. Sieyès, *Dire de l'Abbé Sieyès sur la question du veto royal (7-9-1789)*, Baudoin - Imprimeur de l'Assemblée Nationale, Versailles 1789.

26 J.-J. Rousseau, *Considérations sur le gouvernement de Pologne et sur sa réformation projetée*, Gosse, Lausanne 1783 [trad. it. *Considerazioni sul governo di Polonia e sulla sua progettata riforma (1770-1771)*, R. Gherardi 편, Clueb, Bologna 2002.

27 Manin, *Principi del governo rappresentativo*, p. 203.

28 같은 책, p. 158.

29 C. Schmitt, *Verfassungslehre*, Duncker & Humblot, Berlin 1928 [trad. it. *Dottrina della costituzione*, C. Caracciolo 편, Giuffrè, Milano 1984, pp. 337-38].

30 Rousseau, *Del contratto sociale*, p. 323.

31 같은 책, p. 285.

32 같은 곳.

33 J.-J. Rousseau, *Emile*, in Œuvres Complètes [trad. it. *Emilio*, in Opere, p. 35].

34 Rousseau, *Del contratto sociale*, p. 296.

35 같은 책, p. 308.

36 H. Arendt, *On Revolution*, The Viking Press, New York 1963 [trad. it. *Sulla rivoluzione*, R. Zorzi 편, Comunità, Milano 1983, p. 81].

37 같은 책, pp. 82-83.

38 같은 책, p. 83.

39 같은 책, p. 104.

40 C. Schmitt, *Volksentscheid und Volksbegehren. Ein Beitrag zur Auslegung der Weimarer Verfassung und zur Lehre von der unmittelbaren Demokratie*, De Gruyter, Berlin-Leipzig 1927 [trad. it. *Referendum e proposta di legge d'iniziativa popolare. Un contributo all'interpretazione della costituzione weimariana ed alla dottrina della democrazia diretta*, in Schmitt, *Democrazia e liberalismo*, M. Alessio 편, Giuffrè, Milano 2001, p. 62].

41 같은 책, pp. 62-63.

42 C. Schmitt, *Die geistesgeschichtliche Lage des heutigen Parlamentarismus*, Dunker &

Humblot, Berlin 1923 [trad. it. *La condizione storico-spirituale dell'odierno parlamentarismo*, G. Stella 편, Giappichelli, Milano 2004, p. 39].

43 B. de Giovanni, *Alle origini della democrazia di massa. I filosofi e i giuristi*, Editoriale Scientifica, Napoli 2013.

44 Schmitt, *Dottrina della costituzione*, p. 318.

45 같은 책, p. 324.

46 Roberto Esposito, *Democrazia*, in *Dieci pensieri sulla politica*, il Mulino, Bologna (1993) 2011, pp. 55-78.

47 이러한 균형의 필요성에 대해서는 N. Urbinati, *La democrazia rappresentativa e i suoi critici*, in C. Altini 편, Democrazia. Storia e teoria di un'esperienza filosofica e politica, il Mulino, Bologna 2011, pp. 219-54 참조.

48 A. de Tocqueville, *De la démocratie en Amérique*, in Œuvres Complètes, Gallimard, Paris 1951 [trad. it. *La democrazia in America*, vol. II, N. Matteucci 편, Utet, Torino 1975, p. 601].

49 같은 곳.

50 Arendt, *Sulla rivoluzione*, p. 171.

51 같은 책, pp. 189-90.

52 같은 책, p. 175.

53 같은 책, p. 310.

54 E. Balibar, *La democrazia dopo il suo declino: alcune ipotesi*, in *Almanacco di Filosofia e Politica*, vol. 3, *Res publica. La forma del conflitto*, A. Di Gesu, P. Missiroli 편, Quodlibet, Macerata 2021, pp. 35-54.

생명정치의 시대

Nel tempo della biopolitica

III. 생명정치의 시대

1. 바이러스의 창궐과 함께 다름 아닌 생명정치가 현대사회를 고스란히 지배하게 된 오늘날의 시점에서[1] 생명정치에 대한 비판적인 견해들이 앞을 다투어 표명되었다는 점은 놀랍기만 하다. 개괄적으로 훑어보기만 해도, 푸코의 직관적 관찰은— 그가 주목했던 개인의 훈육, 민중의 제어, 목자권력의 전파, 의학의 정치화 같은 현상들은— 오늘날 모두 사실로 확인되었을 뿐 아니라 현실을 통해 전면으로 부각되기까지 한다. 팬데믹 시대를 맞아 도처에서 실행된 경계설정이나 거리두기 같은 조치들은 격리조치quarantena라는 아주 오래된 관습에서 유래한 것이 사실이지만, 과거에는 격리조치가 각국의 영토 전역으로 확장된 적이 없고, 게다가 이처럼 오랫동안 지속된 적도 없었다. 물론 과거에는 오늘날의 의료 정책에 견줄 만한 제도가 마련되어 있지 않았고 세계적인 차원의 보건 기구 같은 것도 존재하지 않았다. 유럽 국가에서 복지welfare 정책이 실행되던 시기에도 정부가 시민들에게 약속했던 보호는 보건 정

책을 포함하고 있었을 뿐, 생물학적이라기보다는 오히려 사회적인 성격을 지니고 있었다. 하지만 오늘날의 보호 조치는— 바이러스가 장악한 거의 모든 국가에서 벌어졌듯이— 생물-의학적인 문제에 집요하게 관여하는 성향을 보인다. 시간이 흐르면서, 팬데믹은 정치 진영들 사이의— 빈번히 이들의 입장을 근본적으로 변형시키면서— 권력 구도에도 커다란 변화를 가져왔다. 지난 200년간 기본적으로 시민사회적인 문제에 집중되어 있던 좌-우파 논쟁의 관심사도 눈에 띄게 생명정치적인 차원의 문제로 기울어지는 양상을 보였다. 오늘날의 논쟁은 예를 들어 건강할 권리와 자유로울 권리 사이에서— 둘 다 헌법이 보장하는 권리임에도 불구하고— 마치 어느 하나를 선택해야 할 것 같은 방향으로 전개된다.

하지만 생명정치적인 차원에서 팬데믹은 정치적 경쟁 구도의 차원을 훌쩍 뛰어넘어 정치와 사회의 관계, 제도와 항변하는 입장의 관계에— 때로는 분쟁적인 방식으로— 지대한 영향을 끼쳤을 뿐 아니라 정권 내부에서 사법부와 행정부의 균형을 후자에 유리하도록 변형시켰다. 이러한 변화는 파격적인 결과로 이어지기까지 했다. 예를 들어 미국 대통령을 뽑는, 세계에서 가장 중요한 선거에 팬데믹이 결정적인 영향을 끼쳤다는 것은 더 이상 숨길 필요가 없는 사실이다. 선거 결과는 아마도 팬데믹이 정계를 뒤흔들기 전에 이미 바뀌어 있었을 것이다. 하지만 우리는 팬데믹의 정치적 여파가 각국의 내부적인 문제에만 국한되지 않는다는 점에 주목해야 한다. 팬데믹이 유럽연합의 경제정치에도 직접적인 영향을 끼쳤다는 점은, 참여국들이 마스트리히트 기준을 고수하려는 입장에서 불과 몇 달 만에 역사상 전례를 찾아볼 수 없는 방대한 규모의 지원금 증여 대책으로 돌아섰다는 사실을 통해 분명하게 드러난다. 더 나아가 팬데믹은 강대국들 사이의 관계에도—무엇보다 미국과 중국 사이의 관계에—커다란 변화를 가져왔다. 팬데믹의 원인에 대한 치열한 논쟁을 벌이면서 시작된 양국 간의 분쟁 관계는 머지않아 수단과 방법을 가리지 않고 백신을 개발하는 차원의 경쟁 구도로 변신했고, 이러한 정황은 빠르게 러시아, 영국, 독일의 참여를 이끌어 냈다. 앞으로도 세계의 지정학적 균형이 여러모로 이러한 경쟁 구도에 좌우되리라는 점은 이제 단순한 인상의 차원을 뛰어넘어 분명한 현실로 다가온다. 왜냐하면 이러한 유형의 경쟁은 국제 관계뿐만 아니라 공익과 사익, 투자와 연구, 지식과 권력의 관계에도 직접적인 영향을 끼치기 때문이다. 경쟁이 단순히 백신의 효과만을 두고 벌어지는 것이 아니라 백신의 개발과 배포의 공간과 시간을 두고서도 벌어진다는 점을 고려하면, 생명정치는 이제 현대사회의 경험 전체가 끊임없이 변모하며 회전하는 새로운 초월적 지평이 되었다고 해도 과언이 아니다.

하지만 그럼에도 불구하고—어쩌면 바로 그런 이유에서—생명정치의 패러다임을 오히려 멀리해야 한다는 견해가 대두되는 것이 오늘날의 현실이다. 학자들이 '생명정치'를 기피하는 이유는 다양하지만, 생명정치를 둘러싼 논쟁은 기본적으로 생명정치적인 어휘의 부정형성, 이 개념의 빈약한 역사성, 이 범주의 자연주의적인 상흔의 문제를 축으로 전개된다. 생명정치적인 어휘의 부정형성은 생명정치라는 용어가 윤리학을 비롯해 경제학, 기술과학, 생태학에 이르는 다양하고 이질적인 영역에서 점점 더 빈번히, 무분별하게 활용되면서 생명정치의 개념 자체가 불분명해졌기 때문에

생긴 특징이다. 하지만 한편으로는 철학적 논쟁 내부에서도 생명
정치의 개념이 상당히 다양하고 때로는 상반되는 의미로 활용되
었다는 점을 염두에 두어야 한다. 이러한 정황은 이 개념을 애초에
푸코가 생각했던 구도에서 상당히 멀어지도록 만들었고, 결국에
는 '생명정치'의 이론적 위상이 약화되는 결과를 가져왔다. 이러한
정황에 — 생명정치라는 개념이 모호한 방식으로 사용되기 시작했
을 무렵부터 — 주목했던 장-뤽 낭시의 의견에 따르면, "빈번히 일
어났던 일이지만, 이 용어도 성공의 대가를 지불하고 있다. 이제는
누구도 생명정치의 핵심이 무엇인지 정확하게 파악하지 못한다."[2]
낭시의 비판적 관점에 큰 영향을 끼친 프랑수아 바랭François Warin
은 생명정치를 이렇게 정의했다. 생명정치는 "가변적인 — 부정적
일 수도 긍정적일 수도 있는 — 개념이며, 여하튼 견고하지 못하고
기능성이 미약한 개념이다."[3] 애초에 푸코가 18세기에 일어난 권
력의 변화를 설명하는 곳에서 제한적으로만 사용했던 생명정치의
개념은 점점 더 일반화되는 성향을 보이다가, 끝내는 마이클 하트
Michael Hardt와 안토니오 네그리Antonio Negri가 구축한 "초세계주
의적인 투쟁의 전쟁 기계"[4]로까지 발전하기에 이른다.

하지만 이처럼 심각한 기피증적 해석은 사실 하이데거의 반-
생물학적 선입견에서 유래한다. 하이데거에 따르면, 인간의 삶은
실존적인 차원에서만 표현될 수 있다. 다시 말해, '단순한 생존'의
내재주의적인 전제를 거스르며 삶 자체를 초월하는 무언가에 노
출되어 있는 것이 바로 인간의 삶이다. 이러한 비판적 견해에 따르
면, 역사상 처음으로 홉스에 의해 각인된 생명정치적 전환은 오히
려 '단순한 생존'의 문제로 귀결될 수밖에 없고, 이는 홉스가 다름

아닌 '생명의 보존'을 정치적 지평의 핵심으로 간주했기 때문이다. 바랭은 바로 이때부터, 한편으로는 생존에만 매달리며 정치에서 정치 고유의 내용을 박탈하고 다른 한편으로는 생명을 **비오스**bios 의 실존적인 차원에서 **조에**zoe의 물질적인 차원으로 추락시켜 두 차원의 의미를 모두 잃게 만드는 이중의 경로가 파생되기 시작했다고 보았다. 결과적으로 "오늘날의 이론가들이 '생명정치'라고 부르는 것은 비오스로서의 '생명'과 무관할 뿐 아니라 그리스적이고 아리스토텔레스적인 의미의 '정치'와도 무관하다. '생명정치'는 보다 정확하게 '동물학기술' 또는 '생태학기술'로 정의되어야 한다."[5]

낭시도 이러한 용어들을 인용하며 생명정치의 의미론에서 불필요한 의미를 벗겨낸다. "생물학bio-logia이 연구하는 생명과 직결되는 것은 동물학, 생리학, 신경학이다. (...) 그러니까 우리가 '인간적인 삶' 또는 인간의 실존이라고 정의하는 것만 뺀 모든 것을 연구하는 것이다."[6] 어떻게 보면 정치도 — 하이데거가 이미 1930년대에 주장했던 대로 — 폴리스polis에서 생태-기술적인 복합단지를 운영하는 곳으로 자리를 옮겼고, 그런 식으로 고유의 특징들을 모두 상실했다고 볼 수 있다. 따라서 '생명정치'는 일찍이 19세기에 시작된 교체 과정, 즉 정치를 비정치화하고 생명을 생물학적으로 만드는 과정의 완성에 불과한 것처럼 보인다. 바로 그런 이유에서 낭시는 다음과 같은 놀라운 결론을 내린다. "우리에게 필요한 것은 이미 정치의 바깥에, 아울러 확실히 생명/삶의 바깥에 있다."[7]

이러한 첫 번째 비판적 입장의 뒤를 이어, 두 번째 입장은 전자 못지않게 전투적인 입장을 취하면서 생명정치에 역사성이 터무니없이 부족하다는 점을 문제로 지적한다. 이러한 견해를 가장 적극적으로 표명하는 철학자 파올로 플로레스 다르카이스Paolo Flores d'Arcais의 입장에서, 생명정치는 "순수한 제안에 불과하고 모호하며 조작적이고 변화무쌍해서 포착이 불가능한 패러다임이다. 왜냐하면 모든 역사적 사실과 모순을 일으키기 때문이다."[8] 그는 특히 푸코가 말하는 주권정치와 생명정치 간의 개념적 대립 구도가 결국에는 역사적인 관점에서 훨씬 더 중요한 차이점을— 예를 들어 혁명에 힘입어 탄생한 근대 민주주의와 구체제 사이의 차이를— 은폐하는 결과로 이어질 수밖에 없다고 보았다. 그런 식으로, 최근 4세기 동안 일어난 정치적 사건들이 모두 생명정치라는 추상적인 개념 속에 아무런 구분 없이 함축되고, 결과적으로는 대응과 혁명, 절대주의와 민주주의, 타율과 자율 사이의 윤리적이고 정치적인 차이점들이 모두 사라지게 된다고 본 것이다. 역사–개념적 구분에 보다 신중을 기하는 카를로 갈리Carlo Galli의 의견에 따르면, 푸코는 니체처럼 해체의 소용돌이 속으로 모든 차이점들을 몰아넣으며 현실을 단순히 권력 분쟁의 장으로만 이해하는 부정적 사유의 철학가들 가운데 한명이다. "부정형의 '부정' 편에서는 결국 모든 것이 모든 것과 다를 바 없어 보인다. 마치 소들이 밤에는 전부 시커멓게 보이는 것처럼."[9] 갈리에 따르면, 생명정치의 사상가들이 활성화한 탈–역사화 과정은 '사실상 거부하는' 것에 '무의식적으로 종속되는' 훨씬 더 심각하게 이율배반적인 정황을 초래한다. 권력의 논리가 모든 유형의 인간관계까지, 심지어 이 관계를 해석하는 지식의 세계까지 장악하고 나면, 비평은 실마리를 풀지 못하고 무기력한 동시에 무비판적인 태도에서 벗어나지 못할 운명에 처한다. 이러한 정황은 왜 많은 학자들이 푸코가 남긴 1970

년대 말의 생명정치 강의록을 읽고 그의 사유를 신자유주의의 맥락에서 해석했는지 설명해준다. 갈리에 따르면 "권력이 사유에 내재한다는 것은 결과적으로 사유가 권력에 내재한다는 것을 의미한다. 내재성은 고유의 덫을 지녔다. 푸코의 비평은 권력의 장치들을 포괄한다고 확신하지만 오히려 포함되기 때문에 결국에는 권력이 보여주기 싫어하는 모순들을 못 보거나— 생명정치의 시대에— 불분명한 방식으로 볼 뿐이다."[10]

뒤이어 대두되는 세 번째 비판적 관점에 따르면, 생명정치적인 담론은 생명에 대한 비역사적이고 자연주의적인 개념으로 귀결된다. 이러한 형이상학적 파생 경로가 형성되는 원인 역시, 푸코가 **주권정치**와 **생명정치**를 성급히 상반되는 개념으로만 간주했기 때문에, 이 두 범주의 체계적인 구도가 구축되지 않았던 정황에서 발견된다. 다시 말해 푸코는 전자를 죽음이라는 기호 하에, 후자를 생명의 경제학 안에 위치시킨 다음 후자에만 관심을 쏟아부었기 때문에 생산 방식과 계급투쟁, 구축적인 권력과 구축된 권력 간의 중요한 논리적 관계들은 소홀히 했던 것으로 나타난다. 바로 여기서 역사적인 특수성들을 짓누르며 어떤 단일한 생물학적 틀에 끼워 맞추려는 성향의 **범-생명정치주의**가 비롯되었다고 볼 수 있다. 이러한 관점에서 살펴보면, 푸코는 어떤 단일한 차원으로 환원되지 않는 경로들을 따라 사회에 스며드는 모순들을 무효화함으로써, 어떤 단순한 사건들을 보편적일 뿐 내부에 어떤 인과 관계도 지니지 않는 메타-역사의 수식어로만 활용했다고 볼 수 있다. 이 지점에서 또 부각되는 것이 바로 푸코가 **비오스**bios를— 생명/삶의 형태들을— 오히려 생명의 자연적 위상이 영원히 반복되는 형태의

조에zoe로 환원했다는 비판이다. 따라서 푸코가 말하는 생명/삶은 역사적 맥락을 상실했기 때문에, 실존의 운율을 무효화하는 생물학적 감옥에 갇힐 수밖에 없다고 보는 것이다. 이러한 관점에 따르면, 푸코와 그의 사유를 토대로 구축된 모든 생명정치 사상은 삶과 죽음의 두 의미 영역을 파격적으로 단절시키기 때문에, 삶과 죽음이 오히려 언제나 변화무쌍한 방식으로 연결되는 지점들을 인식하지 못하도록 만들 뿐 아니라 다양한 유형의 사회가 고유의 발전 과정에서 나름대로 기능하는 방식을 시야에서 놓치도록 만든다. 이러한 비판적 입장을 고수하는 학자들은 생명정치가 근현대 정치학의 유일한 얼굴로 대두될 뿐 다른 모든 관점을 묵살하기 때문에, 오늘날의 현실과 비판적인 관계에 들어설 수 있는 가능성 자체를 스스로 외면한다고 지적한다.

2. 그러나 아무런 선입견 없이 푸코를 읽으면, 실제로는 이러한 비판들 가운데 어느 하나도, 아울러 이를 뒷받침하는 논리적 구도도 아무런 근거를 제시하지 못한다는 점이 드러난다. 푸코의 관점에 역사성이 결핍되어 있는 만큼 그의 철학이 일종의 생의 형이상학으로 전락한다는 생각은 아이러니하게도 푸코를 이와 정반대되는 이유로 비판하는 철학자들의 ─ 때로는 동일한 비판자들의 ─ 견해와 비교할 때 그릇된 것으로 드러난다. 예를 들어, 데리다와 그의 뒤를 이어 낭시가 제기했던 비판적 견해가 바로 이러한 경우에 속한다. 데리다와 낭시의 입장에서, 푸코는 철학자가 아니라 오히려 문화사학자에 가깝다. 이러한 견해 속에 기본적으로 함축되어 있는 전제는 역사와 철학 사이에 어떤 내재적인 관계가 아니라 오

히려 원칙적인 대립 관계가 성립될 뿐이라는 것이다. 하지만, 여기서 주목해야 할 것은 푸코가 앞서 거부했던 것이 바로 이러한 전제였다는 사실이다. 푸코는 이러한 전제 자체가 과도한 형이상학적 지분으로 인해 진부해졌다고 보았다. 푸코가 자신의 연구를 철학과 역사의 교차 지점에 위치시켰을 때 제시했던 것은 철학의 역사도, 어떤 부류의 역사 철학도 아니다. 푸코는 오히려 철학의 역사를 대체하기 위해 지식의 계보학을 제시했고, 역사는 예정된 결과도, 단일한 기원도 지니지 않는다고 보았다. 역사가 예정되어 있다면, 역사의 종결 지점 내지 시작 지점이 역사의 흐름 밖에 존재해야 할 것이다. 그리고 그것은 역사를 미래나 과거로 향하도록 정초하는 어떤 절대적인 기점으로 간주되어야 할 것이다. 하지만 푸코의 생각은 달랐다. "역사적 의미는, 어떤 절대적 의미를 추구하지 않는 이상, 형이상학에서 벗어나 오히려 계보학의 가장 소중한 도구가 될 것이다."[11]

역사의 손아귀에서 벗어나는 것은 아무것도 없다. "우리는 역사에 역사적으로 헌정되어 있다."[12] 푸코가 『임상의학의 탄생』에서 했던 이 말은 그저 모든 이론이 모든 실천과 마찬가지로 역사 내부에 각인된다는 것만 의미하지 않고 무엇보다도 모든 것이 역사 자체에 의해 생산된다는 것을 의미한다. 정확히 말하자면, 푸코가 분석하는 것은 역사적 사실이나 개념 자체가 아니라 이들의 역사적인 형성 조건, 즉 어떤 사실이나 개념이 고유하고 구체적인 형태를 취하는 데 기반이 되는 시공간적 맥락이다.[13] 바로 이 지점에서, '역사'와 '철학'이라는 용어가 일반적으로 가리키는 것의 근본적인 변화가 일어난다. 어떻게 보면 철학의 내재적인 진실이 부재하는 상태에서, 철학이 역사 외에는 어떤 내용도 발견하지 못하는 상황이, 아울러 역사의 유동성을 감안해야 하기 때문에, 때에 따라 사유를 인도하는 어떤 진실을 기준으로 체계화하고 발전시킬 수 있는 형태의 역사만을 내용으로 받아들이는 상황이 전개된 셈이다. 이러한 관점의 전환에 힘입어 푸코는 역사주의와 결정주의의 영향에서 단번에 벗어날 수 있었다. 역사주의에서 벗어난 이유가— 푸코의 입장에서—'이전'의 진실보다 '이후'의 진실이 언제나 우월하다는 법은 없기 때문이라면, 결정주의에서 벗어난 이유는 주체가 자신이 포함되어 있는 역사적 경로에서 이탈해 새로운 의미론적 방향을 제시할 수 있는 순간이 항상 주어지기 때문이다. 이는 물론 인간이 역사에서 벗어날 수 있다는 것을 의미하지 않는다. 벗어나서 어디로 간단 말인가? 이는 오히려 인간이 현재에 머물면서 현실을 또 다른 방향으로 이끌 수 있는 비판적인 자세로 역사 **안에서 또 다른 방식으로** 실재할 수 있다는 것을 의미한다. 이러한 관점에서 볼 때, 언제든 변화하는 것은 앎의 객체라기보다는 오히려 이를 발전시키는 주체다. 항상 역사적 흐름 안에 머물 뿐, 주체는 고유의 실존적인 조건과 마찰을 일으킴으로써 역사의 흐름을 바꿀 줄 아는 기량을 지녔다.

물론 푸코가 이러한 '실존주의적' 어휘를 그의 생애 말기에 이르러서야, 그리고 주체화 과정을 분석하는 과정에서 활용했다는 것은 사실이다. 하지만 '생명/삶'의 범주는 푸코가 생명정치를 연구하던 시기에도— 그의 비판자들이 주장하는 것과는 달리— 결코 단순한 생물학적 차원에 고정되어 있지 않았다. 물질적인 측면을 관찰할 때에도 '생명/삶'은 결코 그 자체로 정의될 수 없으며, 수

많은 질문과 함께 삶을 어떤 절대적인 내재성에서 벗어나도록 만드는 앎에 의해 개념적으로 여과되기 마련이다. 일찍이 1971년에 푸코가 노암 촘스키와 함께 '인간의 본성'에 관하여 토론을 벌이면서 주장했던 대로, "'생명/삶'은 **과학적인 개념**이 아니다. 그것은 오히려 **인식론적 지표**에 가깝다. 이 지표의 분류 및 제한 기능은 과학적 논의 자체에는 영향을 끼치지만 과학의 내용에는 아무런 영향도 끼치지 못한다."[14] '생명/삶'을 **자연화**했다고 자신을 비난하는 이들에 맞서, 푸코는 자연의 개념이 사실은 다양한 문화적, 정치적, 사회적 조건에 좌우되는 문명사회의 특정 단계에서 생성되었다는 점을 강조하며 자연이라는 개념 자체의 **역사화**를 시도한다. 물론 그렇다고 해서, 불변하는 자연이 인간에게 부여하는 한계에 인간의 본성이 얽매일 수밖에 없다는 사실을 푸코가 부인하는 것은 아니다. 푸코는 단지 이러한 조건들을 촘스키처럼 인간의 정신 속에 위치시키는 대신 인간의 외부에, "정확하게는 사회형식, 생산관계, 계급투쟁 등등"[15] 속에 위치시킬 뿐이다. 이는 몸이─생리학적 규칙에만 얽매이기는커녕─모든 측면에서, 인간이 속한 시대의 체계적인 영향하에 형성되기 때문이다. 푸코는 자신이 인간의 생명/삶을 생물학화했다고 보는 비판적 견해와 정반대되는 의견을 가지고 있었다. 푸코의 입장에서 몸은, "생명/삶 혹은 자연의 안녕을 보장하는 것이라면 아무것도 버리지 않고"[16] 몸 안으로 침투하는 역사에 깊이 연루되어 있었다. 물론 생명/삶이 때에 따라 그것을 짓누르며 물질적인 차원으로 전락시키는 생물학화 과정에 노출되었던 것은 사실이다. 하지만 푸코는 바로 이러한 과정을 이끈 생명정치적인─혹은 죽음정치적인─체계의 근원을 비판적인 차원에서 계보학적으로 추적했을 뿐이다. 푸코가 설명하는 생물학적 자연화는 그의 관점 자체를 대변하지 않으며, 단지 생물학적으로 변할수록 무기력해지는 생명의 관리와 여기에 집중되는 생명권력의 활동을 가리킬 뿐이다.

생명정치의 패러다임은 본질적으로 양면적인 성격을 지닌다. 생명정치는 푸코가 현실에서 포착하는 **과정**인 동시에 이를 개념적으로 정의하는 **범주**이기도 하다. 따라서 생명정치는 어떤 **자연적인** 환원논리를 재생한다기보다는 자연 안에 어떤 **인위적인** 틈새를 만든다. 푸코의 입장에서는 생명/삶의 범주뿐만 아니라 이 범주를 시간이 흐르는 가운데 구현해온 앎의 범주들도— 예를 들어 생물학적 앎도— 나름대로 정확한 역사적 기원을 지닌다. 한편으로는 다윈도 역사를 "생명/삶의 위대하고 오랜 생물학적 메타포"[17]로 대체하려 하지 않았고 오히려 생명/삶에서 역사의 지표들, 틈새들, 자원들을 발견하려고 노력했다. 다윈의 진화론이 지니는 본질적인 의미는 바로 여기에 있다. 다윈에 따르면 "생명/삶은 진화한다. 살아 있는 종들의 진화는, 적어도 어느 시점까지는, 역사적 성격을 지닌 사건들에 의해 결정된다."[18] 생명정치의 패러다임은 이러한 원리를 생명정치의 대상과 밀착시키는 동시에 대립시키는 일종의 긴장 관계를 표현함으로써, 이 원리 자체를 의식의 차원으로 이끌 뿐이다. 생명정치가 처음부터 **생명-역사**와 조합되었던 것은 결코 우연이 아니다. 생명정치가 생명-역사와 공유하는 것이 바로 생명과 역사 간의 불가피한 상호간섭 관계다.

"생명/삶의 움직임과 역사의 전개 과정이 서로 관여할 때 주어지는 긴장 관계를 '생명-역사'라고 부를 수 있다면, 생명/삶과 그것의 메커니즘을 명백하게 평가의 영역으로 끌어들이고 권력-지식을 인간적인 생명/삶의 변형 요인으로 활용하는 체계의 이름은 '생명-정치'가 되어야 할 것이다."[19]

따라서, 한때 — 영미권의 생명정치 이론에서처럼 — 불변하는 사실로 간주되던 것은 이제 재구성이 가능한 역사적 촉선들의 교차 지점에 위치하는 문제로 간주된다. 어떤 의미에서는 역사가 — 역사에 의해 촉발된 사유가 — 오히려 생명-권력이 부여하는 '자연적인' 관점을 전복시키기 위해, 생명/삶을 때에 따라 다른 방향으로, 따라서 그것의 자연적으로 무미건조한 흐름에서 벗어나도록 인도했다고 볼 수 있다. 예를 들어, 다양한 종족의 유전적 변형을 감안하면 "이러한 변화 경로를 구체적으로 그리기도 하고 지우기도 하는 것은 다름 아닌 역사다. 그렇다면 여기서, 생물학적 자연의 밑바닥으로부터 올라와 역사를 제압할지도 모를 결정적이고 아둔한 생물학적 요인들을 애써 찾아야 할 필요는 없다."[20] 물론 생명/삶은 역사가 아니다. 그 안에는 언제나 역사의 주변에 머물면서 완전한 역사화에 맞서 저항하는 어떤 생물학적 요소 혹은 생리학적 여백이 있기 마련이다. 하지만 이러한 외재성 자체는 어떻게 보면 역사에 의해 열린 이해의 지평에 포함되어 있다. 푸코에 따르면, 생명정치의 가장 강렬한 — 하지만 그것을 열렬히 지지할 때에도, 신랄하게 비판할 때에도 포착되지 않는 — 의미는 "생명/삶을 일종의 생물학적 한계로 간주하며 역사 바깥에 위치시키는 동시에, 생명/삶을 이에 대한 앎과 권력의 기술이 침투해 있는 인간의 역사 내부에 위치시키는 이 이중적인 위치에서"[22] 발견되어야 한다.

이와 동일한 긴장 관계가—상응과 편차, 연속성과 불연속성 간의 긴장이—상이한 통치체제들 간의 차이를, 예를 들어 푸코가 가장 중요하게 생각했고 또 가장 많이 비판받은, **주권정치**와 **생명정치** 간의 차이를 지배한다. 이 두 체제 사이에 실재하는 관계성의 정체는 무엇인가? 관건은 계승 관계인가 아니면 중첩 관계인가? 배척 관계인가 아니면 공존 관계인가? 대체가 이루어졌다면, 전자의 흔적은 후자의 내부에 얼마나 남아 있다고 보아야 하는가? 물론 푸코는 이러한 질문에 분명한 답변을 제시하지 않는다. 그는 두 종류의 이질적인 해석을 번갈아 제시하며—때로는 동일한 텍스트 안에서도—한 가설과 또 다른 가설 사이에서 머뭇거리는 모습을 보인다. 따라서 이러한 문제의 복합적인 실체를 파악하려면, 이러한 정황을 초래한 두 종류의 방법론적인 특징에 주목할 필요가 있다. 첫 번째 특징은 푸코가 두 시대를 [주권정치와 생명정치를] 개별적으로 관찰하는 대신, 한 시대를 정반대되는 각도에서 조명하는 식으로 활용하며 다른 시대를 정의한다는 점이다. 일찍이 『광기의 역사』에서 고전 시대를 중세의 대조적인 측면과 비교하며 정의한 바 있고, 『말과 사물』에서도 근대의 에피스테메를 전근대적인 에피스테메가 마감되는 지점에 위치시키면서 정의했던 것처럼, 푸코는 생명정치를 주권정치의 음각에서 도려낸다. 물론 그렇다고 해서 푸코가 이 체제들이 모든 측면에서 대립되는 구도를 제시했던 것은 아니다. 푸코의 관심을 끌었던 것은 오히려 주권자적 권력이 생명정치의 영역에 다시 유령처럼 나타나 생명/삶의 확장 경로에 죽음의 생산 경로를 도입하는 순간들이었다. 이 시점에서 중요해지는 것이 바로 푸코의 담론을 언뜻 모순적인 방향으로 몰아가는 듯 보이는 두 번째 특징이다. 간단히 말하자면, 여기서 주목해야 할 것은 푸코가 역사적 시기 구분에 각인하는 패러다임적인 고랑이다. 푸코에 따르면, '주권정치'의 범주와 '생명정치'의 범주 모두, 고유의 시대적인 영역을 뛰어넘을 뿐 아니라 특정 역사의 문턱에 좌우되지 않는 일종의 패러다임적인 흐름으로 이해되어야 한다. 다시 말해, 이 범주들은 고유의 어휘를 특정한 연대기적 지평 바깥으로까지 투영할 수 있는 어떤 원근법적 시각의 축에 가깝다. 이 패러다임들은 그런 식으로 '기원'을 '현실'과 연결하는 데 기여한다. 대표적인 예는 죽음의 명령권이 절대 군주제에서 생명정치가 한창 진행 중이었던 시대의 나치 통치체제로 전이되어 고스란히 유지된 사건이다. 달리 말하자면, 원래는 17세기에 형성된 통치 패러다임이 — 형태만 변했을 뿐 — 우리의 자유주의 사회로까지 전해진 셈이다. 이러한 관점에서 볼 때, 주권정치와 생명정치는, 역사적으로 어긋났을 뿐, 문자 그대로 '동시대적'이다. 다시 말해, 동일한 시대에 이율배반적인 방식으로 실재한다.

3.　푸코를 비판하는 학자들은 일반적으로 그가 역사성을 포기하면서까지 생명정치를 생의 형이상학으로 둔갑시켰다는 데 동의하지만, 이러한 오판은 틀린 해석이기에 앞서 그의 텍스트에 대한 편파적인 독서에서 비롯된다. 푸코가 남긴 유작들의 출판 순서에 기인하는 선입견이 적잖은 영향을 끼친 가운데, 초기의 '생명정치' 수용은, 한편으로는 『지식의 의지』 마지막 장을 토대로, 다른 한편으로는 콜레주 드 프랑스 1976년 강의록 『사회를 보호해야 한다』의

마지막 강의를 토대로 이루어졌다. 하지만 학자들은 바로 이 강의를 푸코가 1976년 학기 내내 발전시킨 담론 전체의 결론으로 읽는 대신 다른 강의들의 내용과 분리시켜 거의 독립된 텍스트로 읽으면서 이를 『지식의 의지』 마지막 장과 함께 푸코가 제시한 생명정치 사상의 핵심 텍스트로 이해했다. 결과적으로 이들은 다름 아닌 1976년의 강의가 펼쳐보이던 생명정치 패러다임과 역사적 지평의 내재적인 연관성을 시야에서 놓칠 수밖에 없었고, 이러한 정황은 결국 생명정치 개념의 심각한 탈역사화 현상을 일으켰다. 하지만 푸코가 첫 강의에서부터 주장했던 것은 오히려 권력의 개념을 그것의 기본적으로 **법률적인** 의미 영역에서 해방해야만 전쟁과 밀접한 관계를 지닌 권력의 본질적으로 **역사적인** 성격을 포착할 수 있다는 것이었다. 푸코는 역사적으로 사유해야만, 정치가 진행형 분쟁에 의해 결정되는 권력 관계의 표현이라는 점이 드러난다고 보았다.

정치를 이처럼 분쟁의 차원에서 해석하는—독일제국의 억압-권력을 니체의 전쟁-권력으로 대체하는—방식은 푸코의 강의 전체에 적용된다. 이는 생명-권력에 관한 마지막 문단들의 경우도 마찬가지다. 여기서도 전제가 되는 것은 사실 처음부터 푸코의 생명정치를 특징짓던 '생명정치와 주권정치의 대립'이다. 그런 식으로, 권력을 리바이어던의 틀에서 벗어나 분석한다는 것은 곧 권력을 '주체', '통일체', '법'의—주권의 범주에 의해 권력과 결속되는 '법'의—삼중 지시체제에서 해제한 뒤, 해소될 수 없는 분쟁의 차원에서 관찰한다는 것을 의미한다. 물론 정치적 권력-관계는 전쟁-관계와 전적으로 다른 것이 사실이지만, 실제로는 경쟁 세력들 간의 극단적 긴장 상태를 보여주는 전쟁-관계를 통해서만 사회적 변증관계의 뿌리 깊은 본질을 포착할 수 있다. 이는 모든 정권이 추구한다고 표명하는 '평화 상태'가 사실상 주어질 수 없기 때문이라기보다는, '평화 상태' 역시 은밀하게 전쟁의 언어를 사용하기 때문이다. 평화도 사실은 전쟁에서 유래하며, 법적 질서도 언제든 부각될 수 있는 분쟁의 일시적인 균형에 지나지 않는다. 국가, 법률, 제도는 근대적 정치 행위의 형식으로 정립되어 있지만 이 형식들을 선행하거나 뒤따르는 불가피한 불화를 제거하기보다는 일시적으로 무력화할 뿐이다. 국가의 가장 견고한 기관이, 실제로 다른 모든 제도의 기능을 좌우할 수 있는 군대라는 것은 결코 우연이 아니다. 이러한 정황이 — 혹은 결코 사라진 적이 없는 정치 관계의 지반이 — 오늘날 눈에 띄지 않는 이유는 국가 통일체 중심의 홉스적인 어휘가 지배하는 근대 정치철학의 법률적인 권력 개념이 여전히 우리의 시야를 가로막고 있기 때문이다. 이러한 법적 개념이 결국 사회공동체적 몸의 필연적으로 양가적인 성격을 은폐해버렸다면, 이를 재조명하는 것이 바로 푸코가 계보학적으로 추적하는 역사정치적인 담론이다.

이러한 유형의 담론은 16세기의 종교전쟁과 내란 이후에 등장했다. 마키아벨리가 미완의 상태로 남겨두었고 홉스가 부정했던 이 담론은 영국 혁명 초기에 청교도들 사이에서 대두되었다가 한 세기가 지난 뒤에 프랑스에서 루이 14세의 왕국이 막을 내릴 무렵 다시, 하지만 정반대되는 의도로 활용되기 시작했다. 다시 말해 영국의 코크Edward Coke와 릴번John Lilburne이 대변하는 부르주아적이거나 민중적인 정치 세력들 사이에서는 군주제를 반대하는 의미로 활용되었지만, 프랑스에서는 동일한 담론을 불랭빌리에Henri de Boulainvilliers, 프레레Nicolas Fréret 같은 저자들이 귀족정치 체제를 수호할 목적으로, 뒤이어 시에예스Emmanuel-Joseph Sieyès와 티에리Augustin Thierry의 경우 민족주의를 지지할 목적으로 활용했다. 이토록 상이한 정치적―혁명적, 반항적, 좌파적, 우파적, 군주제적, 공화국적―입장들이 지닌 공통점은, 중세에서 유래하는 '피라미드적인' 권력 개념만 거부하는 것이 아니라 홉스적인 '일원론'과 구체제적인 계층 사회의 '삼단계적' 체제까지 거부하는 성향이었다. 이러한 유형의 체제에 맞서, 역사―정치적 담론과 '전쟁'의 장치가 제시하는 것은 오히려 사회공동체적 몸의 '이원론적인' 이미지, 즉 로마제국 멸망 이후 서구의 역사가 지속되는 동안 민중의 생명/삶에 각인되어 온 정복과 침략, 지배와 굴복, 약정과 배반의 이미지였다. 푸코는 엄밀히 말해 이것이―여전히 법적 차원의 언어를 사용할 뿐―항상 어느 한편에 서서 다른 편에 대항하며 결코―주권의 담론처럼―중립적인 입장을 취하지 않는 '최초의' 역사―정치적 담론이라는 점을 강조한다. 푸코에 따르면, 장구한 역사를 강자와 약자, 승리와 패배의 끝없는 대립을 통해 혁신을 거듭해온 과정으로 간주할 때, 역사는 계승의 정당성이나 제도적인 질서의 한계 안에 가둘 수 없는 무한한 깊이를 획득한다.

… 우리가 마주한 것은 전적으로 역사적인 차원에서 전개되는 담론이자 경계도, 목적도, 한계도 없는 역사 속에서 펼쳐지는 담론이다. (…) 문제의 핵심은 '역사의 진리'를 법률 혹은 진리의 절대성에 반영하는 것이 아니라, 법적 권리의 안정성 뒤편에서 역사

의 무한성을, 법률의 정식 뒤편에서 전쟁의 외침을, 정의의 균형 뒤편에서 힘의 불균형을 발견하는 데 있다.[22]

법적 대리정치의 커튼 뒤에 숨어 있는 실질적이고 긴박한 상황들을 언급하며, 푸코는 역사주의를 선언하기에 이른다. 물론 푸코의 역사주의 선언은 단순한 연속성의 차원이 아니라, 권력자들이 스스로에 대해 지어내는 이야기와 전적으로 상반되는 끝없는 모순들의 역사적 관점에서 이루어진다. "바로 여기에 문제가 있다. 그것은 동시에 우리의 첫 번째 과제이기도 하다. 우리는 역사주의자가 되어야 한다. 다시 말해 역사에 기록된 전쟁과 이 기록이 말하는 전쟁으로 점철된 역사 사이의 영속적이고 제거할 수 없는 관계를 분석하려고 노력해야 한다."[23]

하지만 이러한 역사-정치적 담론을—푸코가 강조한 것처럼, 서양사에서 처음으로 등장한 이 담론을—생명정치와 구조적으로 관계하도록 만드는 요인은 과연 무엇인가? 그것은 어느 시점에선가 종족들 간의 분쟁을 강렬하게 생물학적인 차원으로 몰고 가기 시작한 인종주의다. 일찍이 근대에 접어들면서부터, 이 분쟁에 끼어든 사람은 어느 편에 서더라도 특정 인종을 보호하기 위해 다른 인종과 대립할 수밖에 없는 상황에 놓이기 시작했다. 이처럼 역사적인 동시에 자연적이고, 정치적인 동시에 생물학적인 분쟁은 시간이 흐르면서 정도와 맥락에 따라 다양한 방식으로 일어났다. 하지만 두 세기가 지난 19세기 초부터 이러한 분쟁의 양상은, 분리된 동시에 뒤엉켜 있는 두 경로를 따라 양분되기 시작한다. 한편에서는 '인종 간의' 분쟁이 '계급의' 투쟁으로 변한다. 계급투쟁은 인종주의적인 요소들을 내부로 흡수하지만 이를 혁명의 고랑으로 흘러들어가도록 만든다. 하지만 다른 한편에서는 분쟁 자체가 진화론의 영향으로 생물학적인 성격을 띠게 되고, 결과적으로는 생물학적 어휘가 먼저 민족주의의, 뒤이어 식민주의의 기능적인 어휘로 정립되기에 이른다. 이러한 변천 과정의 결과를 푸코는 "생물학적 국가화"라는 표현으로 정의했다. 이는 물론 대립 관계에 놓인 두 인종이 단일한 국가의 인종으로 융합될 때 일어날 수 있는 일이다. 하지만 머지않아 이 인종은 다시 두 종류의 하위-인종으로 양분되며, 어느 한쪽에서 스스로의 생명/삶을 위기에 빠트린다고 비난하며 다른 쪽을 지배하는 구도가 형성된다. 이 순간부터 인종주의는—외형적인 공격성도 잃지 않고—내부적인 격리와 배제의 장치로 기능하기 시작한다. 푸코가 강의 제목을 언급하며 주장한 바에 따르면, 문제의 핵심은 더 이상 사회에 맞서 스스로를 보호하는 데 있지 않고 오히려 "우리가 원치 않는데도 만들어내고 있는 타-인종, 열등-인종, 적대-인종의 모든 생물학적 위협으로부터 사회를 보호하는"[24] 데 있다.

이러한 변증관계는 역사-정치적인 방향성과 의학-생물학적인 방향성이 수렴되는 현상의 생동적인 결과인 동시에 파괴적으로 폭발하는 지점이기도 하다. 이 두 방향성이 어느 순간엔가 교차하며 만들어내는 것은—명백하게 구분되면서도 상호보완적인—개인 훈련의 기술과 민중 통제의 기술이다. 그렇다면, 푸코가 완전히는 밝히지 못한 주권정치와 생명정치 간의 관계 역시 바로 이 지점에서 좀 더 설득력 있는 구도를 확보한다. 주권정치와 생명정치는 상충되는 체제나 계승되는 장치라기보다는, 오히려 어떤 단일한 생명-역사적인 복합체에서 계층화된 형태로 활동하는 운영 체제에 가깝다. 물론 18세기 후반까지 지속된 초기의 주권정치 시대가 막을 내리고 개인과 집단의 생명을 보호하고 발전시키는 방향으로 나아간 생명정치의 시대가 열리면서 정치 체제의 대체가 이루어진 것은 사실이다. 하지만 생명정치의 체제 내부로 생물학적 인종주의가 침투할 때, 원래는 두 종류의 상이한 모델로 간주되던 체제들의 궤도가 교차하면서 폭발적인 효과를 일으킨다. 생명을 보호하는 생명정치의 역학 속에, 죽음을 초래할 수 있는 새로운 형태의 주권 권력이, 즉 인종주의가 끼어든다. 인종주의는 생명/삶 자체가 파괴되는 것을 막기 위해 넘어서지 말아야 할 경계선을 단순히 펼쳐 보이는 것으로 그치지 않고 특정 일부의 생명과 다른 일부의 죽음 사이에 생사의 반비례 관계를 설치한다. 여기서 열등한 인종의 죽음은 우월한 인종의 삶을 그만큼 건강하고 정결하게 만드는 요인으로 간주된다. 인종주의는 죽음정치를 민족주의의 그루터기에 이식시켜 되살리는 재생의 조건이다. 나치즘을 발판으로 발작의 절정에 달하는 인종주의는 결국 타자의 생사 결정권을 국가에 부여하는 것으로 족하지 않고 잠재적인 형태로 개개인에게까지 부여하기에 이른다. 단순한 고발 행위만으로도 이웃에게 사망을 선고할 권리를 부여했던 것이다. 전쟁에 패했을 때에도, 히틀러는 살인과 자살의 구분을 전적으로 무의미하게 만들면서, 독일 민족 전체에게 선택된 민족의 이름으로 죽을 것을 호소했다.

나치의 등극이 야기한 것은 보편화된 생명-권력과 절대화된 독재체제가 완전히 일치하기에 이르는 현상이다. 이러한 현상은 다시—죽음에 노출시키는 행위와 죽일 권리의 가공할만한 증식에 힘입어—사회공동체 전체에 전달된다. 달리 말하자면, 우리가 목격한 것은 절대적으로 인종주의적인 국가, 절대적으로 살인적인 국가, 절대적으로 자살적인 국가의 부상이었다.[25]

4. 앞서 언급한 것처럼, 푸코의 담론이 지닌 역사적 깊이는 그의 철학적 틈새와 모순을 일으킨다기보다는 오히려 전적으로 일치한다고 보아야 한다. 푸코가 『사회를 보호해야 한다』(1975~76)에서 전쟁을 근현대 사회의 심장으로 간주한 것 자체가 사실은 통상적인 역사관을 근본적으로 뒤바꾸려는 이론적 전략의 결과였다고 볼 수 있다. 하지만 후속 강의록 『안전, 영토, 인구』(1977~78)의 서두에서 푸코가 강조했던 것처럼, 그의 작업은 "역사도 사회학도 경제학도 아니며, 어떤 식으로든, 아주 단순한 사실의 관점에서, 철학에"[26] 가까웠다. 무슨 뜻인가? 푸코에 따르면 "관건은 전략적으로 효과적인 분석을 수행하기 위해 실제로 어떤 힘의 영역에 머물러야 하는지 이해하는 데 있다. 하지만 근본적으로는 바로 이것이 **투쟁**과 **진실**의— 즉 철학 활동의— 순환적인 경합이다."[27] 그렇다면, 이처럼 구체적인 표현을 통해 그가 말하려는 것은 과연 무엇인가? 이 질문에 답하려면, 먼저 두 강의록 간의 관계, 혹은 첫 번째 강의에 비해 두 번째 강의의 어휘가 상대적으로 이질적이라는— 여전히 해결되지 않은—문제를 살펴볼 필요가 있다. 비판자들이 지금까지 제시한 해석에 따르면, 이 문제는 푸코가 1976년의 강의에서 '권력 분석'에 집중하다가 1978년에 느닷없이—혹은 충분한 동기 없이—'통치의 의미론'으로 전환하게 되는 과정과 직결된

다. 다시 말해, 문제의 핵심은 푸코가 『사회를 보호해야 한다』의 마지막 장에서 제시했던 '생명정치'를 언뜻 보기에는 포기하고 '통치성gouvernementalité'이라는 새로운 패러다임으로 고개를 돌렸다는 데 있다. 하지만 푸코가 생명정치를 정말 포기했다고 보아야 하나? 그렇다면 푸코가 강의를 새로 시작하면서 "[자신이] 약간은 모호한 방식으로, '생명–권력'이라 부른 것의 연구를"[28] 시도해 보자고 제안한 이유는 무엇인가? 아울러 푸코가 '생명정치'에 관한 논의를 정말 끝냈다고 생각했다면, 이듬해 강의의 제목을 『생명정치의 탄생』이라고 붙인 이유는 무엇인가? 다시 말해, 미셸 세넬라르Michel Senellart가 푸코의 1978년 강의록 후론[29]에서 자문했던 대로, 관건은 담론의 새로운 방향을 모색하는 작업인가, 아니면 생명–권력의 개념을 보다 넓고 세분화된 지평에서 관찰하려는 시도인가?

이 강의에서 분명하게 언급되는 역사나 사회학 또는 경제학보다 철학이 더 집요하게 거론된다는 점은 우리의 입장에서 문제를 파악하기 위한, 아울러 푸코가 머물러야 하는 "힘의 영역"에 접근하기 위한 중요한 열쇠가 될 수 있다. 실제로 푸코가 새로운 '통치'의 어휘를 도입하면서 시도한 것은 '권력'이라는 주제의 폐기가 아니라, 그것을 또 다른 각도에서 관찰할 수 있는 '바깥'의 영역으로 주제의 위치를 옮기는 작업이었다. 푸코의 사유를— 내용의 끝없는 변화에도 불구하고— 한마디로 표상하는 무언가가 있다면, 그 것은 아마도 '바깥'을 선호하는 성향일 것이다. '바깥'은 그의 가장 강렬한 에세이 가운데 하나의 제목이기도 하다.[30] 푸코의 저작 내부에서, 모든 패러다임의 변화가 가장 극단적인 '바깥'의 공간을 향해 움직이는 가운데 이루어진다면, 이 공간은 패러다임을 분해하는 것이 아니라 오히려 분석 대상과 밀접한 관계를 유지하며 그림자에 가려 있던 대상의 또 다른 얼굴을 보여준다. 어떻게 보면 상황은 푸코가 무언가를 조사하기 위해 열어젖힌 외부 공간에서, 정면으로 마주했을 때에는 지닐 수 없었던 날카로운 시선으로, 이를테면 대상이 완전히 전복된 측면을 바라보며 다시 접근할 수 있는 길을 마련하는 식으로 전개되었다고 말할 수 있다. 이러한 유형의 분석이 바로 『광기의 역사』에서 이성의 외부 공간에 위치한 '광기' 자체를 대상으로 이루어졌고, 『말과 사물』에서도 표상의 질서 바깥으로 떨어져 나와 그것이 소멸되기 시작하는 지점 끝머리에 선 '인간'을 대상으로 이루어졌다. 『담론의 질서』에서도 푸코는 담론 속의 명제들을 "내면의 어떤 상반되는 형태로도 환원되지 않기 때문에 역설적일 수밖에 없는 외면의 차원에서 분석하기 위해 순수하게 분산시켜"[31] 관찰한다. 이 경우에는 명제의 화자마저도 "외재성의 게임에 끼어들 수밖에 없다."[32] 한편으로는 모든 **지식**에 대한 질문 역시 궁극적으로는 지식 자체를 구축하고 이를 일종의 신경계로 수용하는 힘의 관점에서 지식의 진실성 주장을 평가하는 식으로 이루어진다.

하지만 이는 — 처음의 질문으로 돌아가서 — **권력**의 경우에도 똑같이 해당되는 이야기다. 푸코는 구체적으로 정치적인 차원의 권력을 이와 동일한 **이질화** 과정에 적용했고, 이를 위해 권력과는 — 무관하진 않지만 — **이질적인** 영역들의 분석을 시도했다. 푸코는 이러한 정황을 훈육과 관련하여 다음과 같이 묘사한 바 있다. "몇 년 전에 군대, 병원, 학교, 교도소 내부의 훈육이라는 주제를 다루었을 때, 내가 사실상 원했던 것은 삼중의 위치 변동, 이를

테면 '외부'로 넘어가기 위한 세 가지 방식을 활용하는 것이었다."[33] 이 가운데 첫 번째는, 그가 "제도중심주의"[34]라고 부르는 것을 분산시키는 방식이다. 예를 들어, 병원의 구조를 파고드는 일은 정신의학 체제 같은 보다 일반적인 차원을 도입할 때에만 가능하다. 여기서 문제의 핵심은 병원이라는 기관을 우회해, 기저에서 혹은 어깨 너머에서, 병원의 기능을 좌우하는 권력 행사의 기술을 조명하는 데 있다. 두 번째는 제도의 영역 바깥에서 관찰을 시도하는 방식이다. 푸코는 예를 들어 감옥의 변천사를 주도한 것이 개혁을 추진하는 성격의 기획이라기보다는 오히려 제도적인 결함으로 인해 필요해진 전략이었다는 점을 증명해 보인다. 세 번째 분산 방식의 핵심은 분석의 대상 자체를— 예를 들어 '범죄', '성sessualità', '인구' 등을— 이들의 즉각적으로 가시적인 차원에서 일탈시켜 이들의 생성 단계로 환원시키는 데 있다. 하지만 이 시점에서 푸코는, 개별적인 제도의 영역에서 벗어나 이를 생산해낸 기술들의 영역으로 거슬러 올라간다는 것이 결국에는 이 기술들이 신경계를 구축하며 복잡하게 얽혀 있는 보다 보편적인 공간, 즉 국가의 지평으로 또 다른 경로를 거쳐 되돌아간다는 것을 의미한다는 사실에 직면하게 된다.

이러한 단락회로를 피할 수 있는 유일한 길은 국가 외부에 어떤 공간을 설정해 국가 자체를 바깥에서 바라보는 것뿐이다. 이는 물론 국가라는 현실을 부정하기 위해서가 아니라 고독한 국가주의 신화에서 벗어나 국가를 훨씬 더 넓고 복합적인 구도 안에서 관찰하기 위해서다. 이처럼 비국가적이지만 국가의 기원으로 간주될 수 있는 공간을 구축하는 것이 바로 '통치성'이다. 학자들의 일반적인 평가와는 달리, '통치성'은— 푸코의 개념적 어휘 내부에서—

생명정치의 개념을 **대체**하는 것이 아니라 오히려 생명정치의 역사적인 특수성을 **구축**하는 개념이다. 바로 그런 이유에서 "국가에 대한 통치성의 입장은 정신의학에 대한 격리 기술의 입장, 형법 체계에 대한 훈육 기술의 입장, 의료제도에 대한 생명정치의 입장과 흡사하다."[35] 물론 푸코의 논술 전략에는 모종의 변화가 일어났고 이는 푸코가 자신이 식별해낸 패러다임들을 근현대화의 실질적인 실현 과정에 끼워 맞추려고 노력했기 때문이다. 결과적으로는 푸코가 전쟁에 부여했던 역할의 중요성도 함께 수그러들었다. 하지만 이러한 정황은 권력이 가장 직접적으로 관여하는 '생명'의 언급을 감소하는 것이 아니라 오히려 강화하는 결과로 이어진다. 여기서 주목해야 할 것은 생명정치가 패러다임의 차원에서 주권정치와 연관되는 것처럼 통치성이 역사적인 차원에서 국가와 연관된다는 것이다. 바로 그런 의미에서, 통치성이 구축하는 외부 공간은 국가의 경계를 초월하는 동시에 국가 자체를 고유의[외부의] 내부에 포함시킨다. 어떻게 보면 상황은 푸코가 추적하는 두 종류의 계보학적 경로가 분리되고 배열된 상태에서 어느 시점에선가 서로 중첩되고 일종의 정치적 이질화 현상을 일으키는 식으로 전개되었다고 볼 수 있다. 근현대의 정치는 이 이질화의 메커니즘에서 한 번도 벗어난 적이 없다. 달리 말하자면, 오늘날의 정치는, 정치적 범주에 속하지 않고 정치 자체와도 예리하게 모순되는 지평에서만 이루어질 수 있다.

그렇다면 '통치'의 활동은 어떤 형태로 전개되며 어떤 규모의 영향력을 행사하는가? 여기서 관건이 되는 것은 그리스도교적 목양에서 국가론, 경찰국가, 관방학Cameralismo, 중상주의, 중농주의,

정치경제학에 이르는 상당히 다양한 분야의 극단적으로 유동적인 영역이다. 이 이질적인 분야들을 하나로 통합하는 요소는 각각의 분야가 어느 시점에선가 주목하기 시작한 새로운 대상, 즉 '인구'다. 푸코가 1978년 강의에서 안보 전략과 함께 중점적으로 다루었던 주제가 바로 '인구'다. 하지만 푸코가 제시하는 담론의 논지를 고려할 때, 보다 중요한 것은 '통치'의 관행이 그리스와 로마의 고전적 정치이론과는 전혀 다른 기원을 지녔을 뿐 아니라, 통치의 방향이 "왕은 다스릴 뿐 통치하지 않는다"라는 격언을 기준으로 설정되어 있다는 점이다. 여기서 관건이 되는 것은 양떼를 인도하는 '목자'의 비유, 혹은 일종의 안보 형식이다. 이 비유는 일찍이 고대 이집트와 아시리아, 메소포타미아에서도 사용되었지만, 이를 선호하며 주권권력과 전혀 다른 형태의 체제로 수용한 것은 유대교과 그리스도교였다. 문제의 핵심은 이 비유에 내재하는 명령과 복종의 관계가 '개인화하는 동시에 전체화하는' 성격을 지녔을 뿐 아니라, 법의 지배와 권력의 독점이 특징인 고전적인 정치 체제와도 거리가 멀다는 데 있다. 여기서는 법률의 무인칭적인 명령 체계가 사라지고, 양들 한 마리 한 마리를 향한 목자의 신중한 배려와 목자의 뜻을 따르는 양들의 절대적인 복종 사이에 일종의 순환 관계가 성립된다. 여기서 관건이 되는 것은, 그리스나 로마에서는 생각조차 할 수 없었고 명령의 합리성과도 무관한 형태의 복종, 즉 목자와 그가 인도하는 양떼 사이의 상호신뢰를 바탕으로 이루어지는 완전하고 영속적인 복종이다.

　바로 이러한 유형의 관계가, 다시 말해 영혼과 육체를 돌보면서 제어하는 유형의 체제가 경제신학적인 틀을 벗어나 생명정치적인 장치 안에서 세속화된 뒤 인간의 통치 체계로 정립되기에 이른다. 달리 말하자면, 원래는 정치적인 영역 바깥에서 실행되던 이러한 '관행'이 어느 시점에 이르러 국가를 만나 '통치체제화'되기에 이른다. 푸코는 이러한 특징이 새로운 패러다임의 체계화에 결정적으로 기여했다는 점을 집요하게 강조한다. 푸코에 따르면, 사회가 국가로 성장한 것이 아니라 오히려 국가가 스스로를 통치체제로 만들었다고 보아야 한다. 그런 식으로, 어떤 의미에서는 국가바깥에 있는 무언가가 국가 내부로 침투해 들어오거나 정치적 기술들의 중심축이었던 국가를 오히려 체화함으로써 국가 자체를 이기술들의 도구로 전락시키는 상황이 전개되었다고 볼 수 있다. 따라서 문제의 핵심은 국가를 권력의 유일한 보유자로 간주하는 모든 유형의 국가존재론에 맞서,

"어떻게 한 문명사회가, 혹은 더 간단히 말해 통치체제화한 사회가 16세기를 기점으로 무언가 허약하면서도 동시에 강박적인 이른바 '국가'라는 것을 세울 수 있었는지 증명해 보이는 데 있다. 국가는 그저 통치의 예기치 못한 상황에 불과하다. 통치는 국가의 수단이 아니다."[36]

이런 식으로 권력의 계보학 내부에서 대대적인 전환의 계기가 마련되었다면, 놓치지 말아야 할 것은 이를 가능하게 만든 근원적인 차원의 이론적 변화다. 간단히 말하자면, 주어[주체]인 것처럼 보이던 것은—국가는—그것에 앞서, 그것의 기능을 결정짓는 역동적인 상황의 술어[객체]로 변한다. 이처럼 국가와 통치 기술

의 우선순위가 뒤바뀌는 현상으로 인해 발생하는 모순은— 해소되기는커녕 계속해서— 서구사회의 정치 전체에 지대한 영향을 끼친다. 우리는 '국가'를 여전히 지고의 제도로 이해하지만, 그것은 원래 비정치적인 영역 내부에서, 다시 말해 국가 자체를 경제적 장치 내부로 빨아들이면서 끝내 비-정치화하는, 정치와는 무관한 영역에서 생성된다. 국가는 정치의 주체가 아니라, 국가에 앞서 존재하는 수많은 제도들을 경험적인 형태로 사고하는 데 필요한 지적 원리에 불과하다. 그런 의미에서 우리는 통치체제를 권력과 상반되는 것으로 이해하지 말아야 한다. 통치체제는 권력을 경제적인 형태로 행사하는 하나의 방식에 지나지 않는다. 이를 가장 명백한 형태로 이론화한 것이 바로 자유주의다. 하지만, 푸코가 열린 채로 남겨둔 문제의 핵심은 이러한 이질성이 가져오게 될 결과에 있다. 서구사회의 정치가 비정치적인 지평에 위치한다거나 이 지평을 내부에 끌어안는다는 것은 무엇을 의미하는가? 근현대적 정치 체제들의 기능을 고려할 때, 이러한 부정적인 관점으로의 전환이 수반하는 것은 무엇인가? 또 이 모든 것의 근원적 패러다임인 동시에 역사적 효과인 생명정치에는 어떤 결과를 가져오게 될 것인가?

5. 푸코가 이듬해에 진행한 『생명정치의 탄생』(1978~79년)이라는 제목의 강의들이 이 질문들에 대한 구체적인 답변을 제시한다고 보기는 어렵다. 사실은 푸코 자신도 이 범주를 다루기로 결정한 뒤에야 비로소, 생명정치에 힘입어 유지되는 통치체제를 먼저 분석하지 않고서는 탐구 자체가 불가능하다는 것을 깨닫는다. "자유주의라고 불리는 통치체제가 과연 무엇인지를 이해한 후에야 우리

는 생명정치가 무엇인지 이해할 수 있을 것이다."³⁷ 하지만— 이러한 변화를 푸코의 근본적인 방향 전환이나 심지어 자유주의에 동조하는 입장을 표명한 것으로 해석한 이들의 주장과는 달리— 푸코는 자신의 원래 의도를 그대로 고수할 뿐 아니라, 여기에 면역의 패러다임으로 귀결되는 특징들을 각인시킨다. 면역성을 도입하는 데 간접적으로나마 계기가 되었던 것은 푸코가 이전 강의에서 다루었던 부정성의 문제다. 여기서 '부정성'은 더 이상 정치와 통치성 간의 불안한 긴장 관계나 통치 관행의 비정치적 성격에만 관여하지 않고, 통치 활동 자체의 논의에 관여한다. 다시 말해 관건은, 자유주의 체제 내부에서 통치체제가 고유의 기능을 수행하기 위해 오히려 통치를 하지 말아야 하는, 혹은 적어도 어떤 한계를 넘어서면서까지 통치하는 경우는 삼가야 하는 이율배반적인 상황이다. 이에 대해 푸코는, 다분히 기획적인 어조로, 다음과 같이 말한다.

통치의 합리성 평가에 관한 모든 문제는 과연 어떻게 해야 과도하지 않은 방식으로 통치할 수 있는가라는 질문을 중심으로 펼쳐질 것이다. 피해야 할 것은 더 이상 주권의 남용이 아니라 통치의 과잉이다. 통치 관행의 합리성을 가늠하는 일은 통치의 과잉을 토대로만, 여하튼 통치체제의 입장에서 과도해 보이는 것의 제한 조치를 토대로만 가능해진다.³⁸

통치체제가 설득력을 지니려면, 지금까지 정의된 면역의 원칙에 따라, 일종의 내부적인 제동장치를 활성화함으로써 스스로를 절제할 수 있어야 한다. 이를 이해해야만 아래와 같은 '인식하지 못한다'는 푸코의 말도 [따라서 절제가 요구되는 이유도] 이해할 수 있다. "정치경제학과 더불어 등장한 시대는 다음과 같은 원리를 따른다. 통치체제는 **과다하게** 통치할 위험이 항상 뒤따른다는 점을 결코 **충분하게는** 인식하지 못하거나, 어떻게 하면 **충분히** 통치할 수 있는지 **아주** 분명하게는 인식하지 못한다."[39] 물론 경제정치학이 내세우는 것은 실질적으로 가져오기도 하는 '유익'이다. 여기서 경제정치학의 깊은 애착 대상은 바로 경제의 역동성에 내재하는 자연주의적 성격이라는 것이 드러난다. 자유주의를 일종의 자연주의로 이해할 수 있는 것도 이 때문이다. 하지만 인간의 행동방식을 좌우하는 자연적 원리를 고수할 때 요구되는 것은 다름 아닌 통치체제의 구조적인 변화다. "왕은 다스릴 뿐 통치하지 않는다"라는 말을 일찍이 감시 또는 관리 단계에서 할 수 있었다면, 자유주의적인 관점에서는 통치체제도—어떤 최소한의 수준에 머물지 않는 이상—통치하지 않는다는 말을 해야 한다. 여기서 훌륭하게 통치한다는 것은 가능한 한 적게 통치한다는 것을 의미한다. 푸코는 정치적 주권체제와 경제적 통치체제가 근본적으로 대립된다는 점을 강조한다. "경제에는 주권이 없다. 경제적 주권은 존재하지 않는다."[40] 경제가 주권체제에서—즉 법률과 정치에서— 빼앗는 것이 있다면, 그것은 생명정치의 시대에 생명/삶의 근원적인 동력으로 표명되는 관계, 즉 이윤을 토대로 성립되는 인간관계다. 이러한 각도에서 관찰하면 '경제-정치-학'이라는 표현 자체에도 용어적인 모순이 있음을 발견하게 된다. 이는 경제를 통치하는 체제가 있을 수 없듯이 경제도 통치의 학문으로 정립될 수 없기 때문이다. 어느 하나의 실재는 다른 하나의 실재를 거부하기 마련이다.

하지만 푸코가 자신의 연구 대상에 각인시키는 면역학적 '절제'라는 특징은 통치 활동에만 국한되지 않고, 자유주의를 구축하는 '자유'의 범주 자체에도 적용된다. 푸코는 '자유'를 — 개념뿐만 아니라 계보의 차원에서 — 두 종류로 구분한다. 첫 번째가 프랑스 혁명에서 유래하고 기본적인 권리 행사의 자유로 정의되는 반면, 두 번째는 영국에서 유래하며 통치자들에 대한 피통치자들의 자율성으로 정의된다. 물론 양립될 수 없는 개념들은 아니지만, 이들은 나름대로 이질적이다. 자유로울 권리의 범위는 역사적으로 공리주의적인 평가와 함께 체계화되는 양상을 보였다. 하지만 어느 시점에선가 공리주의적 이성이 우위를 점하기 시작했고, 이러한 정황은 자유의 또 다른 측면이 소외되는 결과로 이어졌다. 바로 이러한 경로를 거쳐, 자유의 개념은 — 통치 관행이 겪었던 것처럼 — 스스로와 모순을 일으키며 자유의 가장 본질적인 의미를 부정하기에 이른다. 물론 문제는 이것으로 끝나지 않는다. 시간이 흐르면서 정형화된 자유주의 내부에서도 일종의 자가-면역화 현상이 일어나고, 이로 인해 자유의 생산은 자유의 부정을 조건으로만 가능해진다. 면역 장치의 대표적인 특징인 '절제'는 다름 아닌 과잉에 대한 역반응이다. 자유주의는 주어진 자유를 지키는 것으로 그치지 않고 오히려 생산해낸다. 살아남으려면, 자유를 도처로 — 시장, 무역, 표현의 자유로 — 확장시켜야 하는 것이 자유주의다. 하지만 자유를 생산하기 위해서는 자유를 체계화함으로써 이를 위협하는 위험 요소로부터 보호해야 한다. 바로 이 지점에서 자유의 심장에 균열이 발생난다. 이 균열의 방향은 자유와 논리적으로 정반대인 '보안'의 차원을 향해 있다. 여기서 "자유의 생산과 그 과정에서 자유를 억누르고 파괴할지도 모를 모든 것 간의 문제적인 관계가 매번 상이하고 끝없이 유동적인 형태로"[41] 발생한다.

　자유주의 체제에 만연한 보안의 요구가 점점 증가함에 따라, 상황은 개인적인 위험에서 유도된 위험으로부터 집단의 이익을 보호하는 동시에 정반대의 경우에도 마찬가지의 보호 조치가 이루어지는 식으로 전개된다. 다시 말해, 사회를 개개인으로부터 보호하는 동시에 개인을 사회로부터도 보호하는 조치가 이루어져야 한다. 하지만 그런 식으로 결국에는 '위험'과 '보안' 사이에, 어느 한편의 증가가 곧장 다른 편의 증가를 촉발하는 악순환의 고리가 형성된다. 이는 위험에 대한 인식이 크면 클수록 보안에 대한 요구도 함께 증가하기 때문이다. 결과적으로 개개인은 위험을 크게 의식하면서 "위험하게 살도록" 유도되고, 스스로의 삶을 위험하게 만든다. 바로 이 지점에서, 자유주의가 보호하려는 '자유'와 대조될 수밖에 없는 '통제'의 필요성이 속절없이 증가한다. 따라서 우리는 이런 결론을 내릴 수 있다. **보안 전략은 자유의 조건인 동시에 파괴 요인이며, 자유는 보안 전략의 동력인 동시에 장애물이다.** 결과적으로 구체화되는 것은 '위험'과 '보안' 사이의 진정한 면역 경쟁이다. 이 경쟁이 절정에 이르는 단계에서 자유주의 체제의 상징으로 부각되는 것이 바로 벤담의 판옵티콘Panopticon, 즉 감시가 끊임없이 지속되는 감옥이다. 이것이 바로 "'자유-생산적'이라고 부를 수 있는 모든 장치, 즉 목적은 자유를 생산하는 데 있지만 상황에 따라 정반대되는 것을 생산할 수도 있는 모든 체계"[42]가 표상하는 **오해**다. 자유주의의 이러한 내부적인 모순과 결코 무관하다고 볼 수 없는 것이 바로 자유주의가 파시즘, 공산주의, 사회민주주의 같은 오랜 천적과 싸우기 위해, 사실상 사회의 자유로운 발전을 방해할 수도 있는 방어 전략들을 채택하게 되는 정황이다. 심지어는 자유주의를 비판하는 시각마저 이와 마찬가지로—관점의 끊임없는 전복을 시도할 뿐—자유주의적인 모순의 지평 내부에 머문다. 달리 말하자면, 자유주의에 대한 비판적인 입장 역시 자유와 보안의 조화 요구에서 탄생한다. 예를 들어, 뉴딜New Deal이나 웰페어Welfare 같은 케인지언 정책들은 원래 실직의 위험으로부터 노동자들의 '자유'를 보호할 목적으로 도입되었지만, 개개인의 '자유'를 제한하지 않는 한 실현될 수 없다는 문제를 안고 있었다. 1930년대에 자유주의 체제가 위기에 봉착했던 것도 이 때문이고, 전쟁 후에 결과적으로 도입되었던 것이 독일과 미국의 신자유주의 수정 정책이다.[43]

　따라서 푸코는 모든 경제 계획이 언젠가는 실패할 운명에 처한다는 인상을 받는다. 하지만 그렇다고 해서 그가 자유주의에 동조하는 것은 아니다. 아니, 푸코의 관심은 오히려 자유주의에서 면역의 메커니즘과 직결되는 모든 한계를 찾아내는 쪽으로 기울어진다. 자유주의에 대항하려면, 역사적으로 이미 한계를 드러낸 바 있는 입장으로 되돌아갈 것이 아니라 맞서기 위해 필요한 대안을 제시해야 한다는 것이 푸코의 생각이다. 부족한 것은 경제적 유익을 무엇보다 중시하는 상황에 적합한 유형의 정치적 통치 개념이다. '경제적 인간Homo oeconomicus'은 군주의 권력을 제한하는 것으로 만족하지 않는다. '경제적 인간'이 결국 폭발적으로 드러내는 것은, 어떤 공통의 지평으로도 환원되지 않는 사회를 더 이상 포괄적으로 관찰하지 못한다는 맹점이다. 통치의 차원에서 보편적인 유익을 구현하려는—다시 말해 유익을 도모하는 모든 개개인의 이해관계를 정치적으로 중재하려는— 시도는 본질적으로 유토피아적이라는 것이 드러난다. 따라서 이러한 목표를 세우는 모든 통치체제는 원래의 의도를 좌절하게 만드는 역효과를 일으킬 뿐이다. 스미스의 '보이지 않는 손' 이론, 다시 말해 이윤을 추구하는 상이한 입장들 간의 자발적인 합의는 주권의 행사를 무의미하게 만든다. 주권의 행사는 물론 중농주의적인 관점에서 개편된 형태로, 즉 "주권의 입장이 경제 활동에 대해서만큼은 정치적 '능동성'의 차원에서 이론적 '수동성'의 차원으로 바뀐"⁴⁴다는 전제하에 여전히 가능하지만, 경제적 주체가 법적 주체를 누르고 우위를 점할 때, 완전히 철회될 수밖에 없는 처지에 놓인다. 법률은— 정치와 다를 바없이— 경제가 지배하는 사회의 통치 문제를 더 이상 해결할 수 없는 것처럼 보인다. 시장의 자율성도, 또는 자연 상태를 극복할 수 있다고 상상하는 구태의연한 사회 계약도 이 문제를 해결하지 못한다.

푸코에 따르면, 멸종 위기에 놓인 '통치성'의 재활을 꾀하고 통치를 활성화할 수 있는 유일한 길은 '시민 사회'에 준하는 새로운 객체를 통치 대상으로 보장하는 것뿐이다. 푸코가 분석한 모든 범주가— 광기, 성 개념, 인구 등이— 그랬듯이, 이 경우에도 '시민 사회'의 내부에서 주목해야 할 것은 어떤 자연적인 사실이 아니라 사실상 경제가 주도하는 기술의 결과다. 로크나 헤겔이 말하는 시민 사회와는 달리, 푸코가 언급하는 애덤 퍼거슨과 애덤 스미스의 시민 사회는 전적으로 '경제적 인간'이 주도하는 글로벌 사회다. 이 사회의 본질적인 역할은 자기중심적인 이익 추구가 아니라 공유, 공감, 선의를 바탕으로 하는 '사심 없는 유익'을 중심으로 시민들

의 자연스러운 화합 구도를 조성하는 데 있다. 하지만 이 경우에
도, 결과적으로 형성되는 사회성은 다름 아닌 고유의 내용으로 인
해 분열될 수밖에 없는 처지에 놓인다. 왜냐하면 내용 자체가 어김
없이 경제적 경쟁으로 구축되기 때문이다. 바로 이 지점에서 경제
의 정치적 통치는— 고유의 내용과 갈등을 일으키는 만큼— 어떤
식으로든 불가능하다는 것이 다시 한 번 드러난다. 경제 사회는 스
스로 극복할 수 없는 분열에 힘입어 통합된다. 분리하면서 통합하
고 비사회하하면서 사회화하는 것이 경제 사회다.

> 경제적 유대관계는 (...) 시민 사회의 자연발생적인 유대관계가
> 결속시켜 놓은 것을 끊임없이 분해하는 성향을 지녔다. 달리 말
> 하자면, 시민 사회 안에서 경제적 유대관계가 형성되는 것은 오
> 로지 시민 사회에 의해서만 가능하기 때문에 어떻게 보면 경제가
> 사회를 통합한다고 말할 수 있지만, 또 다른 측면에서, 경제는 사
> 회를 분해하는 것이기도 하다.[45]

여기서도 주목하지 않을 수 없는 것은, 경제와 통치체제를 아
포리아적인 형태로 연결하는 면역의 메커니즘이다. 이 경우에도
면역 기능은 공동체에 내재하는 동시에 공동체와 대척하는 양상을
보인다. 따라서 이러한 정황에서조차— 푸코가 생명정치의 탄생을
다루는 곳에서도— 생명정치의 긍정적인 구도는 발견되지 않는다.
구조적으로 면역의 패러다임과 함께 축조되었기 때문에, 생명정치
는 이러한 양면성을 본질적인 특성으로 지닌다. 따라서 생명정치
는 경제적 통치체제에 적용되고 나면 통치 기능을 수행하지만, 이

체제를 오로지 부정적인 형태로만 정의할 수 있다. 생명정치적인 관점에서, 경제적 통치체제는 사회적으로만 필수적일 뿐 정치적으로는 실행되기 어려운 체제다.

6. 그렇다면 자유주의적인 생명정치의 부정적인 순환 경로를 깨트릴 수 있는 방법은 무엇인가? 달리 말하자면, 긍정적 생명정치를 위해 새로운 공간을 마련할 수 있는 방법은 무엇인가? 이 질문에 답하려면 먼저 푸코의 담론에서 한 걸음 더 앞으로, 혹은 측면으로 나아갈 필요가 있다. 푸코를 그릇된 방식으로 비판하며 생명정치 패러다임의 추상성과 이 범주를 뒷받침하는 역사적 근거의 부족함, 또는 생명정치 특유의 형이상학적 어조 등을 문제점으로 지적했던 이들의 논지가 부적절했다는 점은 분명하지만, 이를 일단 인식한 다음에는 '생명'과 '정치'의 관계를 사고하는 푸코의 적절하지만은 않은 방식에 또 다른 설명을 부연할 필요가 있다. 푸코의 개념적 구도 안에서 이 두 용어는 아무런 틈새 없이 조합되었다고 보기 어렵다. 푸코의 글이 주는 인상은 오히려 그가 이 두 용어를 처음부터 단일한 의미 안에 결합되어 있는 것으로 간주하지 않고, 분리된 상태에서 개별적으로 발전시킨 후에 '생명정치'라는 조합된 형태의 범주 안에서 사유했으리라는 것이다. 바로 그런 이유에서 푸코는 생명정치의 범주를—버리지 않았을 뿐 아니라—그것과 동질적이라고는 보기 어려운 '통치성'의 개념으로 탈바꿈하거나 보편화한 것으로 보인다. 한편으로는, 바로 이러한 구조적 불일치에 주목할 때에만, 왜 학자들이 푸코가 고안해낸 개념을 분리된 상태로 해석할 수밖에 없었는지, 다시 말해 '생명정치'를 구성하는

'생명'과 '정치' 가운데 어느 하나를 극단적으로 절대시하면서, 아무런 근거 없이 '생명'에 권력을 중첩시키거나, 반대로 어떤 '정치'적 조건에도 좌우되지 않는 자율적인 성격의 구축력을 '생명'에 부여하는 식으로 해석했는지 이해할 수 있다.

이는 물론 생명정치를 구성하는 '생명'과 '정치'의 일치 또는 일관적인 상호침투가 가능하다는 것을 의미하지 않는다. 토마스 렘케Thomas Lemke가 주목했던 대로, '생명'과 '정치'는 언제나 상황과 맥락에 따라 변화하는 잠정적인 관계 속에서만 교차한다.[46] 하지만 이들의 경계가 그런 식으로 분명하게 드러나는 현상은 어떤 자연적인 사실이라기보다는, 특정한 역사적 지평 내부에서 일어나는 정치적 행동의 개별적인 결과에 가깝다. 예를 들어 18세기 후반의 보건적인 생명정치는 이후에 도입된 보안적인 생명정치와 다르고, 후자도 나치의 생명-권력과 완전히 다른 것이다. 어떤 공통적인 관점이 전혀 다른 성격의 변화 경로들을 연결한다거나, 심지어는 권력과 생명 사이의 주권적인 관계가 서양 역사의 태동기에도 실재했다는 식으로, 따라서 그것이 오늘날의 생명정치와도 무관하지 않다는 식으로 추론하는 것은 푸코처럼 강렬하게 역사적으로 접근하는 방식과는 전혀 어울리지 않는 해석이다. 굳이 어떤 문제점을 비판적인 시각에서 제기한다면, 푸코 자신의 관찰점에서는 사실상 실행에 옮기는 불가능했던 역사화에 그의 이론 자체를 적용해 볼 필요가 있다고 지적할 수 있을 것이다. 푸코가 생명정치를 다룬 세 편의 두터운 강의록을 다시 읽어보면 — 앞서 살펴보았듯이 — 분쟁에 초점을 맞춘 첫 번째 강의록과 통치의 범주를 집중적으로 분석하는 나머지 두 편의 강의록 사이에 주제와 어휘의 측면에서 명백한 차이가 있다는 점이 분명하게 드러난다. 달리 말하자면, 사회에 대한 이분법적인—그리고 대립적인—해석을 대체하며, 통치자와 피통치자들 간의 점점 더 유동적인 관계를 통합하는 또 다른 해석이 대두된다. 상황은 마치 이 두 관점이—모두 다양한 역사적 뿌리를 지녔을 뿐 동일한 생명정치 체제의 표현임에도 불구하고— '통치'와 '분쟁'의 접합 지점이나 보다 균형 있는 구도를 발견하지 못하는 것처럼 전개되었다고 볼 수 있다. 그리고 이는 국가들 간의 전쟁이 그 자체로—적어도 각 국가의 내부에서만큼은—통치 전략을 구축하는 것처럼 생명체들의 통치 역시, 단일한 정치공동체적 몸으로 융합되기에는 너무나도 다른 사회적 파편들 사이의 뿌리 깊은 갈등에 영향을 받지 않을 수 없기 때문이다.

오로지 이러한 상호수반 현상을 인정할 때에만 왜 생명정치 패러다임이 퇴폐적인 결과로 이어지기도 하는지—특히 20세기 초반에 생명정치가 죽음정치적인 관점으로 전복되었던 현상을— 설명할 수 있다. 물론 이 경우에도 지나친 일반화는 삼가야 한다. 특히 오늘날의 생명정치 체제에서 벌어지는 배제 또는 폭력 현상을 나치의 절멸 수용소 같은 비교될 수 없는 상황과 획일화하는 성향에서 벗어나야 한다. 니콜라스 로즈Nicolas Rose가 주목했던 대로, 1930년대의 우생학과 오늘날의 유전학genetica 혹은 유전체학 genomica 사이에는 커다란 차이가 있다.[47] 이 점에 대한 단순히 수사적인 차원의 이해에서 벗어나려면, 우생학 이론은—골턴Francis Galton을 기점으로—특정 국가의 영토를 점유하는 폐쇄된 형태의 종족, 즉 인종을 대상으로 전개되었지만, 유전체학 이론은 반대로 유전적 질병에 걸렸거나 걸릴 위험이 있는 개개인의 치료에 집중된다는 점에 주목할 필요가 있다. 전자는 특정 인종이 우월하다는 주장을 펼치면서 고유의 순수성을 오염시킨다고 보는 이들을 배제하거나 제거하는 방향으로 나아간 반면, 후자는 전적으로 개인을 치료하는 데 활용된다. 어떻게 보면 상부에서 내려오는 국가적인 차원의 우생학에 맞서 하부에서 올라오는 개인적인 차원의 유전학이 대두된 셈이다. 하지만 이처럼 생물학적 생명/삶에 개입하는 두 방식 사이에 미묘한 연관성이 존재한다는 점은 부인하기 어렵다. 왜냐하면 둘 다 인간의 본질적인 특성을 개선할 수 있다는 확신에서 출발하기 때문이다. 그런 의미에서, 20세기 초반의 우생학은 오늘날의 공공 보건 정책에 적잖은 영향을 끼친 것이 사실이지만, 여기서 특별히 주목해야 할 것은 상황이 이러한 유형의 연구에 투자할 만한 경제적 능력을 갖춘 나라와 그렇지 못한 나라 사이에 명백한 불균형이 발생하는 쪽으로 흘러갔다는 점이다. 어떻게 보면, 공공연한 정책적 인종 차별주의가 타고 남은 재에서 어떤 사실적인 유형의 또 다른 인종주의가 탄생했다고도 말할 수 있다. 왜냐하면 — 예를 들어 — 어떤 풍토병을, 사회적 조건이 열악한 나머지 질병을 안고 살 수밖에 없는 특정 집단에 고유한 것으로 간주하기 때문이다. 이는 부유한 국가들의 생명의학 자원과 미개발 국가들의 자원 간에 상당한 차이가 있다는 점을 살펴보면 충분히 확인할 수 있는 현상이다. 잘사는 나라에서는 의료 자원이 차고 넘치는 반면 지구촌의 인류 대다수에게는 이 자원 가운데 최소한의, 아울러 절대적으로 부족한 분량만이 주어진다. 이처럼 대조적인 상황은 매월 몇백 달러의 보조만으로도 죽음의 위기에 처한 수많은 아이들의 생명을 구할 수 있는 지경으로까지 발전했다. 로즈가 지적했던 대로, 오늘날에도 여전히 가난과 식량, 식수, 위생, 의료 등이 모자라 수백만의 생명이 계속해서 단축되고 있는 실정이다. 그렇다면 부족한 것은 개별적인 구조 활동이라기보다는 이러한 파국적인 상황을 영구적으로 뒤바꿀 수 있는 제도적인 조치다. 영양결핍, 질병, 전쟁이 생산하는 수많은 희생자들과 사회적으로 보장된 집단들을 비교할 때 떠오르는 것은 생존이 허락된 이들과 죽도록 방치된 이들 사이의 극단적인 생명정치적 대조, 혹은 프리모 레비Primo Levi가 말하는 "침몰한 자들과 생존한 자들" 간의 돌이킬 수 없는 분리 현상이다.

정확하게는, 푸코에 의해 1970년대 중반에 제기되었다가 1970년대 말에 이르러—흔적을 찾아보기 힘들 정도로—퇴색되는 것이 바로 이러한 극적인 변증관계의 구도다. 디디에 파생Didier Fassin은 이러한 푸코의 퇴보에서 그의 사유가 지닌 맹점을 발견했다. 어쩌면 지나치게 냉소적인 평가를 내리면서 파생은 이렇게 말한다. 생명정치는 "이 단어의 어원적인 의미에 상응하지 않는다. 생명정치는 정치보다는 통치를 기반으로, 생명보다는 인간집단에 관여한다. 생명정치는 생명의 정치가 아니라 인간집단의 통치다."[48] 파생에 따르면, 다양한 통치 기술의 실질적인 결과보다는 통치 기술 자체를 강조하기 때문에, 푸코의 생명정치는 정치가 개개인의 삶에 관여하는 방법을 뒤로 미루어둔 채 장치의 분석에 집중된다. 바로 여기서 푸코의 '생명정치'를 '생명/삶의 정치'로, 아니 '생명/삶들의 정치'로 번역해야 할 필요성이 대두된다. 이는 무엇보다 생명정치가 불평등하게 적용되면서 뿌리 깊은 차이가 발생했기 때문이다. 특히 파생이 주목하는 것은 생물학적 생명을 신성화하며 어떤 희생을 감수해서라도 지켜야 할 절대적인 가치로 간주하는 일반적인 성향과 '생명/삶의 정치' 사이에는 분명한 차이가 있다는 점이다. 이러한 차이점에 주목할 때에만—그의 입장에서는—뚜렷한 사회적, 인종적, 문화적 편차에 따라 인간 존재의 경험을 단절시키는 불평등한 요소들을 식별해낼 수 있다. 파생은 특히 1990년대 초에 일종의 인식론적 전환이 이루어졌고, 이를 기점으로 생명/삶의 자연-생물학적 가치를 중시하는 성향이 우위를 점하는 가운데 상대적으로 생명/삶의 사회-정치적 가치가 감소하기 시작했다고 보았다. 그가 분석한 두 가지 예에서도—프랑스의 이민자 수용 정책에서뿐만 아니라 남아프리카에서 항-레트로바이러스 약품의 분배 문제를 두고 전개되는 논쟁에서도—사회적으로 향상된 삶의 형태보다는 단순한 생물학적 생존을 선호하는 태도가 발견된다. 파생이 언급하는 예들 모두 내부에서 두 종류의 윤리관이 서로 대립하는 양상을 보이는데, 한편에서는 생명의 보존에 절대적인 중요성을 부여하는 반면, 다른 한편에서는 훨씬 더 복합적인 사회-정치적 문제들을 중요시한다. 파생에 따르면, 전자가 후자를 누르고 확실한 우위를 점하게 되는 정황에서 다름 아닌 생물학적-정당성의 원리가—즉 생존을 어떤 무엇보다도 중요하게 생각하는 입장이 일종의 원칙으로—부각되기에 이른다. 그런 식으로, 프랑스에서는 병든 이민자의 생물학적 생명을 위협하는 요인이 정치적 망명 요청보다 훨씬 더 진지하고 중요한 문제로 간주되고, 남아프리카에서는 에이즈 예방이 사회적 불평등을 퇴치하는 것보다 더 중요한 문제로 간주된다.

물론 이러한 평가는 오늘날 같은 팬데믹의 시대에 커다란 논란을 일으킬 수 있다. 이 점에 대해서는 앞으로 살펴보겠지만, 확실한 것은 오늘날 "모두가 무엇보다 중요하게 생각하는 생물학적인 삶의 실질적인 성격이 사회적이고 정치적인 차원의 삶과는 비교가 되지 않을 정도로 분명하게 다가온다는 것이다."[49] 바로 그런 이유에서 요구되는 것이 이처럼 정치적 공간을 잠식하는 생물학적 −정당화의 부도덕한 행보에 대항하는 비판적 입장이다. 파생은 푸코에게 부족했던 것이 바로 이러한 비판 의식이라고 보았다. 권력과 저항의 순환관계에서 주목되어야 할 '불평등'이라는 단어는 결국 푸코의 사전에서 사라지게 된다. 따라서 문제시되어야 할 것은 푸코가 한 말이 아니라 푸코가 하지 않은 말이다. 푸코의 담론이 오늘날의 사회−정치적인 역학 관계에 적절한 방식으로 적용되지 않는다면 그가 이론화한 '생명정치'는 우리 시대의 결정적인 문제를 포착하는 데 기여할 뿐 해결하는 데는 도움을 주지 않을 것이다.

7. 푸코의 '생명정치'에 누락되어 있던 또 다른 요소는 제도의 문제다. 물론 푸코가 그의 글 속에서든 삶 속에서든 이 문제를 전혀 다루지 않았다고는 보기 어렵다. 아니, 어떻게 보면 그가 다룬 것은 사실 제도뿐이었다는 말도 충분히 할 수 있다. 푸코의 주요 관심사는 언제나 ― 학문적일 뿐 아니라 정치적인 관점에서도 ― 병원, 감옥, 고아원, 유치원, 수도원 같은 제도들이었다. 하지만 이 제도들을 바라보는 푸코의 시선은 처음부터 직접적이라기보다는 오히려, 제도가 권력의 산물인 동시에 권력에서 벗어나기도 한다는 차원에서 권력과의 관계를 매개로 바라보는 간접적인 시선이었다. 푸코가 제도를 매개된 시선으로 관찰했던 이유는 제도가 우선적

으로 여러 영역의 어휘들이 ─ 행정, 가족, 의료, 교육, 성性 등의 다양한 어휘들이 ─ 교차되는 지점에 위치하기 때문이고, 아울러 점차적으로 획득하는 균형을 유지할 뿐, 제도 자체의 모습을 뒤바꾸는 여러 형태의 긴장과 분쟁의 영향을 받기 때문이다. 이러한 관점에서 살펴보면, 어떤 제도도 ─ 공간적인 차원에서는 물론 시간적인 차원에서도 ─ 대외적으로 표명되는 제도와 안정적인 형태로는 일치하지 않는다고 말할 수 있다. 대표적인 예는 모든 제도의 머리격인 국가다. 푸코에 따르면, 국가는 일련의 장치들, 즉 "국가라는 형태의 구조를 바탕으로 기능하는 사회 내부에서 권력을 배가하는 일종의 중재 지점들"[50]로 구성된다. 그러나 제도가 이런 역할을 수행하는 것이 분명함에도 불구하고, 제도가 제도 자체의 기원인 사회를 충실하게 표상한다고 말하기는 어렵다. 제도는 고유의 관심을 스스로에게만 쏟아 붓기 때문에 결국에는 제도 자체를 수반하는 일련의 ─ 따라서 구체적으로 재구성되어야 할 ─ 관계, 전략, 우연성으로부터 멀어지기 마련이다. 푸코가 망설이지 않고 제도에 대한 불신을 표명하는 것도 이 때문이다.

나는 제도의 개념도 전적으로 만족스러운 것은 못된다고 생각한다. 이 개념은 일련의 위험을 감추고 있는 듯이 보인다. 왜냐하면 제도에 대해 말하는 순간부터 사실은 '개인'뿐만 아니라 '집단'에 대해서도, 그러니까 마치 '개인'과 '집단'과 이들 모두를 다스리는 '규칙'이 이미 주어져 있는 것처럼 이야기하기 때문이다. 결과적으로는 여기에 심리학적이거나 사회학적인 유형의 담론들을 모조리 끌어들이는 것이 얼마든지 가능해진다.[51]

하지만 제도들을 직접적인 분석의 대상으로 간주할 경우 정당화될 위험이 있는 담론은 무엇보다도 푸코가 언제나 단순한 의구심 이상을 표명했던 법적 담론이다. 푸코에 따르면, 제도는 특정 법률의 표현이라기보다는 법률이 표명하는 것과는 다른 효과를 일으키는 기술의 결과에 가깝다. 예를 들어 감옥은 범죄를 막는 대신 오히려 양산하는 결과를 가져오고, 이와 마찬가지로 정신병원도 병을 치료하는 대신 빈번히 악화하는 결과를 가져온다. 바로 그런 이유에서, 푸코의 관심을 끌었던 것은 제도들의 대외적인 목적이 아니라 제도들이 정치 체제 내부에서 수행하는 사회적 제어 기능이다. 제도가 사회적 제어 기능을 수행하는 이유는, 제도에 개입하는 다양한 언어들의 이질성에도 불구하고 제도의 역할이 궁극적으로는 강압적인 성격을 지녔기 때문이다. 제도는 벤담의 판옵티콘 Panopticon이라는 수용소의 절대적 원형을 모델로 체계화된다. 어빙 고프만Erving Goffman이 『수용소Asylums』[52]에서 분석한 것처럼, 필연적으로 '총체적'인 것이 아님에도 불구하고, 푸코의 제도는 '감금'의 범주로 귀속된다. 제도들은 대외적으로 표명되는 내용이나 실질적인 의도와는 무관하게, 본질적으로 '제압'하거나 최소한 '보존'하는 역할을 수행한다. 바로 그런 이유에서 제도는 개혁이 불가능하다. 이는 제도가 시간 속에서 불변하기 때문이 아니라 개혁의 논리 자체가 제도의 보존에 기여하기 때문이다. 심지어는 제도가 불러일으키는 거부감도 저항 의식을 필요한 만큼 강화하는 기능을 수행한다. 제도는 그 자체로 존재하지 않고, 배후에 숨어 있는 권력의 터미널로만 존재하기 때문에 침해가 불가능한 것처럼 보인다. 제도는 '개혁'이 불가능하기 때문에, 이를 역사적으로 정립해온 것과는 상반되는 방식으로 '우회'되거나 '철회'될 뿐이다.

하지만 이것이 제도에 관한 푸코의 마지막 혹은 유일한 견해는 아니다. 다름 아닌 생명정치의 탄생을 주제로 다룬 강의에서 푸코는 관건이 '정립된-제도'라기보다는 '제도-정립적인' 힘이라는 점을 암시하면서, 제도에 관한 어느 정도 새로운 담론을 제시하는 듯이 보인다. 특히 독일의 질서자유주의가 핵심주제였던 1979년 2월 21일자 강의에서 푸코가 강조하는 것은 법적 권리의 역할, 좀 더 정확히 말하자면 시장이 지배하는 사회에서 법적 제도가 수행하는 역할이다. 1939년의 월터 리프먼Walter Lippmann 콜로키엄에 루이 루지에Luis Rougier가 발표했던 글을 언급하면서 푸코가 주장하는 바에 따르면, 법률은 현상적인 차원에서 상부구조에 속하는 것이 아니라 "경제에 형태를 부여한다. 경제는 법률 없이 경제로 성립되지 않는다."[53] 그렇다면 경제적-하부구조 대 법적-상부구조라는 낡은 이분법에 의존하기보다는 오히려 어떤 경제-법률적인 질서에 대해, 즉 발터 오이켄Walter Eucken이 '체계'라고 부르는 것에 대해 이야기하는 것이 옳을 것이다. 이 '체계'는 당연히 경제활동을 가리키지만, 여기서는 공유해야 할 규칙들의 제도적인 구도 바깥에서는 이루어질 수 없는 형태의 경제활동을 의미한다. 이 경제활동은 좀 더 보편적인 의미를 지녔고—오이켄의 설명대로, 정치성 획득이 관건이며—역사적으로 다름 아닌 '경제-제도적' 성격을 지닌 자본주의의 현실과 직결된다.

하지만 푸코는 이런 식의 정의에 만족하지 않고 문제의 또 다른 측면에, 즉 그가 '법적 간섭 정책'이라고 부르는 것에 주목한다. 이 정책은 질서자유주의 논리가 비판하는 '경제적 간섭 정책'과 일치하지 않을 뿐 아니라 결국에는 이를 대체하기에 이른다. 푸코는 이렇게 말한다.

여기에는[시장의 법칙이 지배하는 곳에] 어떤 경제적 간섭 정책도 있을 수 없다. 여하튼 필요한 것은 최소한의 경제적 간섭 정책과 최대한의 법적 간섭 정책이다. [...] 오이켄의 입장에서는 경제가 아닌 제도가 역사학자들의 무의식을, 아니 역사학자들이라기보다는 오히려 경제학자들의 무의식을 결정짓는 요소다. 경제학 이론과 경제학자들의 분석에 빠져 있는 것은 다름 아닌 제도다.[54]

여기서 주의해야 할 것은, 문제의 핵심이 단순히 이미 주어져 있는 경제적 질서를 뒤늦게 정당화하는 데 있지 않고, 영국의 '법의 지배Rule of Law'나 독일의 '법치국가Rechtsstaat' 같은 체제에서 찾아볼 수 있는 일련의 제도적인 혁신을 통해 경제적 질서를 변형시키는 데 있다는 점이다. 좀 더 구체적으로 살펴보자. 푸코의 해석에 따르면, 질서자유주의의 입장에서 법치국가는 단순히 전제주의나 경찰국가를 대체하는 긍정적인 대안으로, 달리 말하자면 공권력이 그것을 제한하는 법률의 영역 내부에서만 행사될 수 있는 체제로 그치는 것이 아니라, 동시에 "시민 각자의 입장에서 공권력에 맞설 수 있는 제도적이고 효과적이며 구체적인 가능성들이 실재하는"[55] 체제이기도 하다. 이는 곧 법치국가가 공권력을 법에 예속시켜 이를 준수하도록 만드는 것으로 족하지 않고 입법적 경로 외부에 머물러야 할 사법 절차를 전제로, 분쟁이 발생할 경우 시민들과 공권력의 관계를 판결로 중재한다는 것을 의미한다. 여기서는 권력의 제한 가능성뿐만 아니라 시민의 저항 가능성까지 보장된다. 법치국가는 "오로지 시민들이 공권력에 맞서 재판을 통해 소를 제기할 수 있을 때에만 법치국가라고"[56] 할 수 있다.

그러나 이러한 요구를 감안하면, 공권과 사권 사이의 균형을 유지하기 위해 다양한 사법 절차들을 교차시키는 것만으로는 부족하다. 푸코가 제시하는 것은 경제활동에 개입하기 위해 기존의 제도나 새로운 제도적 기관들을 활용하는 간섭 정책이다. 이제 독일의 질서자유주의가 무슨 이유로 경제활동의 자가발전 이론을 지지하면서 미국의 뉴딜 정책이나 영국의 경제계획 같은 정책들을 비판하는지는 더 이상 중요하지 않다. 여기서 중요한 것은 패러다임의 차원에서 자본주의가 결정적으로 정립되었다는 푸코의 지적이자, 결과적으로 우리가 기꺼이 '제도적 권력'이라고 부를 수 있는 것의 간섭을 통해 변화가 가능하다는 생각이다.

여하튼, 무엇보다도, 그 자체로 정의되고 고유의 논리, 모순, 한계까지 지닌 자본주의 같은 것은 존재하지 않는다. 그저 단일한 형태의 경제-제도적인 혹은 경제-법률적인 자본주의가 존재할 뿐이다. 결과적으로 기존의 자본주의와는 또 다른 형태의 자본주의, 우리가 알고 있던 것과 전혀 다른 자본주의를 상상하고 발명하는 것이 완벽하게 가능해진다. 이 새로운 자본주의는 법치의 원칙을 준수하며 이루어져야 할 제도적 틀의 재편성을 본질적인 원리로 지니게 될 것이다.[57]

푸코는 결과적으로 법률 분야의 혁신뿐만 아니라 사법 분야의 혁신이 이루어지리라고 진단한다. 사법 절차가 법률을 단순히 적용하는 차원에 머물지 않고 예상되는 변화에 비례하는 능동적 역할을 수행할 뿐 아니라, 기존의 제도들은 물론 새로운 제도들이 "사법적 간섭 정책"을 추진하는 가운데 진정한 의미의 "제도적 간섭 정책"[58]이 활성화되리라고 본 것이다.

이 모든 것을 푸코가 다름 아닌 '생명정치의 탄생'에 관한 강의에서 다루었다는 사실에서 발견해야 할 것은 그의 어떤 갑작스런 방향 전환이 아니라, 푸코가 완전한 형태로는 발전시키지 못한 긍정적 생명정치의 사유, 다시 말해 긍정적 생명정치가 제도정립적 권력에 대한 새로운 담론으로 전환되어야 한다는 그의 직관적 성찰이다.[59] 물론 이러한 전환은 쉬운 것이 아니다. 그리고 여기에는 하나 이상의 이유가 있다. 우선적으로는 두 종류의 개념적 어휘가 지닌 상호이질성 때문이고, 아울러 오랫동안 극복이 불가능해 보였던 원칙적인 대립 현상 때문이다. 베버에서 유래하는 제도적 형식주의가 생명/삶의 지평과 무관하게 구축되었다면, 생명정치는 '생명'과 '정치'를 제도적 중재 없이 직접적으로 연결시키는 양상을 보였다. 하지만 사실은 이 두 종류의 관점 모두—틀리지 않았을 뿐—정치적 활로를 마련할 가능성이 전혀 없는 경로를 형성하기 때문에 분명히 비생산적이라는 것이 드러난다. 역동적인 삶의 현장 외부에 머무는 형식적인 제도주의가 머지않아 소멸될 자기지시적인 궤도 속에 갇히듯이, 직접적인 생명정치는 형태 없는 생명/삶의 벌거벗은 상태에 집중되기 때문에 모든 정치적 영향력을 상실한다. 이 두 패러다임이 취해야 하는 것은 정반대되는 방향이다. 제도주의가 이미 정립된 형태의 제도와 제도의 보수적인 의미론에서 벗어나 제도정립적인 역동적인 운동으로 발전해야 하는 반면, 생명정치는 그것의 생물학적이고 전적으로 역사적인 구도에서— 푸코가 사실상 처음부터 의도했던 대로— 자유로워져야 한다. 어떤 경우에든, 문제의 핵심은 '생명/삶'과 '제도' 간의 부서진 관계를 재구축하는 데 있다. 우리가 제도 자체를 일종의 살아 있는 유기체로, 즉 태어나고 성장하며 또 다른 제도에 밀려나 퇴보하기도 하는 체제로 이해한다면, 인간의 생명/삶은 기본적으로 이러한 체제의 의미를 수용할 수 있는 형식과 다시 연결되어야 하고, 단순한 생물학적 차원을 뛰어넘어 삶의 형식으로 정의될 수 있는 무언가로 간주되어야 한다. 그래야만 생명정치와 제도주의는 우리의 삶에 정치적 가치를 부여할 수 있는 긍정적 동력을 발견하게 될 것이다.

주

1 '생명정치'의 확산과 중요성에 대해서는 최소한 이하의 논문들 참조. T. Campbell, A. Sitze 편저, *Biopolitics. A Reader*, Duke University Press, Durham 2013, P. Ticineto Clough, C. Willse 편저, *Beyond Biopolitics: Essays on the Governance of Life and Death*, Duke University Press, Durham 2011, M. Vatter, *The Republic of Living: Biopolitics and the Critique of Civil Society*, Fordham, New York 2014, S. E. Wilmer, A. Žukauskaitė 편저, *Resisting Biopolitics. Philosophical, Political and Performative Strategies*, Routledge, New York 2016, L. Bazzicalupo, *Biopolitica, Una mappa concettuale*, Carocci, Roma 2010, Y.-Ch. Zarka 편, *Biopolitique du coronavirus*, in «Cités», n. 84, 2020.

2 J.-L. Nancy, *La sindrome biopolitica*, in «Micromega», n. 8, 2020, p. 57.

3 F. Warin, *La flamme d'une chandelle. La biopolitique en question*, 저자의 웹사이트에 실려 있다: bit.ly/3eGB5gL.

4 같은 곳.

5 같은 곳.

6 Nancy, *La sindrome biopolitica*, p. 58.

7 같은 책, p. 60.

8 P. Flores d'Arcais, *Gli inganni di Foucault*, in «Micromega», n. 8, 2020, p. 30.

9 C. Galli, *Il doppio volto della biopolitica*, in «Micromega», n. 8, 2021, pp. 103-4.

10 같은 책, pp. 104-5.

11 M. Foucault, *Nietzsche, la généalogie, l'histoire*, in *Hommage à J. Hyppolite*, Puf, Paris 1971 [trad. it. *Nietzsche, la genealogia, la storia*, in Foucault, *Il discorso, la storia, la verità. Interventi 1969-1984*, M. Bertani 편, Einaudi, Torino 2001, p. 54].

12 Foucault, *Nascita della clinica*, p. 10.

13 푸코의 철학이 지닌 강렬하게 역사적인 성격에 대해서는 M. Potte-Bonneville, *Michel Foucault, l'inquiétude de l'histoire*, Puf, Paris 2004와 무엇보다도 J. Revel 의 훌륭한 책 *Foucault avec Merleau-Ponty*, Vrin, Paris 2015, pp. 21-109 참조. 하지만 르벨은 특이하게도 내가 푸코의 '탈역사화'를 주도했다고 주장한다(p. 209). 동일한 주장을 이하의 논문에서도 읽을 수 있다. *Identità, natura, vita: tre decostruzioni biopolitiche*, in M. Galzigna 편, *Foucault, oggi*, Feltrinelli, Milano 2008, pp. 134-49.

14 M. Foucault, Human Nature: *Justice Vs Power. The Chomsky-Foucault Debate* (1971), Souvenir Press Ltd, London 2011 [trad. it. N. Chomsky, M. Foucault, *La natura umana. Giustizia contro potere*, Castelvecchi, Roma 2013, p. 23].

15 같은 책, p. 58.

16 Foucault, *Nietzsche, la genealogia, la storia*, p. 55.

17 M. Foucault, *Rekishi heno kaiki*, in «Paideia», n. 11, 1972 [trad. it. *Ritornare alla storia*, in *Il discorso, la storia, la verità*, pp. 99].

18 Foucault, *Crisi della medicina o crisi dell'antimedicina?*, p. 209.

19 M. Foucault, *La volonté de savoir*, Gallimard, Paris 1976 [푸코,『지식의 의지』, 나남출판], [trad. it. *La volontà di sapere*, Feltrinelli, Milano 1978, p. 126].

20 M. Foucault, *Bio-histoire et bio-politique*, in *Dits et Écrits. 1954-1988, III. 1976-1979*, 4 voll., Gallimard, Paris 1994, p. 97.

21 Foucault, *La volontà di sapere*, p. 127.

22 M. Foucault, *Il faut défendre la société*, Seuil-Gallimard, Paris 1997, [푸코,『사회를 보호해야 한다』, 난장], [trad. it. *Bisogna difendere la società*, M. Bertani, A. Fontana 편, Feltrinelli, Milano 1998, p. 53].

23 같은 책, p. 152.

24 같은 책, p. 58.

25 같은 책, p. 225.

26 M. Foucault, *Sécurité, territoire, population*, Seuil-Gallimard, Paris 2004, [미셸 푸코,『안전, 영토, 인구』, 난장], [trad. it. *Sicurezza, territorio, popolazione*, a cura di M. Senellart, Feltrinelli, Milano 2005, p. 14], 푸코의 '생명정치' 강의에 대해서는 이하의 저서 참조. O. Marzocca, *Perché il governo. Il laboratorio etico-politico di Foucault*, Manifestolibri, Roma 2007.

27 Foucault, *Sicurezza, territorio, popolazione*, p. 15.

28 같은 책, p. 13.

29 같은 책, pp. 273 이하 편저자 M. Senellart의 후론 참조. 푸코가 말하는 생명의 통치에 대해서는 S. Chignola, *Foucault oltre Foucault. Una politica della filosofia*, Deriveapprodi, Roma 2004 참조.

30 M. Foucault, *La pensée du dehors*, in «Critique», 6, 1966, [푸코,『미셸 푸코의 문학비평』김현 편, 문학과 지성사], [trad. it. *Il pensiero del 'fuori'*, in Foucault, *Scritti letterari*, C. Milanese 편, Feltrinelli, Milano 1971], 푸코의 '바깥'에 대해서는 Roberto Esposito, *Da fuori. Una filosofia per l'Europa*, Einaudi, Torino 2016, pp. 133 이하, B. Karsenti, *La politica del 'fuori'. Una lettura dei corsi di Foucault al Collège de France (1977-1979)*, in S. Chignola 편 *Governare la vita. Un seminario sui Corsi di Michel Foucault al Collège de France (1977-1979)*, Ombre Corte, Verona 2006, pp. 71-90 참조.

31 M. Foucault, *L'archéologie du savoir*, Gallimard, Paris 1969 [trad. it. *L'archeologia del sapere*, Rizzoli, Milano 1971, p. 158].

32 같은 책, p. 161.

33 Foucault, *Sicurezza, territorio, popolazione*, p. 92.

34 같은 곳.

35 같은 책, p. 96.

36   같은 책, p. 183.

37   M. Foucault, *Naissance de la biopolitique*, Seuil-Gallimard, Paris 2004, [푸코, 『생명관리정치의 탄생』, 난장], [trad. it. *Nascita della biopolitica. Corso al Collège de France (1978-1979)*, Feltrinelli, Milano 2005, p. 33].

38   같은 책, p. 24.

39   같은 책, p. 29.

40   같은 책, pp. 232-33.

41   같은 책, p. 66.

42   같은 책, pp. 70-71.

43   신자유주의 인류학에 대해서는 이하의 저서 참조. M. De Carolis, *Il rovescio della libertà. Tramonto del neo-liberalismo e disagio della libertà*, Quodlibet, Macerata 2017, V. Lemm, M. Vatter 편, *The Government of Life. Foucault, Biopolitics, and Neoliberalism*, Fordham, New York 2014.

44   Foucault, *Nascita della biopolitica*, p. 239.

45   같은 책, p. 248.

46   Th. Lemke, Biopolitik zur Einführung, Iunius Verlag, Hamburg 2007. [토마스 렘케, 『생명정치란 무엇인가』, 그린비]

47   N. Rose, *The Politics of Life Itself. Biomedicine, Power, and Subjectivity in the Twenty-First Century*, Princeton University Press, Princeton 2007 [trad. it. *La politica della vita. Biomedicina, potere e soggettività nel xxi secolo*, Einaudi, Torino 2008, pp. 87 이하].

48   D. Fassin, *La vie. Mode d'emploi critique*, Seuil, Paris 2018 [trad. it. *Le vite ineguali. Quanto vale un essere umano*, Feltrinelli, Milano 2019, p. 118].

49   같은 책, p. 96.

50   M. Foucault, *La société punitive. Cours au Collège de France 1972-1973*, Seuil-Gallimard, Paris 2013 [trad. it. *La società punitiva. Corso al Collège de France (1972-1973)*, D. Borca, P. A. Rovatti 편, Feltrinelli, Milano 2016, p. 226].

51   M. Foucault, *Le pouvoir psychiatrique. Cours au Collège de France 1973-1974*, Seuil-Gallimard, Paris 2003 [trad. it. *Il potere psichiatrico. Corso al Collège de France (1973-1974)*, M. Bertani 편, Feltrinelli, Milano 2004, p. 47].

52   E. Goffman, *Asylums: Essays on the Social Situation of Mental Patients and Other Inmates*, Anchor Books, Garden City 1961 [어빙 고프만, 『수용소』 문학과 지성사], [trad. it. *Asylums. Le istituzioni totali: i meccanismi dell'esclusione e della violenza*, F. Basaglia, A. Dal Lago 편, Einaudi, Torino 2010].

53   Foucault, *Nascita della biopolitica*, p. 136.

54   같은 책, p. 141.

55   같은 책, p. 143.

56   같은 책, p. 144.

57 같은 책, p. 147.

58 같은 책, pp. 148 이하.

59 이 주제를 집중적으로 다룬 나의 *Pensiero istituente. Tre paradigmi di ontologia politica*, Einaudi, Torino 2018, *Istituzione*, il Mulino, Bologna 2021, pp. 127 이하 참조. 아울러 '제도'를 다룬 *Il problema dell'istituzione. Prospettive ontologiche, antropologiche e giuridico-politiche*, E. Lisciani-Petrini, M. Adinolfi 편, «Discipline filosofiche», n. 2, 2019 참조. 끝으로 여기서 살펴본 것과 유사한 관점을 제시한 F. Marchesi, *La seconda vita della biopolitica. Dal corpo come eccedenza all'istituzione della vita (1995-2020)*, in «Teoria», n. 2, 2021 참조.

면역의 철학

Filosofie dell'immunità

IV. 면역의 철학

1. 점점 더 증가하고 있는 연구서들의 증언을 통해 확인할 수 있듯이, 면역과 철학의 관계는 아주 오래전에 정립된 것으로 보인다.[1] 실제로 면역학처럼 정체성과 타자성, 고유성과 공통성, 보존과 진화 같은 개념들을 중심으로 설명되는 학문이 철학 텍스트나 철학자들을 소환하지 않는다는 것은 거의 불가능해 보인다. 생물학적 면역학의 역사가들과 이론가들이 벌이는 토론에서 다윈, 니체, 푸코는 물론 플라톤, 아리스토텔레스, 로크, 라이프니츠, 제임스, 후설 등을 언급하는 것은 아주 일상적인 일이 되어버렸다. 하지만 그런 식으로 철학이 면역학의 부름을 받았다면, 거꾸로 면역학이 철학의 부름을 받은 것도 분명한 사실이다. 여기서 관건이 되는 것은 면역학의 철학적 성찰이 아니라 오히려 철학의 면역학적 사유다. 철학에 면역학이 적용되는 이유는 면역의 범주가 인식론적인—인지과학과 관련된—차원에서뿐만 아니라 존재론적인 차원에서도 중요한 역할을 하기 때문이다. 구축적인 인간관계로 간

주해야 할 '공동체'가 현대 철학의 빼놓을 수 없는 주제라면, 전복된 형태의 공동체로 보아야 할 '면역체계' 역시 동일한 관심사로 주목받아 마땅할 것이다. '면역'은 근대 문화의 여러 특징들 가운데 하나로만 관찰할 것이 아니라, 면역화가 점점 더 핵심적인 역할을 하게 되는 근대의 해석적 패러다임으로 간주되어야 한다.

물론 면역화 과정이 근대에 얼마나 깊이 각인되었나에 대한 논의가 면역화는 근대만의 현상이라는 결론으로 이어져서는 안 된다. 면역화의 요구는 과거와 현재의 모든 문명을 특징짓는 요소였다. 왜냐하면 면역체계 없이는 어떤 문명도 내부와 외부의 분쟁이 야기하는 파괴력에 맞서 생존할 수 없었기 때문이다. 그런 의미에서—앞으로 보게 되겠지만—'문명화'라는 명칭은 인간이 시간을 극복하며 존속하고 진보할 수 있도록 허락해준 '면역화' 과정에 역사학이 부여한 일종의 고귀한 이름에 가깝다. 하지만 다른 한편으로는, 근대가 단순히 면역이 중요했던 여러 시대들 가운데 하나가 아니라 진정한 '면역의 시대'라는 표현으로밖에는 설명되지 않는다는 점을 명백하게 보여주는 보다 구체적인 관계들을 간과하기 힘들다. 과거에는 그저 당연한 사실로만 간주되던 보호의 필요성이 근대에 들어와서는 하나의 문제이자 어떤 전략적인 차원의 필요성으로 간주된다. 이러한 변화가 일어난 이유는 중세 말기에 종교가 보장하던 면역 장치들이 사라지고 이를 대체할 수 있는 또 다른, 인위적인 장치로 인간을 온갖 위험으로부터 보호해야 할 필요성이 대두되었기 때문이다. 이러한 상황은 마치 인간이 고대와 중세에 마련되었던 우주적 질서에서 느닷없이 추방당한 뒤 아무런 중심도, 뚜렷한 목표도 없이 무작정 배회해야 하는 세계로 추락하는 것처럼 전개되었다.

근대를 논하는 가장 영향력 있는 해석들— 예를 들어 베버의 이성화 과정, 뢰비트의 세속화 과정, 블루멘베르크의 자가-정당화 과정처럼 구체적인 특징들을 정식화하는 데 유용한 이론들— 가운데 면역의 패러다임을 가장 적극적으로— 물론 어떤 무엇으로도 환원되지 않는 개념적 어휘 내부에서— 활용한 경우는 하이데거의 논문『세계상의 시대Die Zeit des Weltbildes』에서 발견된다. 이는 단순히 그가 근대를 '세계상의 시대'라는 특이한 시대로, 다시 말해 '세계'가 '이미지'의 형태로 이해되는 유일한 시대로 규정하기 때문만이 아니라 무엇보다도 그가 이 '세계'와 '이미지'라는 두 용어에, 그리고 이들의 관계에 특별한 의미를 부여하기 때문이다. 우선 '세계'의 개념부터가 더 이상 '우주'나 '자연'의 그것과 대등한 것으로 간주되지 않는다. 이는 이 개념에 역사적인 차원이 포함되어 있기 때문이다. 더 중요한 것은 '이미지'의 개념이다. 하이데거의 입장에서 '이미지'는 '복제'와 다른 의미를 지니며, 무언가를 그것에 전제되어 있는 관념에 따라 표상한 것에 가깝다. 이러한 표상 방식은— 하이데거에 따르면— 어떤 실체의 중립적인 묘사와는 일치하지 않으며, 오히려 그것을 객관적인 차원에서 이해하고 활용하기 위해 '앞에 두는' 행위에 가깝다. 그런 식으로 인간과 사물 사이에는 하나의 구체적이고 상호구축적인 관계가 정립된다. 바로 이 관계가 전자를 후자의 '주체'로 만드는 동시에 후자를 전자 앞에 놓인 '객체'로 만든다. 그렇다면 '세계상의 시대'라는 표현은, 무언가를 표상할 때, 주체와 객체 사이에 전례 없는 방식으로 정립되는 일종의 은밀한 결속 관계로 이해할 필요가 있다.

그렇다면 이러한 관점을 토대로, 하이데거의 담론에서—서로 이질적인 의미들을 획일화하지 않는다는 전제 하에—면역화의 개념으로 환원될 수 있는 의미의 축을 추적하는 것이 가능해진다. 하이데거에 따르면, '표상화'의 패러다임과 '면역화'의 패러다임 사이에서 교량 역할을 하는 '확보sicherstellen'의 범주는 세계가 이미지로 환원되는 근대적인 과정의 전제인 동시에 결과다. 우선 '확보'는 탐구 결과의 정확도와 확실성을 강조하는 근대 학문의 구체적인 형식에 가깝다. 따라서 '확보'는 주체라는 실체를 위해 세계를 객체로 만드는 표상화의 특징적인 방식으로 정립된다. "이 실체의 객체화는 '표상하기'를 통해, 다시 말해 모든 실체를 인간이 안심sicher하고 확신gewiss할 수 있는 방식으로 제시하고자 하는 어떤 '앞에-두기vor-stellen'를 통해 이루어진다."[2] 이러한 확보의 요구는 근현대인의 인식론적 우주 전체에 침투해 있다. 학문의 기본이 진리를 확실성으로 변환하는 데 있듯이, 형이상학도—데카르트를 기점으로—실체를 표상의 대상으로, 진리를 표상 과정의 확실성으로 간주한다.

그렇다면 확실성의 '확보' 요구와 면역적인 '보호' 요구 사이에는 어떤 관계가 있나? 주목해야 할 것은 '확보'와 '보호'가 서로 일치하지는 않지만, 전자가 후자의 논리적 전제 역할을 한다는 점이다. 근현대의 인간은 세계에 대한 고유의 앎에 확실한 좌표가 설정된 후에야 세계에 대한 형이상학적 확신을 지닐 수 있다. 하이데거에 따르면 "데카르트는 인간을 주체subjectum로 해석함으로써, 이후에 등장할 모든 유형과 방향의 인류학에 필요한 형이상학적 전제를 창조했다."[3] 그렇다면 하이데거의 개념적 언어를 조금은 다른 식으로 표현해볼 수 있다. 이를테면 하이데거가 '형이상학'이라고 부르는 것은 사실 면역화의 도식에 불과하고, 이를 매개로 현존재가 존재의 구속에서 벗어나기 위해 스스로의 개방 상태를 어떤 표상 장치로 대체하며 오히려 폐쇄한다고 볼 수 있는 것이다. 현존재는 표상된 객체 앞에서 스스로를 주체로 간주할 때 자신의 존재론적 차이를 무시하며, 그런 식으로 고유의 기원에 관한 질문 자체를 아예 불가능하게 만든다. 과감한 의미론적 전이를 시도한다는 차원에서, 하이데거의 '함께하는-현존재Mit-dasein'에 **공동체** communitas의 의미를 부여하고 이 공동체를 공동체 구성원들의 이질화로 이어지는 '정체성의 부재'로 간주하면, **면역화**는 타자와 '공유해야 하는' 무누스munus의 면제를 통해 이 부재, 이 빈 공간을 오히려 채워 넣으려는 시도로 정의될 수 있다. **무누스**는 사실―'선물'이라는 차원에서―그것과 연관되어 있는 이들을 향해 주어지는 존재의 '선사'에 가깝다.

이 두 어휘[확보와 보호] 간의 또 다른 결속 관계는, 하이데거가 데카르트의 사유 및 데카르트 이후의 형이상학 전통을 거쳐 정립되었다고 보는 자유의 개념 속에서 발견된다. 전근대적인 자유의 개념과 마찬가지로 근대적인 자유의 개념 역시 어떤 '속박'과의 관계 속에서 정립된다. 단지 근대에는 이 '속박'이 계시에 의한 진리가 아니라 인간의 이성과 이성적 법칙의 확실성 안에 위치할 뿐이다. "따라서 데카르트의 형이상학적 과제는, 인간이 자유를 염원하며 자유로워지려고 노력하는 행위의 형이상학적 기반을 스스로에 대해 확신하는 자기결정으로 정립하는 것이었다."⁴ 근대를 기점으로, 자유를 정초한다는 것은 무엇보다도 주체가 자신을 중심으로 확보하는 확실성과 자유를 동일시한다는 뜻이다. 이러한 정황은 주체 앞에 놓인 객체의 확실성에도 그대로 반영된다. 이런 식으로 결정되는 어떤 형이상학적 단락 회로를 통해, 주체의 확신은 객체로 전달되고 객체에서 다시 주체로 되돌아온다. 결과적으로— 신의 존재라는 전제에서 벗어난 후에—'사유하는 주체'의 존재를 **확인**하는 데 쓰이는 데카르트의 방법론은 근대의 과학과 형이상학이 구축하는 학문 전체를 확실한 앎으로 귀결시키는 열쇠가 된다.

이 시점에서 분명해지는 것은, 이미지로 축약되어버린 세계의 구체적인 인식 방법으로서 '표상하기'가 지니는 처음부터 '확보적인'—우리의 어휘로는 '면역적인'—성격이다. 표상한다는 것은 곧 스스로를 자기 앞에 객관적으로 놓여 있는 것의 보장 주체로 간주한다는 것을 의미한다. 한편 '확보'를 결정짓는 것은 '계산'이다. 왜냐하면 과학적 계산만이 연구 대상의 확실성을 보장하기 때문이다. '표상하기'는 더 이상 고대 그리스에서처럼 자연의 지평에서 '열림'을 암시하지 않으며 오히려, 앞에 놓여 있는 것을 문자 그대로 '고유화'한다는 의미에서 **포획하기**와 **포착하기**에 가깝다.

하이데거는 '확보'의 이러한 폭력적인 성격에 주목하면서 이를 "공격의 영역"[5]이라는 표현으로 정의한다. 이 영역에서—모든 면역 과정에서처럼—확보적인 자기 보호는 고유의 한계를 벗어나 위협 요소에 대한 예방 공격의 형태를 취한다. '생각하는 나'가 '존재하는 나'와 본질적으로 일치한다는 데카르트의 생각은 모든 확보적인 추론의 기본 공식이다. 왜냐하면 경험의 공간 전체를 아무것도 빠져나갈 수 없는 [존재론적] 매듭으로 걸어 잠그기 때문이다. 이러한 관계를 기반으로 인간은 그의 손아귀에서 벗어날 수 있는 모든 것에 비해 자신이 안전하다고 느끼며, 그런 식으로 다른 모든 존재 사이에서 스스로에게 특권적인 위치를 부여한다. 인간이 이처럼 강렬하게 형이상학적인 전략을 사용한다는 사실 자체는 그가 어떻게 자신을 모든 사물의 척도로 천명할 수 있는지, 다시 말해 사실은 도가 지나친 것들에 대한 올바른 기준이 아니라 표상이 가능한 모든 것에 대한 판단의 권리 주체로 간주할 수 있는지 설명해준다. 일단 주체subjectum로, 즉 스스로의 기반인 동시에 자신과는 상반되는 객체의 주체로 정립되고 나면, 인간은 모든 것을 완전하게 활용할 수 있는 위치에 서게 된다. 이제 인간을 뛰어넘거나 어깨 너머에서 공격할 수 있는 것은 더 이상 존재하지 않는다. 왜냐하면 모든 것이 그의 '앞에 놓여' 있고 그의 '확고한 의식'에 노출되어 있기 때문이다. 인간은 이제 고유의 주체성에 대한 판사다. 그는 자신의 인식 범위를 원하는 대로 좁히거나 늘일 수 있고, 개인적인 형식에서 집단적인, 예를 들어 '국가', '민족', 심지어는 '인종'⁶까지 포함하는 형태로 확장시킬 수 있다. 우리는 하이데거의 책이 그가 나치 정권에서 완전히 멀어지기 전인 1938년에 쓰였다는 점을 염두에 두어야 한다. 여하튼 하이데거가 몇 쪽밖에 되지 않는 강렬한 글을 통해 실제로 설명하는 것은 면역화의 근대적인 생성 과정과, 이 면역화가 모든 형태의 공통적인 기준에서 분리될 때 촉발할 수 있는 위험이다.

2. 물론 좀 더 자세히 살펴보면, 면역화를 근대적이고 패러다임적인 차원에서 사유한 최초의 철학자는 사실 니체라는 것을 확인할 수 있다. 면역화 개념을 구체적인 형태로 발전시키지 않았을

뿐, 니체는 면역의 기원과 발전 과정을 비롯해 면역성이 그것과 정반대되는 성향으로 전복되는 한계 지점에 이르기까지 면역의 현상학에 관한 거의 모든 특징을 고찰했다. 니체가 활용하는 범주들은 모두 면역의 현상학을 가로지르면서 고유의 내밀한 모순들을 드러낸다. 가장 대표적인 예는 니체의 핵심 개념인 '삶'이다. 다른 모든 경험의 전제이기 때문에, '삶'은 고유의 본질적인 불안으로부터 스스로를 보호하려는 면역의 요구를 표현한다. 달리 말하자면 면역은 삶이 허무를 마주한 상태에서 스스로를 절망적으로 뛰어넘으려는 가운데 취하는 자기방어의 한 방식이다. '삶'이 사실상 '힘에의 의지'와 일치한다면, 그래서 모든 한계를 극복하려는 성향을 지닌다면, 이 삶에 필요한 것은 그것의 파괴적인 충동에 제동을 걸어 생명을 적어도 유지하도록 만들 수 있는 일종의 부정성이다. 사실상 면역의 요구와 다를 바 없는 이 부정성은 원천적인 것이 아니다. 그것은 본능의 파괴적인 결과를 막기 위해 필요한 일종의 부차적인 장치에 가깝다. 반대로 본능은 스스로를 뛰어넘으면서까지 자신을 긍정하려는 성향이다. 차라투스트라는 이렇게 말한다. "보아라. 나는 나 자신의 필연적이고 끊임없는 초월이다.'" 하지만 바로 이 지점에서 차라투스트라의 모순이 드러난다. 고유의 힘을 최대한 발휘하기 위해 스스로를 뛰어넘어야 하는 것이 삶이라면, 이 삶은 스스로를 무너트릴—삶과 정반대되는 것, 생명이 아닌 것으로 추락하며 붕괴될—위험이 있다. 절대적인 긍정은 스스로를 부정하며 살아 있는 생명체를 죽음으로 몰아넣는다. 이러한 파멸의 위험을 방지할 수 있는 유일한 해결책이 바로 면역화다. 면역은 생명/삶의 유지에 필요한 최소한의 부정성을 통해 이루어진다.

니체는 이러한 보존 본능의 치졸한 성격에 주목하며 그것이 금기에서 벗어난 자유로운 삶의 의지와는 달리 일종의 역반응에 가깝다는 점을 비판한다. 니체는 스피노자를 겨냥한 한 문장에서 이렇게 말한다. "스스로의 생명을 보존하려는 의지는, 힘의 확장을 추구하는 삶의 기본적이고 진정한 본능이 위축되어 오히려 극단적으로 고통스러워하는 상태의 표현이다."[8] 니체의 이러한 비판적 시각은 그가 정확하게 면역화의 시대로 이해하는 근대 전체로 확장된다. 니체에 따르면 "유럽의 민주화는 근대의 사유를 구축하는 어마어마한 **예방 대책** 사슬의 한 고리를 이루는 듯 보인다."[9] 니체가 여기서 문제로 지목하는 것은 무엇보다도 근대 철학을 뒷받침하는 일련의 — 일치, 원인, 비모순율 같은 — 논리적 범주들이다. 니체가 심지어 어떤 '진리'의 개념마저 비판하는 이유는, 그것이 사실은 우리가 경험하는 의미의 파괴로부터 우리를 숙명적으로 보호해야 할 '거짓'과 고스란히 일치하기 때문이다. 여기서 관건이 되는 것은 인간에게 필요한 모든 좌표가 사라졌을 때 그의 사고에 방향성을, 행위에 길을 제시하는 면역의 장치들이다. 이 장치들이 없다면 부재할 수밖에 없는 의미들을 창출하면서, 면역화는 인간을 또 다른 궁지에 몰아넣을지도 모를 불안한 상황에서 벗어나도록, 혹은 이를 어떤 울타리 안에서 진압할 수 있도록 도와준다.

도덕적 신념이나 종교적 확신과 직결되어 있는 법-정치적 제도 역시 니체가 두드리는 비판의 망치에 쓰러지는 것들 가운데 하나다. 이 법-정치적 제도가 다스려야 할 '두려움'에서 다름 아닌 근대의 면역학적 관점이 유래한다. 니체는 이 면역학적 관점의 양면성을 — 삶을 보호하기도 하고 거스르기도 하는 특징을 — 아주 명확하게 포착한다. '진리'의 범주가 경험에 필수적인 요소임에도 불구하고 끝내는 힘의 원천을 틀어막는 양면성을 지녔듯이, 법-정치적 제도 역시 삶을 보호하는 동시에 부정하는, 다시 말해 삶의 과도한 생명력으로부터 삶 자체를 보호하고, 삶의 자유로운 발전을 방해하면서 부정하는 양면성을 지닌다. 물론 근대의 정치철학이 국가를 **생명 보존**의 기본 조건으로 정립했다는 것은 사실이다. 니체에 따르면 국가는 "개개인의 상호 보호를 위한 현명한 제도다." 하지만 "국가가 지나치게 고귀해지면 결국에는 개인의 존재가 약해지거나 무의미해진다. 그런 식으로 국가의 본질적인 목적이 가장 근원적인 차원에서 무효화된다."[10] 니체의 입장에서도 강도 높은 면역화는 발전에 필요한 역동적인 힘을 방해하며 실제로는 보호해야 할 유기체를 무기력하게 만든다.

　면역의 패러다임에 대한 니체의 고찰은 당연히 이러한 모순을 식별하는 것으로 그치지 않는다. 니체는 면역의 어휘 내부로 파고들어 곧장 생물학적인 동시에 의학적인 어조를 취한다. 니체에 따르면, 면역의 치료는 불치의 병과 싸우는 데 필요한 약품의 효과와도 비슷하다. 이 질병이 불치인 이유는 사실상 생명력 자체와 다를 바 없기 때문이다. "인간의 가장 큰 질병은 그가 지녔던 질병들과의 전투에서 탄생했다. 치료약인 것처럼 보이던 것들은—장기적인 차원에서—애초에 제거해야 했던 질병보다 훨씬 더 고약한 무언가의 발생을 초래했다."[11] 여기서 니체가 주목하는 것은 면역의 메커니즘이 지닌 이율배반적인 성격이다. 면역 장치는 질병의 활동에 반응하지만 그것을 제거할 수는 없기 때문에 질병에 종속되는 식으로 머물면서 질병 자체의 언어를 활용할 수밖에 없는 처지에 놓인다. 달리 말하자면, 질병을 제압하기 위해, 즉 부정하기 위해 맞서 싸우는 것과 동일한 언어를 사용한다. 물리쳐야 할 적의 진영에서 전투를 벌이다가 결국에는 무릎을 꿇는 것이 면역 장치다. 꽉 찬 것을 텅 빈 것으로, 강한 힘을 약한 힘으로, 가산을 감산으로 대체하기 때문에, 면역 장치는 강한 힘을 약화하는 동시에 약한 힘을 강화한다. 의학적인 차원에서 말하자면, 유기체는 항체를 활성화할 목적으로 항원을 생산하지만, 그런 식으로 스스로에게 투입하는 독의 위험에 노출된다. 이것이 바로 영혼의 목자가 구원의 경제학이라는 차원에서 병든 양떼를 구하기 위해 취하는 조치다. "그가 치료제와 진통제를 지녔다는 것은 의심의 여지가 없다. 하지만 치료를 하려면, 그는 상처부터 주어야 한다. 다시 말해 상처에서 비롯된 고통을 완화하는 동시에 **독을 상처에 바른다.**"[12] 사용된 약이—백신을 투여할 때처럼—제거해야 할 바이러스와 동일한 물질로 구성되어 있다면, 약은 질병의 내부에 머물면서 효과를 폭발적으로 배가한다. 물론 백신 투여가 성공을 거두려면 적정량을 초과하지 말아야 한다. 하지만 니체가 제기한 문제는 면역 과정의 메커니즘에 관한 것이다. 삶 자체가 병이 들었다면, 그래서 삶을 살아가는 인간 역시 병이 들었다면, 그의 생존에 필요한 약은 모든 독약과 마찬가지로 죽음의 맛을 지녔다.

니체가 일찍이 종교지도자들과 구원자들을 향해 겨누었던 비판의 칼은 이제 근대 문명의 몸 자체를 파고든다. 니체에 따르면, 문명화 과정은—근대문화가 문명화의 일시적인 결과라는 차원에서—구조적으로 이율배반적인 결과들을 수반한다. 다시 말해, 한편으로는 죽음의 위협으로부터 보호하기 때문에 삶을 편리하게 만들지만, 다른 한편으로는 바로 그런 이유에서 삶을 약하게 만든다. 정확히 말하자면 수명에 대한 망상이—생존의 망상이—삶의 발전을 방해하고 완성될 수 없는 것으로 만든다. 살아 있는 생명체의 **존재**와 **생성**을 분해하는 근현대적 이데올로기는 사실상 언제나 필연적으로 생성중인 삶을 꼼짝달싹하지 못하게 만든다. "개인의 **수명**을 유지하는 데 유익한 것은 그의 '힘'과 '영예'에 불리하게 돌아올 수 있다. 개인을 보존하는 것이 그를 붙들고 그의 발전을 방해할 수 있는 것이다."[13] 생존 본능은 발전과 어울리지 않는다. 전자는 후자의, 후자는 전자의 정반대다. 바로 이러한 대립 현상에 대한 몰이해가 근현대를 허무주의에 빠트린다. 허무주의는 발전 자체를 '보존'해야 한다고 주장할 뿐 그런 식으로는 발전에 방해가 될 뿐이라는 점을 깨닫지 못한다. 생존에만 얽매일 때 삶은 결국 삶 자체를 부정하기에 이른다. 왜냐하면 제어하고자 했던 부정성 자체에 굴복하기 때문이다. 하지만 또 다른 측면에서 볼 때, 근대의 면역 장치들이 없었다면, 병/악은 한계를 모르는 삶의 눈먼 흐름과 함께 극단적인 형태로 창궐했을 것이다.

니체의 모든 저술은 사실 헤겔이 여전히 부정성과의 생산적인 긴장 관계에서 긍정을 도출해내기 위해 활용했던 '변증법'이 드디어 불가능해지는 드라마의 표현이라고 볼 수 있다. 부정과 긍정의 생산적인 관계 같은 것은 이제 모든 중재를 집어삼키는 듯이 보이는 단절을 통해 사라진다. 생명/삶의 확장 본능은 막을 수도, 고유의 한계를 넘어 투영될 수도 없다. 어떤 식으로든 파괴될 수밖에 없는 것이 생명/삶의 숙명이다. 바깥으로 폭발하든 안으로 폭발하든, 힘이 너무 강해서든 너무 약해서든, 질병을 통해서든 약을 통해서든, 생명/삶은 파괴될 수밖에 없는 처지에 놓인다. 유기체를 살릴 수 있는 유일한—아마도 여전히 열려 있는—기회는 유기체를 질병에서 멀어지게 하는 것이 아니라 질병을 있는 그대로 받아들이는 것뿐이다. 질병의 유동적이고 혁신적인 성격과 생산성은 받아들여야 하지만, 질병과 상반되는 완벽한 건강을 신화적으로 추구하는 태도는 삼가야 한다. 니체에 따르면, "건강이란 그 자체로는 존재하지 않으며, 그런 것을 정의하려는 시도는 허망하게도 모두 실패로 돌아가고 말았다."[14] 이는 단순히 건강이나 질병이 정말 무엇을 의미하는지 분명히 밝혀진 바가 없기 때문이라기보다는 오히려 건강과 질병이 결코 분리될 수 없는 것이기 때문이다. 질병은 건강의 정반대가 아니라 그것이 전복된 형태, 건강의 가려진 얼굴이다. 달리 말하자면 질병은 건강의 전제다. 질병과 건강 가운데 어느 하나가 없으면 다른 하나는 무의미해진다. 니체는 이런 질문을 던진다. "결국 미결 상태로 남게 될 커다란 문제는 이것이다. 우리는 질병 없이 살아갈 수 있는가? 우리의 기량을 발전시키기 위해서라도 질병이 필요한 것은 아닌가? 특히 지식과 자의식에 대한 우리의 갈증이 건강한 영혼 못지않게 병든 영혼을 필요로 하는 것은 아닌가?"[15] 바로 그런 이유에서 그리스인들은 질병을 신처럼—물론 강하다는 전제하에—추앙했다. 건강은 그 자체로 좋은 것도, 항상 좋은 것도 아니다. 건강은 질병의 두 단계 사이에서 유익한 경로가 되는 경우에만 좋다. 건강은 보유하기보다는 획득해야 하는 무엇에 가깝다. 니체에 따르면, 건강은 "쟁취하는, 쟁취해야만 하는 것이다. 왜냐하면 언제나 희생이 반복되고 또 그래야만 하기 때문이다."[16]

『인간적인, 너무나 인간적인』의 한 문단에서 니체는 면역의 패러다임에 대한 예리한 고찰을 좀 더 발전시켜 면역성immunitas과 대조되는 형태의 공동체communitas 개념에 도달하는 듯이 보인다. 니체가 주목하는 것은 동등한 조건에서 무누스munus의 공유를 바탕으로 통합되는 공동체다. 생명/삶을 위협하는 것은 외부의 위험이 아니라 오히려 위험이 예방 차원에서 제거되는 상황이다. 왜냐하면 위험의 부재가 결국에는 혁신의 에너지와 잠재력을 발휘할 수 없게 만들기 때문이다. 니체가 그의 유명한 단상들을 통해 비판했던 바로 그 '퇴행성'을 오히려 회피하기 때문에, 공동체는 고유의 자가-생성적인 잠재력을 무력화하며 침체되기에 이른다. 이러한 상황을 정말 원하지 않는 이들은— 이 경우에는— 강자가 아닌 약자들이다. 왜냐하면 스스로를 위험에 빠트릴 뿐, 그런 식으로 공동체 전체에 어떤 유익한 상처를 입히는 것이 약자들이기 때문이다. 니체에 따르면 "바로 이 상처받고 약해진 지점에서 새로운 무언가가 공동체 전체에 **접종**된다. (…) 퇴행성이야말로, 진보가 이루어지는 곳이라면 어디에서든 굉장히 중요한 역할을 한다."[17] 물론 이 문장이 이례적이라는 것은 사실이다. 왜냐하면 니체가 그의 저술 전반에 걸쳐 모든 형태의 퇴행성을 강력하게 거부했기 때문이다. 하지만 이 문장이 특별히 중요한 이유는, 공동체communitas가 면역화immunitas 패러다임을 거부하는 것이 아니라 수용함으로써 고유의 이질화에 극단적으로 열린 자세를 취하는 것이 가능하다는 점을 독창적이고 예기치 못한 방식으로 보여주기 때문이다. 그런 의미에서, 서로 상이한 존재들 간의 접촉은 피해야 할 것이 아니라 오히려 요구되는 사항이다. 접촉이 공동체를 "고귀하게" 만들 수 있는 일종의 과잉에 가깝다면, 이러한 현상은 사회공동체뿐만 아니라 개인의 경우에도 일어난다. "선생은 제자에게 상처를 주거나, 운명이 그에게 주는 상처를 활용해야 한다. 그런 식으로 고통과 요구가 탄생할 때, 상처받은 지점에 무언가 새롭고 고귀한 것이 접종된다."[18] 여기서 니체가—그의 글을 통해 전반적으로 표명하는 내용과는 분명하게 대조되는 형태로—제시하는 것은, 면역의 패러다임을 내부에서부터 해체해 전복시킨 공통성과 다름 아닌 면역성을 중첩시킬 수 있는 의미의 방향성이다.

3. 니체가 제안했던 근대의 면역학적 해석에—20세기의 전혀 다른 지적 진영에서—응답했던 인물은 프로이트다. 그의 이른바 '사회-문화적인' 텍스트들, 즉 『토템과 터부』, 『환영의 미래』, 『문명 속의 불만』을 차례대로 읽으면 니체의 해석을 지탱하는 두 가지 관점이 조금은 다른 유형의 조직적인 어휘로 체계화되어 있는 것을 발견하게 된다. 한편에는 인간의 삶을 보호하는 동시에 부정하는 형태로 진행된 근대화 과정의—프로이트가 문명화 전체로 확장하는 과정의—양가성이 있고, 다른 한편에는 이 문명화 과정의—정신분석학적 어휘에 전적으로 부합하는—의학적 설명이 있다. 첫번째 특징인 양가성의 대표적인 예는 종교다. 최초의 강력한 면역 장치로 간주되는 종교는 죽음이라는 숙명의 고통에서 인간을 보호하지만, 동시에 이중의 부정적인 효과를 발휘한다. 먼저 지상의 삶이 지닌 가치를 폄하하게 만들고, 무엇보다도 삶의 지속성을 저세상으로 투영함으로써 환영적인 이미지를 만들어 낸다. 이 이미지에 프로이트는 병적인 성격을 부여한다. 그것은 단순한 기만이 아

니라 인류 전체가 지닌 유아적 신경증의 결과에 가깝다. 프로이트는 개인의 개체발생적인 성장과 인류의 계통발생적인 발전 사이에 지나치게 직접적인 유사관계를 정립하면 안 된다는 점에 유의하면서도, 이들 사이에는 일종의 상응 관계가 있다는 점에 주목한다. 예를 들어 아이가 아버지에게 보호를 요구하듯이 인류도 신성한 권위자에게 죽음이 야기하는 불안의 해소를 갈구한다.

하지만 바로 이 죽음에 대한 두려움에서 벗어난다는 것 자체가, 모든 면역 과정에서처럼, 상대적으로 높은 대가를 요구한다. 프로이트는 이 대가를 신경증의 차원에서 해석한다. 인간의 유아기에서든 인류의 유아기에서든, 부친과 천부의 보호를 받기 위해서는 일련의 고통스러운 대가를 치러야 한다. 무엇보다도 개인적인 또는 집단적인 삶의 빼놓을 수 없는 특징으로 간주해야 할 폭력과 성적 충동의 즉각적인 충족을 단념해야 한다. 단념에 뒤따르는 거세는— 혹은 이를 고차원적 활동으로 보완하며 이루어지는 숭고화는— 개인적인 차원과 집단적인 차원의 신경증적 불균형을 유발한다. 아니, 어떻게 보면 이 두 종류의 상이한 신경증 사이에서— 외견상으로만 개인에게 유익해 보이는— 일종의 교환이 이루어지고, 이러한 교환을 토대로 다름 아닌 종교 현상이 일어난다. 프로이트에 따르면 "보편적인 신경증을 수용하면서, 인간은 개인적인 신경증을 스스로 만들어야 할 과제에서 벗어난다."[19] 이 경우에 종교의 면역성은 이중적으로 배가되는 양상을 보인다. 종교는 개인을 위협하는 신경증으로부터 그를 보호해야 하는 또 다른 유형의 신경증적 체계에 가깝다. 뭐랄까, 일찍이 니체가 주목했던 것처럼, 인간은 자신의 병을 인류 전체가 앓는 질병에 전염되어 함께 앓을 때에만 고칠 수 있는 동물이다. 인간은 최소한의 정신증적 증상을 경험하지 않고서는 폭력적인 죽음의 위협에서 벗어날 길이 없기 때문에, 보다 일반적이고 제한된 형태의 정신증적 증세를 동종의 인간들과 공유하며 받아들일 수밖에 없는 처지에 놓인다. 그런 의미에서, 면역화의 또 다른 위대한 사상가로—프로이트와 그에게 영감을 준 니체 외에도—홉스를 꼽을 수 있다. 홉스의 입장에서도, 인간은 동종의 인간으로부터 살해될 수 있다는 참기 힘든 두려움에서 벗어나기 위해 고유의 권리를 포기하고, 결과적으로 형성되는 리바이어던 국가의 울타리-두려움을 받아들인다.

프로이트는 이러한 관점을 『문명 속의 불만』에서 좀 더 넓은 의미의 면역에 적용한다. 그가 주목하는 것은 우리의 삶을 선조들의 위험천만했던 삶과 멀리 떨어뜨리면서 '문명화'하는 총체적인 면역화의 메커니즘들이다. 종교와 마찬가지로, 하지만 보다 넓은 영역에서, 역동적인 문명화 과정 역시 '구원'과 '제압'의 두 얼굴을 보여준다. 프로이트가 「왜 전쟁인가?」에서 아인슈타인에게 답했던 것처럼, 우리는 "지금까지 성장한 우리의 가장 훌륭한 부분과 가장 악한 면의 상당 부분이"[20] 다름 아닌 문명화 과정에서 비롯되었다고 보아야 한다. 문명화는 자연의 적대적인 힘을 지배하고 우리의 기본적인 욕구를 충족시키기 위해 시작되었지만, 공격적인 성향과 성적 충동의 금기에 정확히 비례하는 질병들을 만들어냈다. 이는 도덕적 신념뿐만 아니라 사회적 법칙에도 똑같이 적용되는 이야기다. 왜냐하면 도덕성과 사회성 모두 인간의 자연적 본능인 쾌락의 탐색을 가로막는 방향으로 정립되었기 때문이다. 여기서도 프로이트는—니체가 『도덕의 계보학』에서 표명했던 것과 크게 다르지 않은 방식으로—도덕적인 명령의 체계화가, 우리를 상호 분쟁의 무분별한 확산으로부터 보호해야 할 거대한 면역화의 제단에 가깝다고 주장한다. 니체처럼 프로이트도 이 부정적인 보호 전략에서 인간에게 유익한 것 못지않게 유해한 무언가를 발견한다.

문명사회를 위협하는 이 전략의 위험은 면역화가 사회적 삶의 영역 전체로 확장될 때 발생한다. 달리 말하자면 위험은 피하려는 것과 동일한 폭력의 내면화에서 비롯된다. 프로이트는 문명사회를 일종의 거대한 카테콘katechon으로, 다시 말해 병/악과 싸우지만 이를 배척하는 대신 고유의 전략 내부로 끌어들여 대적하는 체제로 간주한다. 문명화 과정도 이와 동일한 선상에서 전개된다. 타자에 대한 폭력적인 행위는 제거되는 대신 개인적으로 내면화되고, 그런 식으로 양자 간의 투쟁도 개인의 고유한 내면으로 전이된다. 프로이트에 따르면, "공격성은 내부화되고 내면화되지만 사실은 발신자에게 되돌아간다. 다시 말해 그것은 거꾸로 '나'를 공격한다."[21] 엘리아스Norbert Elias도 문명화를 다루면서 언급했던[22] 이러한 역학 관계 자체를 가능하게 만드는 것은 다름 아닌 '초자아'의 형성이다. '초자아'는 '나'의 주체가 타자를 상대로 기꺼이 시도했을 공격을 고스란히 스스로에게 내면적으로 가하면서 '나'와 중첩될 때 형성된다. 바로 이러한 정황이 그에게 씻을 수 없는 죄의식을 남긴다. 프로이트의 텍스트 전체를 가로지르는 비극적인 긴장감은 바로 이런 식으로 내면화된—따라서 훨씬 더 심각해진—대립 상황에서 유래한다. 프로이트 이전과 이후에 등장한 모든 진보의 철학과 무관하다고 보아야 할 그의 문명화-면역화 이론은 일종의 해결 불가능한 모순을 건드린다.

프로이트가 들어선 길에는 탈출구가 없어 보인다. 한편으로는 새로운 형태의 모든 충동이 초자아를 더욱더 엄격하게 만들면서 죄의식을 배가하고, 다른 한편으로는 거세나 숭고화를 통한 모든 단념이 사실상 근대화의 모든 과정 속에 내재하는 신경증을 더욱더 악화하기에 이른다. 프로이트는 "몇몇 문명사회나 문명화 단계, 혹은 심지어 인류 전체가 다름 아닌 문명화를 추구하는 성향 그 자체로 인해 신경증을 앓게 된 것은"[23] 아닌지 자문한다. 그리고 이를 치료할 수 있는 방법이 존재하리라는 생각에 강한 의혹을 품는다. 에로스가 언젠가는 숙적을[폭력을] 상대로 우위를 점할지도 모른다는 가능성을 포기하지 않더라도, 이러한 가설 자체는, 폭력의 충동이 에로스의 충동과 단순히 상반되는 것으로 그치지 않고—『쾌락의 원리 저편에서』라는 책의 제목에서처럼, 죽음의 원리가 쾌락의 원리 "저편에" 머물 뿐 사실은 가까이서 관여하듯이—사실상 공생하는 정황으로 인해 무의미해진다.

한편에는 개인들 간의 관계라는 문제가, 다른 한편에는 개개인과 공동체의 관계가 문제로 존재한다. 두 문제 모두 문명화의 면역 요구에 좌우된다. 하지만 면역은 앞서 언급한 것처럼 오로지 부정적인 방식으로만, 즉 막아야 할 병/악을 수용하는 방식으로만 고유의 보호 기능을 발휘한다. 어느 한편에서 무력화된 병/악은 다른 한편에서 폭발하는 성향을 보인다. 병/악은 공동체에서 개개인의 내부로 전이된 뒤 개개인을 거쳐 배가된 상태로 공동체에 전이된다. 공동체는 그런 식으로 에로스와 타나토스, 생존 본능과 파괴 본능 간의 싸움터로 변한다. 프로이트는 더욱더 니체적인 어조로 이렇게 말한다. "이러한 투쟁이야말로 삶의 본질적인 내용을 이룬다. 따라서 우리는 문명사회의 진보를 간단히 인류의 '삶을 위한' 투쟁으로 정의할 수 있다."²⁴ 다른 곳에서 프로이트는— 이 문제의 가장 민감한 부분을 건드리며— 공동체가 생존하려면, 그러니까 위협적인 파괴의 위험으로부터 스스로를 면역화하려면 모두의 유익을 위해 일부를 공개적으로 공격하는 희생제의적 전략을 취해야 한다는 점에 주목한 바 있다. 유럽에서 언제나 있어왔던 유대인 박해를 구체적으로 언급하지 않을 뿐, 프로이트는 이렇게 말한다. "상당수의 사람들로 구성된 공동체를 사랑 안에서 통일된 상태로 유지하는 것은 언제나 가능하지만 이는 폭력성의 해소 대상으로 삼아야 할 또 다른 사람들이 존재할 때에만 가능한 이야기다."²⁵

한편으로는 『문명 속의 불만』의 모체가 된 텍스트 『토템과 터부』의 논리도 희생양의 문제를— 아버지-주인이 아들들에게 희생되는 이야기를— 중심으로 전개된다. 아버지에게 "추방당한 아들들은 어느 날 힘을 합쳐 아버지를 죽이고 그를 집어삼킨다."²⁶ 문명사회와 모든 문명의 기원이 바로 이 최초의— 여전히 신화의 안개 속에 갇혀 있는— 사건으로, 다시 말해 죽은 희생양의 체화라는 현상 혹은 죽음 자체의 체화라는 더욱더 강렬한 현상으로 거슬러 올라간다. 오로지 이러한 체화만이 문명사회에 생명을 불어넣을 수 있다. 아버지에 대한 사랑과 증오의 이중적인 감정으로 그와 연결되어 있는 아들들은 아버지를 쓰러트리는 것으로 그치지 않고, 먼저 자신들의 잘못을 뉘우친 뒤, 아버지가 그들에게 부여했던 것과 동일한 금기 사항들을 스스로에게 부여하면서 죽은 아버지와의 일체화를 시도한다. 그런 식으로 "아버지는 살아 있었을 때보다 죽은 뒤에 훨씬 더 강해졌고, 모든 것이 오늘날에도 여전히 인간들의 운명을 가늠할 수 있는 방향으로 전개되었다."²⁷ 문명사회는 이러한 이중의 부정행위에서, 즉 아버지를 부정하는 행위와 이 부정 자체를 부정하는 행위에서 탄생했다.『문명 속의 불만』에서 나타나는 것과 동일한 단념으로 이루어진 역동적인 희생 메커니즘이 이런 식으로 시작된다.

> 아들들은 아버지가 살아 있었을 때 방해하던 일들을 이제 스스로 금하기에 이른다. 이러한 정황은 정신분석학을 통해 널리 알려진 이른바 '사후 복종'이라는 심리 상태에서 전개된다. 아들들은 아버지를 대체한 토템의 살해를 금기시하고 이를 천명함으로써 자신들이 저지른 행위를 철회할 뿐 아니라 그 행위로 얻은 열매까지, 즉 얼마든지 얻을 수 있는 여인들까지 단념하기에 이른다.²⁸

4. 뒤이어 프로이트의『토템과 터부』에 대한 비판적인 관점을 토대로 희생 메커니즘과 면역 메커니즘의 구체적인 조합을 시도한 인물은 르네 지라르다. 프로이트의 저서는―지라르에 따르면―그의 비상한 직관력을 보여주는 동시에 그가 자신이 발견한 내용 자체를 넘어서지 못하도록 만드는 일종의 불확실성을 그대로 보여준다. 달리 말하자면,『토템과 터부』의 진실은 프로이트가 폭로하는 문명화 과정과 집단 살해 간의 연관성 속에 숨어 있다. 프로이트는 서로 무관해 보이는 일련의 신화들이 인간 공동체가 다수를 위한 개인의 희생을 토대로 구축된다는 사실에 대해서만큼은 동의하는 양상을 보인다는 점에 주목하며, 이 신화들을 인류학과 민속학이 연구해왔던 것보다는 훨씬 더 진지하게 다룰 필요가 있다

는 점에 주목한 최초의 사상가다. 하지만 프로이트는 그의 논제에 어떤 환상적인 성격을 부여하는 일군의 전제들에 가로막혀 자신이 직관적으로 깨달았던 바를 끝까지는 파헤치지 못한다. 반면에 프로이트가 멈추어 섰던 곳에서 그가 끝내 밝히지 못한 것을 고스란히 벗겨내는 인물이 바로 지라르다. 그는 제의적 살해가 한 번만 [상징적으로] 일어난 것이 아니라 끝없이 반복되어 왔기 때문에, 이를 통해서만 공동체와 희생 메커니즘을 결속시키는 면역의 매듭을 포착할 수 있다고 주장한다. 희생이 없다면 통제가 불가능한 형태로 창궐할지도 모를 폭력으로부터 공동체를 보호하기 위해 일종의 도구로 활용되는 것이 바로 희생제의적 폭력이다. 그러나 프로이트의 직관적인 성찰에서 프로이트의 모호함을 벗겨내려면 희생제의의 역학을 정신분석의 궤도에서 벗어나게 만들 수 있는 또 다른 경로가 필요하다. 다시 말해, 여기서는 어머니를 향한 오이디푸스적인 욕망에서 지라르가 모방적이라고 부르는 욕망으로 일종의 개념적 전이가 이루어져야 한다. 이 욕망이 모방적인 이유는 타자의 욕망을 모방하면서 활성화되고, 타자의 욕망 역시 또 다른 누군가의 욕망에서 유래하기 때문이다. 기억조차 할 수 없는 오랜 시간 동안, 이 모방 사슬을— 폭력을 배가된 형태로 재생하는 순환 경로를— 끊을 수 있는 유일한 길은 공동체를 파국으로부터 구하기 위해 특정 인물을 희생시키는 희생제의뿐이었다.

바로 이러한 정황을 토대로, 인류의 역사가 폭력의 회오리 안에서 정립되었다는 것이 지라르의 생각이다. 인간은 폭력 자체를 흠모하는 것이 아니라 오히려 폭력을 자제하며 폭력으로부터 벗어나려고 노력한다. 하지만 이 과정에서 그가 할 줄 아는 것이라곤 또 다른 폭력에 의존하는 것뿐이다. 단 한 명의 희생양에게 집중되기 때문에 피해야 할 폭력보다는 덜 파괴적인 폭력에 의존하는 것이다.

> "비폭력은 결국 무상으로 주어지는 폭력의 선물인 것처럼 보인다. 여기에는 이유가 있다. 인간들은 제 3자의 희생을 통하지 않고서는 서로 화해할 줄 모른다. 비폭력의 체제 속에서도 인간들은 '한 사람'이 빠져야만, 즉 희생양이 빠져야만 만장일치에 도달한다."[29]

널리 알려진 바와 같이, 병/악으로부터 벗어나기 위해 동종의 병/악을 최소화된 형태로 수용하는 전략은 다름 아닌 면역의 메커니즘에 고유한 전략이다. 실제로 지라르는 희생제의적 변증관계 전체를 바로 이러한 면역 과정으로 환원시킨다. 물론 희생의 패러다임과 면역의 패러다임의 중첩되는 현상은 단순히 과정의 차원에서만 일어나지 않는다. 이들의 중첩 현상은 희생-면역의 논리뿐만 아니라 폭력 자체로 구성되는 내용까지 재생하기에 이른다. 다시말해 폭력은 사회공동체적 몸 전체에 스며들어 흐르는 썩은 물에 가깝다. 폭력은 모방 욕망이 파놓은 고랑을 따라 순환하며 그 누구의 방해도 받지 않고 공동체 전체에 확산된다. 이러한 흐름은 결국 전염의 창궐 혹은 팬데믹의 형태를 취하면서 공동체를 제어가 불가능한 소용돌이에 빠트린다. '악'과 '병'의 이러한 근접성을 오늘날의 학문보다 훨씬 더 정확하게 포착하는 것은 고대의 신화들이다. 오늘날의 학문은 전염 현상을 의학의 범주에만 국한시켜 고찰하기 때문에 그것의 '성스러움'을 현실 바깥으로 추방하며 전염에 대한 깊은 이해를 불가능하게 만든다.

비극과 고전 문학의 신화들이 전염을 해석하는 차원에서 훨씬 더 뛰어날 뿐 아니라 보다 포괄적인 시각을 지닌 반면, 근대 학문의 탈신화적인 해석은 의미론적으로 근접해 있는 현상들마저 분해하기 때문에 총체적인 의미를 포착하는 데 실패한다. 이와는 아주 대조적으로, 원시 사회에서는 천연두처럼 전염성이 높은 질병의 경우 이를 주관하는 신까지 존재했다. 이 신에게 헌정된 병자들은 공동체에서 고립되었고, 이 신과의 직접적인 접촉으로 면역력을 획득한 사제가 이들을 감시하며 관리하는 역할을 맡았다. 몇몇 해석자들이 고대인들의 입장에서 스스로를 보호하기 위해 멀리하던 제의적 불순의 개념과 현대의 세균학 이론 사이에 모종의 친족 관계가 성립된다고 보았던 것은 결코 우연이 아니다. 안타깝게도 이러한 방향의 연구는 더 이상 진척되지 못했지만 이를 가로막은 것은 무엇보다도 예방차원의 보호가 근대의 보건 규칙에 지나지 않는다는 선입견이었다. 사실은 이러한 선입견에서 벗어나, 지라르가 활성화한 관점처럼 좀 더 폭넓은 시각에서 바라볼 때에만— 보다 보편적인 면역학적 논리의 구도 안에서— **질병**과 **폭력**을 연결하는 본질적인 고리를 포착할 수 있다. 의학은 사회학과 인류학에서 멀어져 고립될 경우, 제의적 폭력이 무분별하게 확산되는 현상을 면역 메커니즘의 차원에서 감지하지 못한다. "전염성 질병과, 어떤 식으로든 전염성을 지닌 모든 형태의 폭력이 동종인 이유는 이들의 유사성을 증언하는 일련의 근거들이 모여 놀라울 정도로 일관적인 구도를 구축하기 때문이다."[30]

이러한 근접성이 가장 분명하게 부각되는 고전은 소포클레스의 『오이디푸스 왕』일 것이다. 여기서 자연적인 폭력과 역사적인 폭력을 통합하는 것은 다름 아닌 페스트다. "희생 위기의 모든 폭력이 소진되었을 때, 남는 것이 바로 페스트다.* 페스트라는 말부터가 오늘날의 세균의학을 떠올리게 만든다."[31] 현대 문학 비평을 통해 집중적으로 조명된 바 있는 '부친살해'와 '근친상간' 같은 주제들은 페스트가 표상하는 폭력의 근원적인 무대를 은폐하는 연막장치에 불과하다. 도시 내부에서 페스트의 확산이 절정에 달하는 순간 페스트는 모든 사회적 매듭을 녹여버린다. 도시에는 병든 이들밖에 없고, 병들지 않은 자는 오이디푸스뿐이다. 바로 이 시점에서 '병/악'과 '희생' 간의 상징적인 교환이 이루어진다. 병/악의 창궐을 멈추게 할 수 있는 유일한 방법은 면역력을 갖춘 유일한 인물에게 병/악을 전가함으로써 모두를 보호하는 것뿐이다. 페스트로 황폐해진 도시는 그런 식으로만 원래의 모습을 되찾고, 희생양의 살해를 통해서만 견고함을 회복할 수 있다. 하지만 상징symbolon화는—즉 다수의 통합은—새로운 형태의 분리를 통해서만 이루어진다. 다시 말해 도시의 통합은 상징적인 이분화를 통해 이루어진다. 한편에는 '한 사람만 뺀' 모두가 있고, 다른 편에는 희생양이 홀로 남아 있다. 이 희생양의 희생은—신학적 해석이 제시하는 바와는 달리—그 누구에게도 선사되지 않는다. 그의 희생은 오로지 모두에게만, 즉 공동체에만 선물로 주어진다. 그런 식으로 공동체는 악의 순환에서 모두를 구하는 유일한 폭력에 의해 폭력에 대한 면

---

* 원문의 맥락을 고려하면, '페스트'는 폭력이 희생양 개인에게 집중되는 형태에서 전염의 전면적이고 집단적인 형태로 전환되는 현상을 암시한다.

역력을 얻는다. 희생제의의 메커니즘이 근대의 법률 체계로 대체될 때에도 사회는 면역의 패러다임에서 벗어나지 않는다. 아니, 근대 사회는 목표를 '예방'에서 '치료'로 바꾸기 때문에, 면역의 패러다임을 오히려 완성 단계로 이끈다. 법률은 법이 없던 원시 사회에서처럼 복수극을 막으려고 애쓰기보다는 이를 독점하고 합리화하면서 "굉장히 효과적인 일종의 치료 기술"[32]로 만든다. 법률이 가하는 벌은 정당한 벌임에도 불구하고 희생 메커니즘이 주는 벌과 크게 다르지 않다. 둘의 공통점은 무고한 존재로 천명되는 모두의 자리에서 단 한 명의 죄인이 벌을 받는다는 것이다.

  희생제의의 역학과 면역 메커니즘 간의 정확한 상응 관계에 주목하면서 지라르는 놀라움을 금치 못한다. "그렇다면 현대의 '면역'이나 '예방접종' 같은 조치들은 어떻게 설명해야 하나? (…) 환자의 방어 전략을 강화해서 그가 스스로의 힘으로 세균의 공격을 물리칠 수 있도록 하는 것이다."[33] 희생제의의 경우에든 면역체계의 경우에든, 문제의 핵심은 인간이나 정치공동체의 몸을 위협하는 침입자를 바깥으로 추방하는 데 있다. "의학적 조치는 '약간의' 병균을 접종하는 데 있다. 이는 희생제의가 사회의 몸에 '약간의' 폭력을 접목시켜 사회가 폭력에 저항할 수 있도록 만들었던 것과 아주 흡사하다. 유사한 경우들은 너무 많고 정확하기까지 해서 현기증을 일으킬 정도다."[34] 사실상 모든 것이 비슷해 보인다. 대표적인 예로, 몇몇 백신의 경우 예방접종을 여러 회에 걸쳐 실시하는 사례나, 적정선을 뛰어넘은 백신 물질이 보호 대상인 유기체를 상대로 오히려 공격을 시작할 때 자가면역질환으로 이어진다는 사실을 들 수 있다.

'여러 회에 걸친 예방접종'은 희생제의의 반복에 상응한다. '희생제의'의 모든 보호 조치에서처럼, 파국적인 역전의 가능성 역시 존재한다. 너무 독한 백신, 지나치게 강력한 파르마콘pharmakon은 근절해야 할 전염을 오히려 확산시킬 가능성이 있다.[35]

하지만 자기-파괴의 위험이야말로 희생-면역의 역학은 어떤 한계점을 넘어설 때 더 이상 작동하지 않는다는 사실의 지표이기도 하다. 『폭력과 성스러움』의 뒤를 잇는 『세상이 창건되었을 때부터 감추어진 것들』에서 지라르는 이렇게 말한다. "희생은 그저 하나의 덧붙여진 폭력, 즉 수많은 폭력 행위에 추가되는 폭력에 불과하지만, 최후의 폭력이기도 하다. 희생은 폭력의 마지막 말이다."[36] 그렇다면, 이 마지막 말 뒤에 오는 것은 무엇인가? 희생제의가 막을 내릴 때 기대할 수 있는 것은 무엇인가? 누가 혹은 무엇이 희생제의를 대체하는가? 이 질문에 답하기 위해 관점의 전환을 꾀하면서 지라르가 주목하는 것은 근대 문명화의 미래가 아니라 반대로 과거의 역사, 정확하게는 과거의 그리스도교적인 기반이다. 지라르에 따르면, 다름 아닌 그리스도교 내부에서 희생제의의 논리를 그것과 정반대되는 것으로 전복시키는 극적인 시도가 이루어진다. 신화에 의존하던 고대 문화가 초석적 살해를 정당화하면서 살해의 흔적들을 삭제하고 우리에게 살해자들이 무고할 뿐 아니라 오히려 희생자가 죄인이었다고 호소하는 성향을 지녔던 반면, 복음서들은 이와 정반대되는 해석을 제시하며 희생자인 그리스도의 무고함과 박해자들의 죄를 증언한다. 복음서에서 그리스도의 수난은 명백하게 부당한 처사로 소개되는 한편, 사탄은 모방 욕망을 촉발하고 폭력을 역사 속에 도입하면서 폭력의 역사를 시작하는 인물로 소개된다. 복음서는 폭력의 메커니즘을 고스란히 폭로하면서 희생의 영속적인 반복을 불가능하게 만든다. 예수의 희생은 마지막 희생이 아니라, 죽음의 메커니즘을 폭로함으로써 역사 자체를 희생의 소용돌이에서 벗어나도록 만드는 희생이다. 그런 식으로 중단되는 것이 바로 면역의 신드롬이다. 세계를 볼모로 붙잡고 있는 면역의 신드롬에 대해 [오늘날 세계의 평화를 보장하는 것은 핵무기의 위협이라는 점에 주목하면서] 지라르는 이렇게 말한다. "폭력이 이토록 오만방자하게 '독약'과 '해독제'의 이중적인 역할을 동시에 행사한 적은 없었다. (...) 악을 물리치기 위해서는 악 외에 또 다른 수단이 없다."[37]*

하지만 면역의 메커니즘이 이미 제자리걸음을 시작했다면, 또는 보호해야 할 몸을 거부하고 판을 뒤틀기 시작했다면, 우리가 기대해야 하는 것은 무엇인가? 우리는 어디를 바라보아야 하는가? 우리가 깨달아야 할 메시지는 무엇인가? 이 시점에서 분명해지는 것이 있다면 그것은 '폭력'의 자기제어 과제를 더 이상 '폭력'에게는 맡길 수 없다는 사실이다. 기나긴 주기가 마감될 때 폭력이 함께 사라지기를 기대하려면, "폭력의 피해를 흡수할 수 있을 만큼 충분히 넓은 생태학적 장이 필요하다. 이 장은 오늘날 지구 전체로

---

* 이해를 돕기 위해, 원서의 앞 문장을 함께 옮긴다. "인간들은 항상 그들이 숭배하는 우상의 그림자 밑에서, 다시 말해 그들의 성스러운 폭력 밑에서 평화를 발견했다. 오늘날에도 인간들은 가장 극단적인 폭력의 보호 하에 평화를 누린다. 성스러움이 점점 더 사라져가고 있는 오늘날의 세상에서는 총체적인 파괴의 지속적인 위협만이 인간들 간의 상호 파멸을 가로막는다. 뭐랄까 언제나 폭력만이 폭력의 창궐을 가로막는다. 폭력이 이토록 오만방자하게 '독약'과 '해독제'의 이중적인 역할을 행사한 적은 없었다."

확장되었지만, 이제는 그것도 불충분해 보인다."[38] 이렇게 말하는 지라르는 결코 과거가 아닌 미래를 염두에 두고 있는 듯이 보인다. 요한의 묵시록에 대해 언급할 때에도 지라르는 미래를 바라보며, 시간의 완성이라기보다는 또 다른, 전례 없는 시간의 시작에 대해 이야기한다. 지라르에 따르면, 묵시록은 세상의 종말이 아니라 또 다른 세계의 출발을 의미한다.

> 우리가 객관적으로 묵시록적인 상황에 처했다는 말은 결코 '세상의 종말'이 다가왔다는 뜻이 아니라, 오히려 인간이 역사상 처음으로 자신에게 주어진 숙명의 진정한 주인이 되었다는 것을 뜻한다. (...) 우리에게는 이러한 폭력에서 벗어나기 위한 어떤 희생제의의 가능성도, 성스러운 오해도 남아 있지 않다. 우리는 우리를 앞서 간 인간이 결코 도달하지 못했던 수준의 자의식과 책임의식을 지니게 되었다.[39]

5. 면역의 패러다임이 사회적 현실에 적용되는 '방식'에 주목하며 이를 이론화한 최초의 인물은— 철학자가 아니라 사회학자로서 자신의 학문적 경계를 뛰어넘을 줄 알았던— 니클라스 루만Niklas Luhmann이다. 루만이 다음과 같이 말하면서 밝히는 것은 자신의 실질적인 연구 대상이다. "일련의 역사적 정황을 감안할 때, 근대가 시작되었을 무렵부터, 특히 18세기를 기점으로 '사회 면역학'을 구현하려는 노력이 점점 더 증가하는 추세를 보인다."[40] 근대사회의 초기에 시작된 면역화는 인간 경험의 거의 모든 영역으로 확장되어 결국에는 근대 사회 전체의 '문법'으로 정립되기에 이른다. 루만

은 이렇게 말한다. "시간적인 차원 및 물질적인 차원과 유사하게, 사회적인 차원 역시 결국에는 모순들을 배가하고, 그런 식으로 사회적 면역체계를 발전시키는 데 기여한다."[41] 물론 루만은 생물학적 체계와 사회적 체계 간의 유기주의적인 비교에는 어떤 한계가 있다는 점을 분명하게 인지한다. 왜냐하면 전자는 생명의 지속성을 보장하는 문제와, 후자는 행위들의 상호 관계와 직결되기 때문이다. 하지만 단순한 유사성의 차원을 뛰어넘어, 이 두 체계는 '자가생성적' 유형이라는 공통점을 지닌다. 루만의—사회체계의 이론화라는 성과로 이어진—두 번째 연구 단계를 특징짓는 요소는, '체계'와 '환경'의 구분을 바탕으로 하는 이분법적인 성격의 '기능주의적인' 관점이 순환적인 유형의 '자기지시적인' 관점으로 전환되었다는 점이다. 후자의 경우, 체계의 안정성을 보장하는 것은 더 이상 복합적인 환경을 단순화하는 능력이 아니라 환경을 체계 내부에서 관리가 가능한 형태로 생산하는 능력이다. 지시하는 것을 포괄하는 모든 유형의 활동은 자기지시적인 혹은 자가생성적인 성격을 지닌다. "어떤 문제 제기의 자기지시적인 구조는 그것이 스스로에게 적용되는 경우일 때 분명해진다."[42]

이는 물론 사회적 체계들의 목표가 단순한 자기보존에 있다는 것을 의미하지 않는다. 체계가 전제하는 것은 오히려 고유한 진화의 필요성이다. 단지 이 진화가 내부적인 통일성을 파괴하지 않는 한도 내에서 이루어져야 할 뿐이다. 이러한 목표를 달성하기 위해서는 모든 체계에 내재하는 '부정성'과 생산적인 관계를 제도적으로 정립해야 할 필요가 있다. 체계들은 '안전성'을 전제로 유지되지 않으며 오히려 '불안전성'의 통치를 전제로 재생된다. 이는 체계들이 고도의 불안정성을 필요로 하며, 그래야만 스스로를 상대로, 아울러 고유의 환경을 상대로 반응할 수 있기 때문이다. 바로 이것이 정확하게 면역화가 사회적 모순들을 기능적으로 활용하며 수행하는 역할이다. 이 모순들은 어떤 병/악으로 이해할 것이 아니라, 사회체계를 치명적인 위험으로부터 보호하기 위해 활성화되는 일종의 경보 신호로 이해해야 한다. 루만은 이렇게 말한다. "이 일군의 모순에 어떤 구체적인 역할을 부여해야 한다면, 우리는 이 모순들이 체계 내부에서 일종의 면역체계로 기능한다고 말할 수 있다."[43] 이 모순들은 불안정성을 적절히 조절하는 동시에 창출한다. 바로 이 과정에서 열린 체계들의 기반은 '이중의 우연성' 메커니즘이라는 것이 분명하게 드러난다. 이는 고유의 불안정성뿐만 아니라 타자의 불안정성도 알고 있어야 하기 때문이다. 그렇다면 이는 변화가 불가피한 상황에서 체계의 구조적 안정을 보장하되, 이전 상태를 복원하는 것이 아니라 붕괴를 자극하지 않는 한도 내에서 변화를 꾀한다는 것을 의미한다. 이러한 메커니즘이 생물학적 면역화의 논리와 일맥상통한다는 점은 놀랍기만 하다. 생명을 지닌 유기체 내부에서 유해한 사건이 반복될 때 이에 즉각 반응하도록 세포 기억이 생성되는 것처럼, 사회체계 내부에서도 동일한 형태로 반복되는 소란은 곧장 인지되고 추가적인 분석 없이 필터를 거쳐 자동적으로 제거된다. 사회체계의 재생은 체계 유지에 방해가 되지 않는 새로운 요소들을 선별하고, 유해한 요소들은 버리는 메커니즘을 토대로 이루어진다. 루만에 따르면, 체계의 모순은 고통처럼 어떤 일이 일어났는지에 대한 정확한 인식에 앞서 일종의 자동적인 반응을 유발한다.

바로 그런 이유에서 우리는 '면역체계'라는 말을 사용할 수 있고 모순들의 학문을 면역학의 한 분야로 간주할 수 있다. 왜냐하면 면역체계 역시 무의식적으로 작동하며, 환경에 대한 인식이나 혼란의 요인들에 대한 분석 없이, 단순히 체계에 속하지 '않는' 것의 식별을 척도로만 기능하기 때문이다.[44]

바로 이러한 정황에 부합하는 것이 '부정'의 기능적인 활용이다. 루만에 따르면, "사회체계는 '~않는'에 **맞서** 스스로를 면역하는 것이 아니라 오히려 '~않는'에 **힘입어** 면역한다. (...) 체계는, 오랜 구분법에 따르면, '부정'을 통해 사회를 절멸로부터 보호한다."[45] 모순은 이를테면 체계가 표명하는 모든 절대적인 예견의ㅡ모든 것이 언제나 가능하고, 불가능해 보이는 것마저 가능하다는ㅡ요구를 부정한다. 체계는 시간을 일종의 내부적인 요인으로 끌어들이면서 존속하지만, 이는 특정 조건 하에서만 가능한 일이다. 다시 말해, 일종의 경보 신호처럼 깜박이는 모순들이 체계의 존속에 치명적인 요소들을 상대로 경각심을 불러일으키는 동시에 내부적인 요인들 간의 소통comunicazione을 보장할 때에만 가능한 일이다.

소통의 필요성은 어떤 추가적인 요인으로 이해할 것이 아니라 사실상 소통 자체와도 다를 바 없는 체계의 논리적인 중추로 이해되어야 한다. 루만의 연구 과정에서, '원인'의 범주가 '기능'의 범주로 대체된 다음에는 '기능'의 범주 역시ㅡ사라지지 않았을 뿐ㅡ '소통'의 범주 뒷전으로 밀려난다. 소통은 사회체계를 구성하는 다양한 하부체계들의 관계망을 구축하는 데 결정적인 역할을 한다. 하지만 이보다 훨씬 더 중요한 것은 소통이 사회체계의 형식 자체를 표현한다는 사실이다. 사회체계는 본질적으로 소통적이다. 이는 사회체계가 하는 유일한 일이 바로 소통이기 때문이다. 그렇다면 여기서 사회체계적인 소통의 두 가지 특징에 주목할 필요가 있다. 먼저, 소통하는 이들은— 하버마스의 소통행위 이론과는 달리—주체들이 아니다. 사회체계는 아울러 외부와도 소통하지 않고 오로지 고유의 경계 내부에서만 소통한다. 사회적 소통 체계는 "스스로의 세계 안에 갇혀 스스로를 관찰하며 고유한 기량의 한계를 묘사한다. 소통은 결코 자기초월적으로 변하지 않는다."[46] 어떻게 보면 소통은 외부를 내부로 번역한다고도 말할 수 있다. 이는 정확하게—사회체계의 입장에서— 폐쇄가 개방의 전제 조건인 것과 마찬가지다. "새로운 관점에서, '폐쇄'는 '개방'의 조건이다."[47] 이런 식으로 '소통comunicazione'과 '면역immunizazione' 사이에 성립되는 관계는 코무니타스와 임무니타스 간의 적대적 대칭 관계를 훌쩍 뛰어넘어 어떤 완성된 형태의 중첩 단계에 이른다. 달리 말하자면, '소통'은 '면역화의 형식'에 지나지 않고 '면역'은 '소통의 내용'에 불과하다.

하지만 그렇다면 이러한 중첩을 허락할 뿐 아니라 이를 명백하게 드러내는 하부체계는 무엇인가? 그것은 다름 아닌 법률이다. 루만이 분명하게 밝히는 것처럼, "우리가 지지하는 논제는 법체계가 사회의 면역체계로 기능한다는 것이다."[48] 여기서 놓치지 말아야 할 것은 바로 이 점이 지라르가 또 다른 방식으로 주장하는 바와 일맥상통한다는 사실이다. 지라르의 입장에서 법률은 희생제의가 **예방**의 형태로 수행하는 통합 기능을 **치료**의 형태로 옮겨놓은 것에 불과하다. 법적 의미론은 사실 처음부터 면역 개념의 한 측면을 차지하며 생물학적 개념과 쌍을 이룬다. 법률을 이해하는 루만의 독특한 방식을 이해하기 위해서는 법실증주의뿐만 아니라 자연법주의 전통이 제시했던 해석의 틀에서 완전히 벗어날 필요가 있다. 루만의 입장에서 법률의 기능은 정당한 행위를 부당한 행위와 구분하는 것도, 특정 유형의 질서를 전제하거나 강요하는 것도 아니다. 법의 기능은 모든 측면에서 정당성/부당성의 상충 구도를 뛰어넘는다. 한편으로는 근대법의 전제인 '모두가 법 앞에서 평등하다'는 선서 역시 폭력과 완전히 무관한 것은 아니다. 법이 기대치가 불분명한 행위들에 비해 '안정적인' 요소들을 생산하는 데 기여한다는 것은 사실이다. 하지만 법은 이러한 불분명한 행위들이 초래하는 분쟁적인 긴장을 체화하는 방식으로 '안정'을 생산한다. 과거와 차이가 있다면, 근대 이전의 법이 분쟁을 예방차원에서 해결했던 반면, 근대 이후의 법은 분쟁을 법적인 차원에서 다스릴 수 있는 형태로 오히려 양산하는 경향을 보인다. 루만에 따르면 "법은 분쟁을 막는 데 소용되지 않는다. 법은 오히려 잠재적인 분쟁의 어마어마한 배가 현상을 수반한다. 법은 모든 분쟁에 적절한 소통 형식을 제공함으로써 분쟁이 폭력적인 형태로 발전하는 것을 가로막을 뿐이다."[49] 그런 의미에서, 루만이 내리는 결론에 따르면, 법은 "또 다른 수단으로 소통을 지속하는 데 쓰인다."[50]

소통 활동에 포함되어 있는 "또 다른 수단"이란 소통의 내용으로 간주되는 면역의 수단들을 말한다. 여기서 면역의 법률적인 측면과 생물학적인 측면의 상호 연관성이 다시 부각된다. 생명체들의 면역 기억처럼, 법률의 기억 역시 고유의 역사에 의해 구축되며 "분명하게 인지되지 않는 경우에도 결론에 도달할 수 있도록"[51] 돕는다. 시간이 흐르면서 부각된 뒤 법으로 선포되는 구체적인 법적 정황들의 총체는 잠재적인 분쟁들을 예견하고 이들의 소통을 바탕으로 분쟁의 폭발적인 힘을 무력화하는 데 쓰인다. '모순'과 '분쟁'이 본질적으로 다른 것도 바로 이 때문이다. 모순이 분쟁으로 변하려면, 먼저 구체적인 기대치들이 소통되고 동일한 기대치들을 타자들은 수용하지 않는다는 점도 함께 소통되어야 한다. 이 경우에 '분쟁'은 언제나 "이전 단계의 소통에 대한 '아니'라는 답변의 소통을"[52] 의미한다. 따라서 분쟁을 소통의 실패 원인으로 간주하는 것은— 예를 들어 하버마스의 판단은— 틀린 생각이다. 소통은 실패로 돌아갈 수 있는 무언가가 아니다. 소통은 사회체계들의 자가생산적인 과정이며, 상호인간관계의 협업적이거나 경쟁적인 성격에 좌우되지 않는다. 면역화와 다를 바 없는 만큼, 소통은 사회체계의 어떤 내부적인 영역이 아니라 사회체계의 형식 그 자체다. 달리 말하자면, 사회체계는 존재하지만, **소통의 면역화**와 **면역화의 소통**이 이루어지는 한 존재한다. 법은 이처럼 코무니타스적인 동시에 임무니타스적인, 즉 소통[공통]적인 동시에 면역적인 과정을 체계화한 것에 불과하다. 그런 의미에서 "분쟁들은 활성화된 모순들, 소통 내용으로 변한 모순들에 지나지 않는다. 바로 이 분쟁들이 면역체계들의 조건화를 가능하게 만든다."[53] 이것이 사실이라면, 사회체계를 유지하는 데 가장 중요한 것은 분쟁의 재생이다. 결국에는 소통과 면역 과정을 거쳐야 할—분쟁의 소통 자체로부터도 면역되어야 할—분쟁의 재생이 오히려 요구된다. 루만에 따르면 "사회는 아직 활용되지 않은 분쟁의 기회들을 충분히 제공해야 한다. 그래야 고유의 면역체계를 재생할 수 있다."[54]

이 문장은 면역의 패러다임에 대한 가장 강력한 설명들 가운데 하나임이 분명하다. 너무나 강력해서 설명 자체가 이론에 고스란히 체화되어 있는 것을 확인할 수 있다. 루만의 이론적 전제이기도 한 '면역과 소통의 완전한 중첩'을 루만의 이론만큼 더 완벽하게 구현하는 것은 없다. 이 중첩이 의미하는 것은 그의 이론과 이론의 대상 사이에 관점상의 거리가 없다는 점, 다시 말해 면역화의 보편성 외에 아무것도 소통하지 않는 사회에서는 비평적 차원이 불가능하다는 사실이다. 특별히 강렬한 어조로 쓴 또 다른 문장에서, 루만은―자신이 포착한 마지막 문턱을 넘어서며―도래할 공동체의 열쇠를 다름 아닌 면역화에서 발견하는 듯이 보인다.

> "체계 내부에 존재하는 온갖 정치적 경계에도 불구하고, 이제는 단 하나의 세계적인 사회가 존재할 뿐이다. 왜냐하면 범세계적인 교류가 현실화되었고, 우리에게는 공통된 세계가 존재한다는 사실과 모두의 경험이 동시적이며 모두가 함께 죽을 가능성도 존재한다는 사실을 우리가 의식하기 때문이다."[55]

6. 면역의 패러다임에 대한 또 다른 해석적 경로를 마련한 철학자 데리다는 면역의 전면뿐만 아니라 그림자에 가려진 측면까지 추적한다. 데리다가 집중적으로 조명하는 것이 바로 면역의 어두운 얼굴, 즉 자가면역이라는 현상이다. 그는 끝내 자가면역에서 우발적인 붕괴라기보다는 면역 과정 자체의 불가피한 결과를 발견하기에 이른다. 면역화가 인간에게 주어지는 경험의 거의 모든 영역에 관여하는 만큼, 자가면역은 삶이 스스로를 긍정하는 동시에 부

정하면서, 아니 부정적으로 긍정하며 스스로와 관계하는 보편적인 방식으로 간주된다. 이러한 관점에서—부정적인 것의 생산적인 활용이라는 주제를 중심으로—먼저 주목해야 할 것은, 데리다가 니체, 프로이트, 지라르 같은 해석자들이 분석에 활용했던 개념적 구도들을 고유의 어휘에 어울리도록 재구성하면서 체화한다는 사실이다. 니체가 건강의 원천은 질병이라고 보았던 것처럼, 데리다 역시 삶과 죽음을 단단한 매듭으로 묶으면서 심지어 '삶-죽음'이라는 표현을 사용한다. 프로이트에 대해서도 이와 비슷한 이야기를 할 수 있다. 데리다가 프로이트의『쾌락의 원리 저편에서』를 특이하게도 조목조목 살피면서 주목하는 것은 쾌락과 죽음충동 간의 대립 현상이 아니라 이들의 공존 현상이다. 지라르의 희생 패러다임에 대해서도 데리다는 자가면역을—다시 말해 스스로에 대한 면역을—지라르가 말하는 "희생의 희생"[56]으로 이해하면서 그의 의미론을 수용한다.

좀 더 거슬러 올라가 살펴보자. '자가면역'이라는 용어는 데리다의 저술에서 비교적 뒤늦게—정확하게는 마르크스에 관한 글에서—등장한다. 하지만 그가 앞서 발전시킨 범주들, 예를 들어 '스스로를 대하는 삶의 차별화된 자기애착' 같은 범주에서도 '자가면역'과 유사한 모순의 윤곽을 발견할 수 있다.[57] 데리다의 입장에서 삶이 스스로와 유지하는 관계는 오로지 타자를 통해서만, 좀 더 정확하게는 고유의 타자, 다시 말해 처음부터 삶의 일부를 차지하는 죽음을 통해서만 가능해진다. 왜냐하면 '살아 있는-나'는 고유의 내부로 '나는-아닌' 존재를 끌어들이면서 어쩔 수 없이 "표면상으로는 적이나 경쟁 상대, 정반대되는 것, '나는-아닌' 존재를 상대로 취해야 할 것처럼 보이는 면역의 보호전략을 스스로를 위해서뿐만 아니라 스스로에 맞서서도 시행할"[58] 수밖에 없는 처지에 놓이기 때문이다. 이러한 관점에서, 자가면역의 구조는 모든 형태의 생명이 타자의 삶은 물론 죽음과도 관계하면서 취하는 존재론적인 방식, 즉 차별화의 방식이라고 볼 수 있다. 데리다가 프로이트를 논하면서 언급했던 것처럼, "생명/삶을 보존하는 것은 죽음을 보류하는 것의 영역에 남아 있다."[59]

하지만 자가면역 현상은 데리다가 특별히 주목하는 몇몇 특정 영역에서 더 강렬하게 나타나는 양상을 보인다. 이 영역들 가운데 하나가 다름 아닌 종교다. 데리다는 1995년에 발표한 『신앙과 지식』에서 다름 아닌 종교의 자가면역적인 측면을 조명한 바 있다. 광범위한 성격의 의학적 정의에서 출발하는 데리다는 결국 신앙과 지식, 종교와 학문의 관계에서 "일반적인 자가면역화의 논리"[60]를 발견하기에 이른다. 한편으로는, 일찍이 초기 그리스도교 시대에도 교회 안에서 안식처를 마련한 이들을 보호하기 위해 피난처의 불가침적인 성격을 인정했던 교회법의 형태로 특수한 유형의 법적 면역화가 이루어진 바 있다. 데리다가 주목했던 대로, 교황 우르바노 8세가 성직자들에게 납세의 의무뿐만 아니라 공통의 법에 저촉되는 형태로 병역의 의무에서 면제되는 특권을 부여하면서 창조한 것은 일종의 면책권자 조합이었다.

하지만 자가면역 과정의 가장 특징적인 요소는 오늘날 종교가 기술주의적 자본주의에 반대하는 입장을 대외적으로 천명할 뿐 동일한 자본주의와 결탁하기에 이르는 야릇한 형태의 동맹이다. 사실은 오늘날의 종교 전쟁에서만 첨단의 기술과 도구를 사용하는 것이 아니라, 그리스도교 자체가—교황을 필두로—점점 더 자연스럽게, 매스미디어를 이용한 이미지를 가장 효과적인 선전 도구로 활용하며 디지털 사이버 공간에서 움직인다.

이러한 동맹은 다름 아닌 자가면역의 이중성을 지닌다. 종교는 본래의 종교적 순수성을 보존하기 위해 과학기술적 이성에 맞서 면역화를 시도하지만, 다른 한편으로는 표면상으로만 거부하는 동일한 기술세계의 도구들을 다름 아닌 면역화를 추진할 목적으로 활용한다. 그런 식으로, 상황은 마치 면역 과정이 상이한 초점을 지닌 두 방향으로 양분되면서도 동일한 생략법ellissi 안에 머물면서 서로를 상대로 역반응을 일으키는 것처럼 전개된다. "오늘날 종교는 안간힘을 쓰며 거부하는 전파기술과학과 동맹을 맺는다. (...) 면역적인 동시에 자가면역적인—이중적으로 이율배반적인—구조에 따라, 스스로를 위협하며 보호하는 것에 맞서 무시무시한 전쟁을 벌이는 것이다."[61] 한편으로는 세속화 과정도—탈신화화의 기능을 수행하며—다름 아닌 그리스도교 내부에서 탄생했지만, 지금은 오히려 그리스도교에 맞서 그리스도교를 무의미하게 만들지도 모를 위협적인 요소가 되었다. 이는—니체가 보여주었듯이—오로지 투쟁을 통해서만 성장하는 모든 종류의 힘에, 즉 스스로를 공격하는 동시에 강화하는 반대 세력과의 투쟁을 통해서만 성장하는 힘에 해당되는 이야기다. 이는 면역체계에서 항체들이 하는 일과도 크게 다르지 않다. 하지만 데리다의 관심을 끄는 것은 면역의 논리 자체라기보다는 오히려 면역의 자가면역적인 전이다. 이 전이를 촉발하는 것은, 뒤틀림이 너무나 강렬해서 보호해야 할 몸을 오히려 파괴하기에 이르는 역반응이다. 데리다의 논지는 이

러한 현상이 어떤 식으로든 기필코 일어난다는 것이다. 이는 면역
장치가 일단 작동되고 나면 더 이상 멈추지 않고 언젠가는 스스로
를 파괴하기에 이르기 때문이다. 상황은 마치 면역화가 과장된 방
식을 취하지 않고서는 이루어질 수 없다는 듯이, 다시 말해 긍정하
는 바를 부정하지 않고서는, 그러니까 몸을 보호하기 위해 자기파
괴라는 결과를 받아들이지 않고서는 이루어질 수 없는 것처럼 전
개된다.[62]

바로 이것이 데리다가 21세기의 출범과 함께 일어난 비극적
인 사건에서, 다시 말해 맨해튼의 쌍둥이 빌딩에 가해진 테러 공격
에서 읽는 파국의 역학이다. 이 테러를 기점으로 그는 중첩된 상태
에서 서로 연결되어 있는 자가면역의 세 시기를 구분한다. 데리다
에 따르면, 이러한 시기들을 거치면서 **"무사한 것의 자가면역성**이
지니는 끔찍하면서도 숙명적인 논리가"[63] 하염없이 강력해지다가
절정에 달한다.* 첫 번째 시기는 냉전의 시대다. 아프가니스탄에서
일어난 미국과 소련의 충돌은 이 냉전의 완성인 동시에 마지막 경
련이라고 볼 수 있다. 여기서 유래하는 것이 바로 9.11테러에서 일
어난 이중의 자살이다. 이 자살이 이중적인 이유는 먼저 맨해튼의
빌딩과 함께 폭발한 이슬람 테러리스트들의 자살이었기 때문이고,
아울러 이들을 받아주고 다름 아닌 자국의 영토에서 이들에게 훈
련과 무기뿐만 아니라 비행기와 공항을 제공한 나라의 자살이었기
때문이다. 현기증을 불러일으키는 자가면역의 두 번째 시기 혹은

* 여기서 '무사한 것'은 데리다가 동일한 문장에서 함께 언급하는 '온전한 것', '안전
한 것', '신성한 것'처럼 자기보호의 한 형태로, 즉 우리가 '추구하는 무사함'의 의미로 이
해할 필요가 있다.

단계는 화학무기 및 생물무기의 사용과 핵 병기고의 통제 불가능한 확산이 서구세계 전체를 위협하는, 따라서 냉전보다 훨씬 더 두려워진 상황과 일치한다. 바로 여기서, 맨해튼의 테러가 가져다준 것보다 훨씬 강렬한 상처 혹은 애도가 유래한다. 왜냐하면 실제로 일어난 사건에서 비롯되지 않고 어떤 예측 불가능한 미래의 재앙에서 비롯되기 때문이다. 쌍둥이 빌딩의 붕괴로 인해 벌어진 상처에서 서구세계가 직감하는 것은, 형태가 정해져 있지 않기 때문에 훨씬 더 무섭게 다가오는 위협이다. 그렇다면 지구촌 전체로 확장된다고 보아야 할 세 번째 단계의 자가면역을 촉발하는 것은, 이슬람의 테러에 대한 미국과 동맹국들의 답변이 '악의 축'과 싸워야 할 전쟁을 일종의 자살 전쟁으로, 즉 주도하는 이들의 자살을 수반하는 전쟁으로 변형시키는 정황이다. 모든 유형의 무분별한 역반응에서처럼, 면역의 충동 역시 "이길 수 있다고 확신하는 동일한 괴물을 생산하고, 발명하고, 양육한다."[64]

물론 서구세계를 지지하는 데리다의 입장에서, 근본주의자들의 테러는 "죽음의 씨를 뿌리고 자기 몸의 피로 한을 푸는 절망스러운(자가면역적인) 몸짓으로 스스로의 파괴를 조장하는"[65] 괴물에 가깝다. 하지만 데리다가 무엇보다 강조하는 것은 자가면역적인 논리의 이미 세계화된 성격, 즉 테러를 일삼는 근본주의자들과 이들의 숙적인 민주주의가 동일한 논리를 공유한다는 사실이다. 앞서 언급한 것처럼, 민주주의적인 방식으로 문을 열고 적을 수용했던 미국의 민주주의는 9.11테러 이후 고유의 원칙을 배반할 수밖에 없는, 결국에는 숙적이 선택한 투쟁 방식을 받아들여야 하는 상황에 처하고 말았다. 하지만 앞서 살펴보았듯이, 이러한 자가면역적인 성향은 어떤 비극적인 사건에서 비롯된 것이 아니라 민주주의 자체에 내재하는 성향이다. 민주주의의 체질을 결정짓는 것은 민주주의 자체의 모순, 즉 체제의 안정을 위협하며 민주주의를 반민주주의로 전락시킬 위험을 안고 있는 모순이다. 예를 들어, 파시즘이나 나치즘도 민주주의의 선거 메커니즘을 그대로 활용하면서 권력을 거머쥐었다. 자유와 평등이라는 양립될 수 없는 원칙들 사이에서 양분되는 민주주의는 소수를 보호하는 동시에 다수를 대변해야 하는 어려운 과제의 도전을 받는다. 앞서 살펴본 것처럼, 알제리에서 민주주의는 고유의 타자를 상대로 면역화를 시도하다가 스스로를 상대로도 면역력을 취득하기에 이른다. 즉 민주주의를 지키기 위해 잠정적으로나마 민주주의를 폐기하는 단계에 이르렀던 것이다. 데리다가 다루는 모든 범주가 그렇듯이, 그의 '자가면역' 역시 일종의 결정-불가능한 것에 속한다. 예를 들어, 민주주의에서는 어떤 잠재적 사건에 대한 열린 자세를 구축적인 차원에서 중시할 것인지 아니면 경계의 수호를 중시할 것인지가 결정-불가능하고, 모든 타자를 수용할 것인지 아니면 타자들을 차별화할 것인지가 결정-불가능하다. 여기서도 관건이 되는 것은 일종의 '이중구속double bind'이다. 이는 두 종류의 선택이 변증적으로 해결될 수 없고, 모두 정당한 동시에 부당해 보이기 때문이다. 단지 이 선택들이 — 자기파괴를 무릅쓰고 스스로와 맞서 싸우는 면역의 이율배반적인 논리에 따라 — 상호 배제적인 성격을 지녔을 뿐이다.

여하튼 이러한 정황에서 자가면역의 원리에 대한 절대적인 유죄 판결을 이끌어내는 것은 피해야 한다. 데리다가 자가면역을 전적으로 부정적인 관점에서 해석하는 것은 아니다. 물론 이는 이중의 부정이 변증적으로 긍정을 생산할 수 있기 때문이 아니라, 면역 체계의 자가면역적인 붕괴가 맞은편의 '공동체comunità'에 위치한 또 다른 무언가를 향해 하나의—지금으로선 비어 있는—공간을 열어젖히기 때문이다. 데리다가 일찍이 『신앙과 지식』에서 "공동-면역co-immunità"이라는 신조어를 제시했던 것은 결코 우연이 아니다. 물론 자가면역의 논리가, 지고한 위험의 자격으로, 모든 공동체를 집요하게 따라다닌다는 것은 사실이다. 아울러 면역의 유혹에서 벗어난 공동체, 따라서 스스로와의 모순 관계에서 벗어난 공동체는 존재하지 않는다는 것도 사실이다. 하지만 이는 정반대의 경우에도 해당되는 이야기다. 모든 **면역성**은 스스로를 파괴하면서 스스로와 정반대인 **공통성**을 향해 열린다.

> 공동체는 공통-의무적인 자가면역 체제에 가깝다. 고유의 자가
> 면역 기능을 보존하지 않는 공동체는 없다. (...) 이 자가-반발적
> 인 태도가 자가면역적인 공동체의 생명을 유지한다. 다시 말해,
> 이 공동체를 다른 무언가에, 자기 이상인 무언가에—타자, 미래,
> 죽음, 자유 등에—열린 상태로 유지한다.[66]

고유의 방어 전략을 스스로 파괴함으로써, 다시 말해 '고유', '자가autos'의 원리 자체를 무너트리면서, 자가면역성은 공동체를 향해 스스로의 연약함을 드러내며 모든 절대성의 요구를 불안정하게 만든다. 데리다는 이보다 더 많은 것을 말할 수 없었고 이 미래의 타자성에 이름을 부여할 수 없었지만, 이 타자성이 여전히 넘어야 할 문턱에 각인되어 있는 약속 자체가 무의미해지는 것은 아니다.

7. 지금까지 살펴본 저자들이 면역학적 의미론에 나름대로 중요한 공간을 할애했던 반면, 슬로터다이크Peter Sloterdijk는 자신의 저서 전체를 면역학적 의미론 내부에 위치시킨다. 적어도 '구체 Sphären'에 헌정된 그의 삼부작만큼은 다양한 주제들과의 연관성과 형식의 측면에서 극단적으로 독창적인 "일반 면역학"을 구축한다. 이는 물론 그가 앞선 세대의 철학자들과— 특히 니체와 하이데거, 혹은 또 다른 관점에서 루만과도— 일련의 전제들을 공유하지 않는다는 뜻은 아니다. 슬로터다이크는 니체로부터 인간의 의식이 그 자체로 면역학적 구조를 지녔으며 이 구조가 종교적이거나 형이상학적인 성격의 보호 장치를— 당연히 병든 인간들을 위해— 만들어낸다는 생각을 받아들였고, 하이데거의 철학에서 시간적인 차원이라기보다는 오히려 공간적인 차원의 존재론적 플롯을 이끌어냈다. 슬로터다이크의 입장에서도, 적대적인 세계에 내던져진 인간들은 자연적으로 무아지경적인, 다시 말해 외부를 향해 돌출된 존재이며, 따라서 스스로를 보호하기 위한 구형의 공간을 필요로 한다. "'구체' 안에서 살아간다는 것은 곧 인간들이 스스로 자제할 수 있는 차원을 생산한다는 뜻이다. 구체는 외부세계의 영향으로 무아지경에 빠진 피조물을 위해 창출된 공간이며, 일종의 면역-체계적인 효과를 발휘한다."[67] 아울러 루만처럼 슬로터다이크도 면역학적 논리가 생물학적 영역에서 법률, 철학, 기술, 건축의 영역으로 확장되는 체계적인 형태를 취하며 계층화된다고 보았다. 특히 건축적인 관점에서, 구형의 공간들은 일종의 따뜻한 심리-사회적 컨테이너들이며, 인간화의 시작 단계에서부터 인간들에게 외부적인 위협의 압박을 피해 함께 공유할 수 있는 장소를 보장해 왔

다. 슬로터다이크에 따르면, 인간은 자신을 안에서 바깥으로 밀어내며 안정성을 파괴하는 분산현상으로부터 스스로를 지키기 위해—어머니의 자궁에서 현대사회의 지하철에 이르기까지, 동굴, 집, 마을, 도시, 국가, 제국 등을 통해—동일한 보호 행위를 점점더 고차원적인 형태로 반복할 뿐이다.

이러한 면역화의 보편적인 성격을 정의한 뒤, 슬로터다이크는 면역 장치들을 '방식'과 '발전'에 따라 분류했다. 슬로터다이크가 제시하는 유형은 크게 세 가지다. 이 범주들은 기능적인 측면에서 서로 연결되어 있는 동시에 중첩되어 있다. 첫 번째 유형은, 그러니까 진화론적인 관점에서는 가장 먼저 발생했지만 가장 늦게 발견된 이 유형은 우리의 신체 안에 있는, 자동적이고 즉각적인 성격의 생물학적 면역체계다. 시간이 흐르면서, 첫 번째 유형을 보완하며 나머지 두 유형이, 공적이거나 사적인 피해를 보상할 목적으로 형성된다. 한편에는 인간이 분쟁을 다스리기 위해 활용하는 법-정치적인 형태의 사회-면역학적 과정이 있고, 다른 한편에는 불가피한 죽음이 주는 번뇌에 대응하며 실천하는 상징적인 활동의 심리-면역학적인 과정이 있다. 이 두 방향이 교차되는 지점에서 등장하는 것이 바로 "면역학적 인간homo immunologicus"[68], 즉 자연적인 삶에 어떤 '공통적인 환경'과 '상징적인 의미'를 부여하는 인간이다. 물론 이때 생물학에서 사회로, 자연에서 문화로 어떤 인식론적 도약이 일어난다는 점은 결코 무시할 수 없는 요소다. 하지만 그렇다고 해서 인간이 언제나 생존에 필요한 매듭과 관계를 구축하는데 몰두한다는 사실이 무의미해지는 것은 아니다. 인간은 문자 그대로 '다리를 놓는' 존재다. 고유의 몸 안에 머무는 것과 문화, 기술,

예술의 보다 넓은 지평으로 연결되는 것 사이에 '면역'의 다리를 놓으려는 것이 그의 의도다. 결과적으로 "인간적인 것의 정원에 발을 들여놓는 자는 그곳에서 생물학적 틀을 뛰어넘어 면역체계의 역할을 추구하는— 내면적이고 외면적인— 규칙적 행위들의 층들이 두텁게 형성되어 있는 것을 목격하게 된다."[69]

슬로터다이크는 면역체계들 간의 이러한 공시태적 구분에 이어 통시태적 구분을 시도하며, 인간이 내부에서 외부를 향해 시도하는 여행의 다양한 단계에 주목한다. 그는 이 여행을 끊임없는 글로벌화의 관점에서 이해한다. 물론 슬로터다이크가 말하는 '글로벌화'가 이 용어의 일반적인 의미로 환원될 수 없다는 점은 기억해 두어야 한다. 오늘날 우리가 목격하고 있는 글로벌화 현상은 기나긴 세월에 걸쳐 진행된 어떤 변천사의 최종적이고 혼란스러운 파편에 지나지 않는다. 슬로터다이크는 이 변천사를 세 단계로 구분하며 각 단계를 삼부작 『구체Sphären』에서 개별적으로 다룬다. '천상의' 글로벌화로 정의되는 첫 번째 단계는 시원적 모자母子 관계라는 이원론적 단위의 미세구체적인 차원에서 출발한다. 모태에서 벗어나 열린 공간에 대응하기 시작한 인간은 이 공간을 훨씬 더 넓고 다양한 차원의 모태에서 문화적으로 재생하려고 노력한다. 이 확장된 차원의 모태가 바로 천구天球다. 이 천구라는 공간 안에서—플라톤 이전과 이후의 그리스 철학이 이론화 했던 것처럼—우주의 망토로 감싸여 있는 지구는 중심적이고 특권적인 위치를 점하면서 태아적인 상황 자체를 가시적이고 확장된 형태로 재현한다. 모태 속의 태아가 태반의 보호를 받듯이, 고대의 인간은 우주의 동심원에 에워싸여 보호를 받는다고 느낀다. 이는 불안을 다스리는 형태로 제압하며 안전을 보장하는 기하학적인 구도 안에 머물기 때문이다. 그리스도교 신학을 통해 정점에 달하는 고전 형이상학은 이러한 보장의 요구를 철학적으로 풀이한 것에 불과하다. 이러한 관점에서 종교는 인류의 가장 오래되고 강력한 면역학적 제단에 — 유한한 존재에게 무한성의 파편을 백신으로 접종하는 제단에 — 가깝다. 어떻게 보면, 인간들은 종교 안에서 하나가 되어 죽음의 두려움을 극복하기 위해 신성한 존재와 면역학적 협상을 시도한다고도 말할 수 있다.

슬로터다이크가 '지상의' 글로벌화로 정의하는 두 번째 단계는 이처럼 꽉 찬 중심주의적 우주의 폭발과 동시에 그 파편들이 사방으로 퍼져나간 사건에서 유래한다. 두 번째 밀레니엄의 첫 몇 세기 동안 '천상의' 면역학적 구조는 지리학적 발견 같은 전례 없는 사건들과 느닷없이 충돌하면서 산산이 무너진다. 지구는 천상의 망토가 선사하던 온기를 더 이상 빨아들이지 못하고, 우주의 심장이 보장하던 보호의 혜택과 중심적인 위치를 상실하기에 이른다. 그 자체로 외부를 향해 돌출되어 있는 인간은 이제 차가운 기운을 몰고 오는 별들의 무시무시한 외부세계에 자신이 에워싸여 있다는 것을 발견한다. 원래 존재론적으로도 무아지경적인ek-statico 인간은 그런 식으로 이미 파괴된 우주가 더 이상 다스리지 못하는 살인적인 한기의 파도에 자신이 노출되어 있다는 것을 깨닫는다. 울타리가 없는 평야에서, 근대의 인간은 결국 자신이 껍데기 없는 씨앗처럼 존재한다는 것을 알아차린다. 그 순간부터 인간은 지구를 일종의 유일한 자연적 거주공간으로, 반면에 하늘은 점점 줄어드는 신들의 거주공간으로 이해하기 시작한다. 지구는 그렇게 해서 글로벌화의 유일한 주제가 되고, 면역화의 원리도 초월적인 차원에서 내재적인 차원으로 자리를 옮긴다. 단일한 구체globo **안에서**는 더 이상―모태 안에서도, 천구 안에서도―살 수 없기 때문에, 인간은 **구체 위에서** 땅에 매달린 채 조난자처럼 살아가야 하는 처지에 놓인다. 근대적으로 존재한다는 것은 곧 자연적인 보호 장치들을 상실한 상태에서 또 다른, 인위적인 보호 장치들을 창출하며 살아간다는 것을 의미한다. 외부의 냉각 현상에 대처하며 동원되는 정치 기술적인 장치들은 천구라는 망토가 찢어지면서 발생한 피해를 복구하며 자동적으로 생산되는 일종의 온실 효과에 가깝다. 바로 이것이 면역의 역사에서 일어난 가장 결정적인 변화다. "코페르니쿠스적인 세계로 전환이 이루어지자, 과거에 천구가 구축하던 면역 체계는 순식간에 더 이상 쓸모없는 것이 되어버렸다. 근대의 본질적인 특징은 근대가 고유의 면역성을 기술적으로 양산한다는 데 있다."[70]

근대의 절대적으로 새로운 특징은 인간이 역사상 처음으로―고대적인 우주의 '모든 것을 휘어 감는' 힘이 사라지고―우주에 덩그러니 내버려진 구체 위에서 움직여야만 하는 처지에 놓였다는 것이다. 결과적으로 심지어는 '대기atmosfera'조차도 지구의 가장 바깥에 있는 것이 아니라 외부의 가장 안 쪽에 있는 띠로 이해된다. 인간들을 자신이 일으키는 분쟁으로부터 보호하는 것은 무엇보다도 정치적 제도들이다. 이 제도들의 발전이 절정에 달하면서 형성된 것이 바로 국가와 국가의 법률이다. 하지만 세계지도 같은 경우는―탐험가들의 노력으로 탄생했음에도―여전히 첫 단계의 글로벌화와 연결되어 있고, 세계를 구체에서 평면으로 펼쳐놓음으로써 마치 하이데거의 '이미지로 환원된 세계'가 틀리지 않다는 점을 증언하는 듯이 보인다. 이 모든 일이 일어나는 가운데 탄생한 보험 회사들은 이전 시대에 신학이 제공하던 구원의 증서들을 다락방으로 치워버렸다. 근대의 진정한 영웅들은 사상가들이 아닌 탐험가들과 지도제작자들이었다. 땅이 바다를 감싸는 것이 아니라 오히려 바다가 땅을 감싸고 있다는 사실을 가장 먼저 알아차린 이들은 베른Jules Verne이나 멜빌Herman Melville이 아닌 콜럼버스와 마젤란이었다. 하지만 칸트도 헤겔도―심지어는 하이데거조차도 그만의 어휘 속에 갇혀―사유의 닻을 올리지 못하고, 토크빌과 에머슨처럼 바다의 유동적인 공간을 확보하는 데 성공하지 못했다는 사실을 감안하면, '대륙'의 철학이 바다가 땅을 감싸고 있다는 현실에 적응하기까지는 아마도 더 오랜 시간이 걸릴 것이다. 그러고 보면, 후설도 대륙을―여기서 서구적 이성의 기반을 발견하려고 노력하는 가운데―'근원적-원형Ur-arche' 혹은 '근원지Ur-heimat'라고 불렀다. 근대적인 보험 기술과 철학적 확실성―의혹의 데카르트적인 면역화에 의해 도입된 확실성―간의 경쟁 구도에서 우위를 점하는 것은 두말할 필요 없이 전자다. 뭐랄까, "보험은 사실을 이긴다."[71] 여하튼, "기도는 멋진 것이지만, 보험이 더 낫지 않은가."[72]

하지만 다름 아닌 보험 전략이 일반화되면서 세 번째 단계의 글로벌화가 시작된다. 슬로터다이크가 '전자적'이라고 명명하는 이 글로벌화는 앞선 두 단계의 잔해에서 탄생했다. 이제 세계를 일주하는 것은 더 이상 배가 아니라 돈과 금융경제의 흐름이다. 점점 더 빠른 속도로 전개되는 이 여행은 새로운 시대의 특징이 아니라 시대들의 역사적 계승 자체가 끝난 시대의 특징이다. 계승뿐만 아니라 모든 유형의 진보적이거나 퇴보적인 역사 철학이 막을 내렸다. 알고 보면, 사실은 근대의 가장 권위 있는 역사철학도—스스로 보편성을 주장하던 헤겔의 역사철학도—식민지화가 전제이자 결과였던 세계를 점유하려고 노력하는 가운데 이루어진 유럽철학의 자기표상에 불과했다는 것이 드러난다. 제2차 세계대전 종결과 함께, 좀 더 정확하게는 브레턴우즈 협정과 함께 무너진 것은 사회의 가장 광범위한 면역체계뿐만 아니라 무엇보다도 역사 자체의 질서였다. 그때까지 세계에 지정학적 구도를 부여하던 '공간성'과 '정체성' 간의 긴밀한 연관성은 재구성이 더 이상 불가능한 요소가 되어버렸다. 이때부터 '중심부'라는 개념뿐만 아니라 '교외'의 개념까지 함께 사라지며, 모든 경계가 총체적으로 증발하는 양상을 보인다. 그런 식으로 어떤 다중구체적인 세계, 불안정하고 물컹물컹한 세계, 수증기 같은 세계가 오랜 구체들을 완전히 파괴하고 대체하기에 이른다. 세 번째『구체』의 부제이기도 한 '거품'은 기존의 구체들, 기존의 가시적인 정치적 구성을 대체하는 형식의 이름이다. 달리 말하자면, 이 정치적 관계의 가시적 구성으로부터 떨어져 나온 개개인은 어떤 공통적인 지평과의 관계를 무너트린다. 사회는 자율적인 존재들의 모임으로 변한다. 사회 구성원들이 지니는 공통점은 이들의 고독뿐이다. 이들은 자아-구체 혹은 자기지시적인 인간-세계에 가깝다. 이처럼 사회적 조건의 불균형을 극대화하는 포스트-구체적이고 포스트-역사적인 지평에서, 임무니타스는—단순히 어원론적인 차원을 뛰어넘어—코무니타스와 정반대라는 점이 극명하게 드러난다. 임무니타스는 정확하게 공통적이지 않을 뿐 아니라 어떤 공통의 프로젝트로도 함께 묶을 수 없는 것을 표상한다. 모든 역사가 경쟁 관계에 놓인 면역체계들 간의 투쟁이라는 관점에서 볼 때에도, 오늘날처럼 일부의 면역 수혜가 다른 이들의 면역 결핍과 정확하게 일치한 적은 없었다.

여하튼 이러한 면역학적 결과는—여전히 면역의 정반대인 자가면역 현상으로 전복되는 양상을 보이면서—어떤 한계를 넘어서는 순간 더 이상 앞으로 나아갈 수 없게 되는 상황을 보여준다. 면역체계는 마지막 한계에 부딪히는 순간 스스로를 뒤틀면서 파멸할 위기에 놓인다. 이 진퇴양난의 상황에서 벗어나려고 할 때 필요한 것은 패러다임의 변화다. 관건이 되는 문제의 핵심은—이러한 상황에 대한 의식을 토대로—임무니타스와 코무니타스의 본질적인 연관성을 근본적인 차원에서 고찰하며 어떤 단일한 형태의 사회 면역immunità comune, 혹은 일종의 공동—면역co-immunità 체제를 구축하는 데 있다. 다시 말해 여기서 요구되는 것은, 인간들의 일부를 타자들**로부터** 보호하는 것이 아니라 타자들과 **함께**, 타자들을 **위해** 보호할 수 있는 체제다. "이 시점에서, 총체의 보호주의는 면역학적 논리의 규칙으로 정립된다."[73] 이 경우에 '인류'는 어떤 추상적 이상이 아니라 일종의 정치적 개념으로, 어떤 글로벌한 면역체계의 디자인으로, 혹은 도래하는 공동—면역주의co-immunismo의 형태로 이해되어야 할 것이다.

공산주의comunismo는 애초에 몇 안 되는 바른 생각과 수많은 그릇된 생각의 배합에 불과했지만, 그럼에도 불구하고 그것이 지닌 합리적인 측면, 즉 목숨만큼 중요한 지고의 공통된 관심사들이 오로지 보편적이고 협업적인 고행의 지평에서만 구현될 수 있다는 아이디어는 필연적으로 새로운 가치를 획득하게 될 것이다. 이러한 생각은 글로벌한 면역화의 가시구조, 즉 공동—면역co-immunità을 추구하도록 만든다.[74]

주

1   이하의 저서들 참조. Ph. Caspar, *L'individuation des êtres. Aristote, Leibniz et l'immunologie contemporaine*, Léthielleux, Paris 1985, E. D. Carosella, Th. Pradeu, *L'identité, la part de l'autre. Immunologie et Philosophie*, Odile Jacob, Paris 2010, A. D. Napier, *Non Self Help: How Immunology Might Reframe the Enlightenment*, in «Cultural Anthropology», n. 27, 2012, pp. 122-37, W. Anderson, Getting *Ahead of One's Self. The Common Culture of Immunology and Philosophy*, in «Isis», n. 105, 2014, pp. 606-16, *Philosophy of immunology, in Stanford Encyclopedia of Philosophy*, 2016 (https://plato.stanford.edu/entries/immunology/), Th. Pradeu, *Philosophy of Immunology*, Cambridge University Press, Cambridge 2019.

2   M. Heidegger, *Die Zeit des Weltbildes*, in Holzwege, Klostermann, Frankfurt am Mein 1950 [trad. it. *L'epoca dell'immagine del mondo*, in *Sentieri interrotti*, La Nuova Italia, Firenze 1968, pp. 83-84].

3   같은 책, p. 84.

4   같은 책, p. 94.

5   같은 책, p. 95.

6   같은 책, p. 96.

7   F. Nietzsche, *Cosí parlò Zarathustra*, in Opere, 22 voll., Adelphi, Milano 1964-2001, vol. VI.1, 1968, p. 139.

8   F. Nietzsche, *La gaia scienza*, in Opere, vol. V.2, 1965, p. 252.

9   F. Nietzsche, *Umano, troppo umano*, in Opere, vol. IV.2, 1965, p. 141.

10 같은 책, p. 169.

11 F. Nietzsche, *Aurora. Pensieri sui pregiudizi morali*, in Opere, vol. V.1, 1964, p. 42.

12 F. Nietzsche, *Genealogia della morale*, in Opere, vol. VI.2, 1968, p. 330.

13 F. Nietzsche, *Frammenti postumi (1885-1887)*, in Opere, vol. VIII.1, 1971, p. 289.

14 Nietzsche, *La gaia scienza*, p. 146.

15 같은 책, p. 147.

16 같은 책, pp. 307-8.

17 Nietzsche, Umano, troppo umano, p. 161.

18 같은 책, p. 162.

19 S. Freud, *Die Zukunft einer Illusion* (1927), in *Gesammelte Werke*, 18 voll., Fischer Verlag, Frankfurt am Mein 1960, vol. VII [trad. it. *L'avvenire di un'illusione*, P. Vinci, R. Finelli 편, Newton Compton, Roma 2010, p. 72].

20 S. Freud, *Warum Krieg? Zeitgemäßes über Krieg und Tod* (1915), in Gesammelte

Werke, vol. XVI [trad. it. *Perché la guerra. Considerazioni attuali sulla guerra e sulla morte*, in Opere, 12 voll., Boringhieri, Torino 1960-80, vol. XI, pp. 302 이하.

21 S. Freud, *Das Unbehagen in der Kultur* (1930), in *Gesammelte Werke*, vol. XIV [trad. it. *Il disagio della civiltà*, S. Mistura 편, Einaudi, Torino 2010, pp. 68-69].

22 N. Elias, *Über den Prozess der Zivilisation*, 2 vol., I. *Wandlungen des Verhaltens in den weltlichen Oberschichten des Abendlandes*, Suhrkamp, Frankfurt am Mein 1969 [trad. it. *La civiltà delle buone maniere*, il Mulino, Bologna 1982, *Potere e civiltà*, il Mulino, Bologna 1983].

23 Freud, *Il disagio della civiltà*, p. 91.

24 같은 책, pp. 66-67.

25 같은 책, p. 58.

26 S. Freud, *Totem und tabu. Einige Übereinstimmungen im Seelenleben der Wilden und der Neurotiker*(1912-13), in *Gesammelte Werke*, vol. IX [trad. it. *Totem e tabú*, Bollati Boringhieri, Torino 1969, p. 193].

27 같은 책, p. 195.

28 같은 곳.

29 R. Girard, *La Violence et le sacré*, Grasset, Paris 1972 [trad. it. *La violenza e il sacro*, Adelphi, Milano 1992, p. 359].

30 같은 책, pp. 50-51.

31 같은 책, p. 115.

32 같은 책, p. 41.

33 같은 책, p. 401.

34 같은 책, p. 402.

35 같은 곳.

36 R. Girard, *Des chose cachées depuis la fondation du monde*, Grasset, Paris 1798 [trad. it. *Delle cose nascoste sin dalla fondazione del mondo*, Adelphi, Milano 1983, p. 42].

37 같은 책, p. 319-20.

38 같은 책, p. 323.

39 같은 책, p. 325-26.

40 N. Luhmann, *Soziale Systeme. Grundriß einer allgemeinen Theorie*, Suhrkamp, Frankfurt am Mein 1984 [trad. it. *Sistemi sociali. Fondamenti di una teoria generale*, A. Febbrajo 편, il Mulino, Bologna 1990, p. 588].

41 같은 곳.

42 N. Luhmann, *Wie ist soziale Ordnung möglich?*, in *Gesellschaftsstruktur und Semantik*, vol. II, Suhrkamp, Frankfurt am Mein 1981 [trad. it. *Come è possibile l'ordine sociale?*, Marramao, Laterza, Bari-Roma 1985, p. 6].

43 Luhmann, *Sistemi sociali*, pp. 575-76.

44 같은 책, p. 574.

45 같은 책, p. 576.

46 N. Luhmann, *The Autopoiesis of Social Systems*, in *Sociocybernetic Paradoxes: Observation, Control and Evolution of Self-steering Systems*, F. Geyer, J. van der Zowen 편, Sage, London-Beverly Hills-New Delhi 1986 [trad. it. *L'autopoiesi dei sistemi sociali*, in *Modi di attribuzione*, R. Genovese, C. Benedetti, P. Garbolino 편, Napoli, Liguori, 1989, p. 247. 자가생성과 면역학의 관계에 대해서는 이하의 저서들 참조. W. S. Guerra Filho, *Luhmann and Immunology and Autopoiesis*, in *Luhmann observed. Radical Theoretical Encounters*, Palgrave MacMillan, London 2013, pp. 227-42, H. Richter, *Beyond the 'other' as constitutive outside: the Politics of Immunity in Roberto Esposito and Niklas Luhmann*, in «European Journal of Political Theory», 2016, pp. 1-22, S. Grampp, O. Moskatova, *Medien der Immunität. Politiken und Praktiken von Schutz und Ansteckung*, in H-Soz-Kult, 24 agosto 2020 (www.hsozkult.de/event/id/event-93048).

47 Luhmann, *L'autopoiesi dei sistemi sociali*, p. 255.

48 Luhmann, *Sistemi sociali*, p. 578.

49 같은 책, p. 580.

50 같은 곳.

51 같은 책, pp. 579-80.

52 같은 책, p. 596.

53 같은 책, p. 603.

54 같은 곳.

55 N. Luhmann, *Ausdifferenzierung des Rechts: Beiträge zur Rechtssoziologie und Rechtstheorie*, Suhrkamp, Frankfurt am Mein 1981 [trad. it. *La differenziazione del diritto. Contributi alla sociologia e alla teoria del diritto*, il Mulino, Bologna 1990, p. 58].

56 J. Derrida, *Fede e sapere. Le due fonti della 'religione' ai limiti della semplice ragione*, in J. Derrida, G. Vattimo 편저, *La religione. Annuario filosofico europeo*, Laterza, Roma-Bari 1995, p. 58.

57 S. Regazzoni, *Derrida. Biopolitica e democrazia*, il nuovo Melangolo, Genova 2012, pp. 65 이하, A. Marchente, *Autoimmunità: tra biopolitica e decostruzione*, in «Esercizi filosofici», n. 9, 2014, pp. 79-97.

58 J. Derrida, *Spectres de Marx. L'État de la dette, le travail du deuil et la nouvelle Internationale*, Galilée, Paris 1993 [자크 데리다, 『마르크스의 유령들』, 그린비], [trad. it. *Spettri di Marx. Stato del debito, lavoro del lutto e nuova Internazionale*, Cortina, Milano 1994, p. 178].

59 J. Derrida, *Spéculer - sur Freud et au-delà*, in Derrida, *La carte postale. De Socrate à Freud et au-delà*, Aubier-Flammarion, Paris 1980 [trad. it. *Speculare - su "Freud"*, Cortina, Milano 2000, p. 120].

60 Derrida, *Fede e sapere*, p. 48.

61 같은 책, pp. 50-51.

62 J. H. Miller, *Derrida's Politics of Autoimmunity*, in «Discourse», n. 30, 2008, pp. 208-25, F. Evans, *Derrida and Autoimmunity of Democracy*, in «The Journal of Speculative Philosophy», n. 3, 2016, pp. 303-15, P. Mitchell, *Contagion, Virology, Autoimmunity: Derrida's Rethoric of Contamination*, in «Parallax», n. 23, 2017, pp. 77-93, E. Timár, *Derrida's Error and Immunology*, in «Oxford Literary Review», n. 1, 2017, pp. 65-81, R. Mendoza de Jesús, *Another Life. Democracy, Suicide, Ipseity, Autoimmunity*, in «Enrahonar. An International Journal of Theoretical and Practical Reason», n. 66, 2021, pp. 15-35, C. Wolfe, *(Auto)immunity in Esposito e Derrida*, in T. Rayan, A. Calcagno, *New Directions in Biophilosophy*, Edinburgh University Press, Edinburgh 2021.

63 Derrida, *Fede e sapere*, p. 48.

64 Jacques Derrida, in J. Derrida, J. Habermas, *Filosofia del terrore*, G. Borradori 편, Laterza, Roma-Bari 2003, p. 71.

65 Derrida, *Fede e sapere*, p. 59.

66 같은 책, p. 57.

67 P. Sloterdijk, *Sphären I. Blasen*, Suhrkamp, Frankfurt am Mein 1998 [trad. it. *Sfere I. Bolle*, a cura di B. Accarino, Meltemi, Roma 2009, p. 82].

68 P. Sloterdijk, *Du mußt dein Leben ändern. Über Anthropotechnik*, Suhrkamp, Frankfurt am Main 2009 [슬로터다이크, 『너는 너의 삶을 바꿔야 한다』, 오월의 봄], [trad. it. *Devi cambiare la tua vita*, Cortina, Milano 2010, p. 15].

69 같은 책, p. 16.

70 Sloterdijk, *Sfere I. Bolle,* p. 79. 슬로터다이크에 대해서는 이하의 저서들 참조. A. Lucci, *Il limite delle sfere. Saggio su Peter Sloterdijk*, Bulzoni, Roma 2011, W. Schinkel, L. Noordegraaf-Eelens 편, *In Medias Res. Peter Sloterdijk's Spherological Poetics of Being*, Amsterdam University Press, Amsterdam 2011, Mutsaers, *Immunological Discourse in Political Philosophy*, pp. 75 이하.

71 P. Sloterdijk, *Die letzte Kugel, Zu einer philosophische Geschichte der terrestrichen Globalisierung*, Suhrkamp, Frankfurt am Main 2001 [trad. it. *L'ultima sfera. Breve storia filosofica della globalizzazione*, Carocci, Roma 2002, p. 89].

72 같은 책, p. 81.

73 Sloterdijk, *Devi cambiare la tua vita*, p. 555.

74 같은 책, p. 556.

팬데믹 시대의 정치

Politiche della pandemia

V. 팬데믹 시대의 정치

1. 최근 3년간 팬데믹에 대응하며 이루어진 조치들의 실체를 파악하기 위해서는 2013년에 출간된 패트릭 질버만Patrick Zylberman의 『미생물 폭풍Tempêtes microbiennes』을 살펴볼 필요가 있다. 비교적 최근에 출간된 이 저서에서 질버만은 미국과 유럽의 국가들이 20세기 말과 21세기 초에 팬데믹 또는 생물테러의 위험에 대응할 목적으로 마련한 일련의 정책들을 상세하게 분석한다. 저자는 이러한 대응 정책이 결코 부차적이지 않은 요인들의 영향을 받으면서 수립되었다는 점에 주목한다. 한편에는 재난을 소재로 다루며 세기말적인 사건들의 발생 경로를 예시하는 소설이나 영화들이 있고, 다른 한편에는 자연재해 못지않게 파괴적인 전염병의 창궐을 사전에 예방할 목적으로 정보기관에서―특히 미국에서―제시하는 첨단의 '시나리오'가 있다. 전자와 후자의 경우 모두 이야기는 '상상'을 토대로 구축되지만 본질적으로는 현실과의 긴밀한 상응 관계를 유지하면서 전개된다. 실제로 정부 기관에서 취한 신빙

성 있는 정보들을 바탕으로 쓰였기 때문에, 이 연구 결과들은 거꾸로 정부의 실질적인 정책에 적잖은 영향을 끼쳤을 뿐 아니라, 20세기 말에 미국과 유럽에서 극에 달한 형태의 자기보호 신드롬을 일으켰다.

질버만은 풍부한 인용 문구들을 근거로 제시하면서, 테러에 대해서든 팬데믹에 대해서든, 이러한 이야기들을 통해 감지되는 위험과 실질적인 위험 사이에는 객관적인 차이가 있다고 주장한다. 특히 그는 팬데믹의 경우 실질적인 위협에 비해 두려움이 터무니없이 크다는 데 주목한다. 질버만에 따르면, 보호 조치가 불합리하게 강화되는 것도 사람들이 주어진 정보들을 과도하게 조작하면서 위협의 수위를 인위적으로 높였기 때문이다. "느닷없이 패닉에 빠지는 일은 언제든 일어날 수 있다. 오늘날 보건 정책은 폭발적인 인기를 누리는 픽션의 주제 또는 구실에 불과하다. 말도 안 되는 수치와 근거 없는 비교, 생물학적 테러 시나리오 등이 바로 이러한 예들이다."[1]

질버만에 따르면, 명백하게 소설적인 픽션과 사실에 가까운 유형의 픽션—예를 들어 미국 행정부가 제시하는 시나리오 플랜—사이를 오가는 가운데 이야기가 어디서 끝나는지, 현실이 어디서 시작하는지 아는 사람은 아무도 없다. 그런 식으로 국가안보와 보건 정책이 점점 더 분명하게 중첩되는 가운데 미생물의 위협을 극대화하는 이른바 '최악의 사태'라는 논리가 위세를 떨친다. 따라서—예방의 필요성이 정당화될 수 있다는 점을 인정하면서도—질버만은 "전략적 재난, 환경적 재난, 신체적 피해를 단일한 개념으로 묶어버리는 재난주의의 대변자들"과 "원하지 않는 재앙을 **피하기 위해** 예언하는"² 이율배반적인 결과를 비판한다. 질버만에 따르면, 이러한 사회보호 전략의 목표는—이로 인해 또 다른 영역에서 원하지 않는 결과가 발생할 수 있다는 점을 전혀 의식하지 못한 상태에서—문명사회를 종교화하며 시민들의 무조건적인 동의를 얻어내는 데 있다. 따라서 "모든 관심이 습관적으로 위협의 평가에 집중되는 반면, 위협에 대응할 때 뒤따르는 위험이나 대가, 얻는 것과 잃는 것의 평가에 대한 관심은 극히 드물거나 전무하다. 하지만 예방조치나 '최악'의 시나리오에 위험이 뒤따르지 않는 것은 아니다."³

물론이다. 보호 요구가 어떤 한계 지점을 넘어서서 과열되는 상황은 피해야 하고, 이는 과잉보호가 원래 막으려던 것과 똑같거나 더 큰 재난을 촉발할 수 있기 때문이다. 이는 우리가 충분히 동의할 수 있는 부분이다. 왜냐하면 관건은 결국 우리가 시야에서 잃지 말아야 할 울타리의 위치, 즉 필요한 만큼의 면역화와 자가면역질환 사이의 경계이기 때문이다. 하지만 그럼에도 불구하고, 오늘날 실제로 일어난 팬데믹이 픽션의 시나리오 못지않게 심각한 결과를 가져왔다는 사실을 감안하면, 과잉 예방에 대한 비판이 완전한 오판으로 드러났다는 점은 부인하기 힘들다. 적어도 팬데믹의 위험에 대해 『미생물 폭풍』에서 위험천만한 과장으로 평가되었던 견해들은 오늘날 실제로 일어난 일들과 비교할 때 오히려 지나치게 허술했던 것으로 드러난다. 물론 10년 전에 질버만은—우리 모두와 마찬가지로—2020년에 일어난 팬데믹 상황을 전혀 예측할 수 없었을 것이다. 하지만 오늘날 그의 책을 읽는 사람은 상상과 현실의 관계에 대한 그의 평가가 완전히 틀렸다는 인상을 받는다.

오늘날에는 재해에 대한 **상상**을 믿기 힘든 것이 아니라 오히려 **현실** 자체가 더 믿기 힘든 것으로 나타난다. 따라서 수십 년 전에 무언가 절대적으로 과장된 것을 확신에 찬 어조로 예견했던 이들의 견해야말로 오늘날 절대적인 사실로 드러난다. 이러한 측면에서 살펴보면, 질버만의 저서는 오히려 그의 관점과 전혀 다른 차원에서 굉장히 흥미로워진다. 주목해야 할 것은, 정확하게 그가 본질적인 '거짓'으로, 어떤 과대망상의 결과로 간주했던 것이 뒤이어 비관론적 예측마저 훌쩍 뛰어넘는 현실로 드러났다는 사실이다.

1950~60년대에 항생제의 발달은 대규모 전염병과의 전쟁에서 승리할 수 있다는 확신을 심어주었지만, 이러한 환상은 1980년대 초에 에이즈의 확산으로 처참히 무너지고 말았다. 뒤이어 상황은 아프리카에서 등장한 에볼라와 세계의 가장 열악한 지역에서 고개를 들기 시작한 말라리아, 황열, 디프테리아, 콜레라 등이 또 다른 불안감을 조장하는 방향으로 전개되었다. 그러던 어느 날―백신의 개발과 보급에도 불구하고―전염병이 인간의 사망 원인 가운데 가장 높은 비율을 차지한다는 보고가 나오자, 불현듯 사람들은 바이러스가 사라지기는커녕 통제할 수 없는 방식으로 번식할 뿐 아니라 다양한 형태로 변이한다는 사실을 피부로 느끼기 시작했다. 뒤이어 사스Sars의 합류가 모두의 우려를 증폭하는 결과로 이어졌고, 이때부터 사람들은 건강과 정부의 관계를 극적인 방식으로 밀착시켜 보건의 의미와 정치의 의미를 '안보'라는 개념 속에 하나로 묶어 사고하기 시작했다. 앞서 살펴본 것처럼, 이러한 의미론적 조합은, 개인과 집단의 거의 모든 경험적 현실에서 점점 더 가속화되는 면역화 자체의 동력으로 기능한다. 21세기 초에 9.11

테러가 일어난 뒤 곧장 탄저균과 천연두 생물테러의 위협이 부각되었던 정황은 정치적 공포와 생물학적 공포를 아주 강렬한 형태로 조합하며 대응책 마련을 촉구했고, 그런 식으로 먼저 미국에서, 뒤이어 유럽에서 비상상태에 대비하기 위한 일련의 정책이 마련되기 시작했다. 2003년에 워싱턴의 '국립 과학, 공학, 의학 아카데미National Academies of Sciences, Engineering, and Medicine'에서 뒤이어 '생물학적 위협에 관한 포럼Forum on Microbial Threats'으로 불리게 될 '전염 비상에 관한 포럼Forum of Emerging Infections'이 개최되었고, 다음 해에는 국가안보와 공공보건을 동시에 책임질 목적으로 미국의 국토안보부Department of Homeland Security가 설립되었다. 여기서 주목해야 할 것은, 대규모 전염병의 위협이 모든 측면에서 테러의 위협과 똑같이 심각한 것으로 감지되고 테러 역시 무엇보다도 생물테러의 차원에서 인지되기 시작했다는 사실이다. 클린턴이 시작했던 **예방 차원의 방어정책**은 그런 식으로 테러에 맞서기 위한 부시의 **예방 차원의 전쟁**으로 변신하기에 이른다.

한편으로는 행정부, 과학계, 대중매체 간의 동맹도 사람들의 두려움을 배가하는 데 일조했다. 예를 들어, 상업적으로 커다란 성공을 거둔 리처드 프레스턴Richard Preston의 소설—일군의 테러리스트들이 미국에 치명적이고 전염성이 강한 바이러스를 퍼트리며 펼쳐지는—『코브라 이벤트The Cobra Event』(1997년)⁴는 미국 정부와 클린턴의 정책에 지대한 영향을 끼쳤다. 프레스턴은 심지어 저명한 과학자들, 의학자들과 어깨를 나란히 하며 매년 '국립 알레르기 및 감염성 질병 연구소National Institute of Allergy and Infectious Diseases'에 초빙되어 강연을 맡기도 했다. 같은 시기에 저널리스트 로리 개럿Laurie Garret은 전염병 피해 지역을 대상으로 장기간 조사를 진행한 뒤 1994년에 『다가오는 전염병. 균형 잃은 세계에서 새로이 부상하는 질병들The Coming Plague. Newly Emerging Diseases in a World Out of Balance』을 발표했고 2000년에는 오늘날 우리가 경험하고 있는 것과 유사한 공공 건강의 붕괴를 예견하며 『신뢰의 배신. 세계 공공 보건의 붕괴Betrayal of Trust. The Collapse of Global Public Health』를 출간했다.[5] 그러는 사이에 미국 국토안보부도 상당히 상징적인 제목의 시나리오들, 예를 들어 '어두운 겨울Dark Winter', '대서양 폭풍Atlantic Storm' 같은 시나리오를 발표하며 가상의 생물학 테러 공격을 설정한 뒤 이에 맞설 수 있는 대응책들을 제시했다. 이 시나리오들은 미디어를 통한 일종의 가상훈련 혹은 워게임[6]에 불과했지만 오늘날 안타깝게도 현실화된 상황들을 정확하게 예견하고 있었다. 예를 들어 시나리오에는 연방정부와 주정부들 사이의 갈등, 백신과 마스크 보급의 난점과 지연 문제, 병원의 환자 수용 공간이 미달되는 상황, 헌법이 규정하는 자유를 예외적으로 제한하는 문제, 감염자 수와 바이러스 재생률을 지속적으로 점검해야 하는 상황, 개인 면역과 집단 면역의 문제, 사회적 혼란과 군사 개입 등의 문제들이 예시되어 있었다. 오늘날 실제로 일어난 일들을 고려하면, 이 문제점들 가운데 과장된 것은 단 하나도 찾아보기 어렵다. 따라서 미국과 유럽의 보건 정책이 비관주의적인 '시나리오'의 지나친 영향 하에 수립되었다는 질버만의 주장은 오늘날 수식어를 바꾸어서 읽어야 한다. 그러니까 '시나리오'의 영향이 지나쳤다기보다는 오히려 지나치게 적었기 때문에 오늘날 우리 모두가 목격하고 경험한 비극이 일어났다고 보아야 한다. '시나리오' 속의 예견이나 상상 따위를 조금이라도 더 신뢰했더라면 더 많은 생명을 구할 수 있었을지도 모른다.

물론 소설가들과 영화감독들만 이러한 유형의 예견을 시도했던 것은 아니다. 미국의 저명한 바이러스 학자 앤서니 파우치Antony Fauci도 2006년 2월 보스턴에서 스페인 독감을 언급하며, 팬데믹에 관한 기본적인 전제의 단계가 '평범한 팬데믹'에서 '혹독한 팬데믹'으로 바뀌어야 한다고 주장했을 뿐 아니라 팬데믹으로 인해 전 세계에서 3천만 명의 환자와 7백만의 사망자가 발생할 것이라고 예견한 바 있다. 파우치에 앞서 2005년에 미네소타 대학의 '감염성 질병 연구 및 정책 센터Center for Infectious Disease Research and Policy' 소장이자 공공보건학과 교수인 마이클 오스터홀름Michael Osterholm도 「포린 어페어스Foreign Affairs」에 발표한 「넥스트 팬데믹에 대비하며Preparing for the Next Pandemic」라는 제목의 기사에서 조류 독감의 뒤를 이어 나타날 새로운 팬데믹이 전 세계를 위기에 빠트릴 것이라고 예견한 바 있다. 오스터홀름은 병원이 흘러넘치는 환자들을 전부 수용할 수 없을 뿐 아니라 호흡기, 마스크, 백신 등이 부족해서 위기에 대처할 수 없는 상황이 펼쳐질 수 있고, 실업률 폭등과 경제 위기는 물론 남은 물자를 지키기 위해 군대가 투입되는 상황도 얼마든지 일어날 수 있다고 전망했다. 물론 백신의 대량 보급이 현실화된 오늘날의 상황은—당연히 지구의 부유한 지역에만 해당되는 이야기이지만—조금 다르고 더 나아졌다고도 볼 수 있다. 하지만 당시에 오스터홀름의 예견이 조금도 틀리지 않으리라는 것을 그 누구도 상상하지 못했다는 것은 놀랍기만 하다.

2.   코비드-19 팬데믹의 가장 예기치 못한 결과들 가운데 하나는, 전형적인 윤리-정치적 딜레마들에 대한 전통적인 인식을 팬데믹이 전례 없는 방식으로 뒤바꾸어놓았다는 것이다. 이들 가운데 하나가 바로 생명의 가치와 자유의 가치 가운데 어느 것이 더 중요한가라는 문제의 딜레마다. 널리 알려진 바와 같이, 생명과 자유의 관계는 고대 그리스의 비극에서 20세기의 철학에 이르기까지 서구문화 전체에 걸쳐 끊임없이 제기되어 왔던 문제다. 예를 들어 헤겔이 『정신현상학』에서 다루는 '주인과 종'의 변증관계도 바로 이 딜레마와 직결된다. 어원적인 의미에 따르면, '종servo'은 다름 아닌 생명을 '보존하기con-servare' 위해 자유를 포기한 자를 가리킨다. 팬데믹이 초래한 상황 가운데 하나는 질병에 대처하는 경우처럼 주로 개인의 선택과 직결되는 영역에서 오히려 공권력의 정치적 개입을 요구하게 되는 상황이다. 그렇다면 바이러스의 전염에 맞서 실행되는 공권력의 보호 정책은 과연 어느 지점까지 시민들의 기본권인 '자유'를 제한할 수 있는가? 바로 이것이 최근 3년간 정치인들과 과학자들, 법학자들과 철학자들은 물론 일반 시민들까지도 제기했던 질문이다. 다시 말해, 우리 시대가 인간의 기본 권리인 생명의 권리와 자유의 권리를 서로 대립하도록 만든다면, 이러한 상황에 놓인 '생명'과 '자유' 사이에는 과연 어떤 관계가 실재하는가? 독일에서—다른 나라에서는 헌법에 차이가 있는 만큼 약간 다른 방식으로 논의되었지만—철학자 위르겐 하버마스Jürgen Habermas와 법학자 클라우스 귄터Klaus Günther 간에 벌어진 논쟁의 핵심 주제가 바로 이 질문과 직결되는 문제였다.[7] 이들의 논쟁은 연방 의회 의장 볼프강 쇼이블레Wolfgang Schäuble의 다음과 같

은 당혹스러운 주장을 계기로 시작되었다. "기본적인 권리들은 서로를 제한하기 마련이다. 만약 우리의 기본법에 어떤 절대적인 가치가 있다면, 그것은 인간의 자유일 것이다. 이 권리는 침해될 수 없지만 우리가 죽는 존재라는 사실을 배제하는 것은 아니다."[8] 하버마스가 이러한 주장을 단호하게 비판하고 나선 것은, 독일의 어두운 과거를 고려할 때 그리 놀라운 일이 아니다. 새로운 생명공학의 위협에 맞서 언제나 인간 본성의 침해 불가능성[9]을 지지해 왔던 하버마스는 쇼이블레의 주장에 명백히 반대하는 입장을 취했다. 하버마스에 따르면, '생명의 보호'와 '자유의 존중'이 모두 헌법의 기본 원리로 정립되어 있음에도 불구하고, 이들은 동일한 것이 아니다. 왜냐하면 필요에 의해 균형을 유지할 뿐, 결국에는 둘 가운데 어느 하나가 우위를 점하기 때문이다. 독일의 기본법에서 '생명의 보호'는 제2조에, 이것의 전제가 되는 '인간의 존엄성'은 제1조에 언급되어 있는 것이 사실이다. 하지만 '인간의 존엄성'에 관한 조항을 나치즘이 불공평하게 활용한 뒤로는 더 이상 생명의 보편적인 보호를 보장할 수 있는 조건으로서의 역할을 하지 못한다. 어떤 경우에든, 생명의 존엄성에 관한 판단은 생명의 주체만이, 그것도 직접 관여하는 차원에서만 취할 수 있다. 물론 인간의 삶은 단순한 숨쉬기 이상이라는 것이 분명하고, 삶이 지닌 잠재력을 모두 발휘하기 위해서는 아리스토텔레스가 '좋은 삶'이라고 불렀던 것이 절대적으로 필요하다. 하지만 우리가 경험한 팬데믹의 위기 상황에서 개개인의 생명을 보호하는 일은 '훌륭한 삶'의 조건에 — 그것이 많은 시민들의 삶이라 하더라도 — 좌우될 수 없는 성격을 지녔다. 달리 말하자면, 생존이 관건일 때, 경쟁 관계에 놓인 가치들 간의 균형은 무한정 유지되지 않는다. 어느 지점을 넘어서게 되면 하나를 선택해야 할 뿐 아니라 이 선택이 다른 하나에 불리하게 작용한다는 점도 감내해야 한다. 결국 선택할 수밖에 없는 것은—하버마스에 따르면—생명의 권리다. 생명이 중요해질 때 다른 권리들은—자유의 권리를 포함해서—뒷전으로 밀려나기 마련이다. 이는 무엇보다 생명의 권리가 존재론적인 전제, 즉 생존의 전제 조건이자 다른 모든 기본권의 전제 조건이기 때문이다.

하버마스를 직접적으로 비판하진 않지만, 귄터는 이 문제를 약간 다른 각도에서 바라본다. 그의 입장에서는 어떤 권리도, 그 자체로, 법 앞에서 무한하거나 절대적이지 않다. 생명의 권리도 예외는 아니다. 이러한 정황은—이를 명백하게 보여주는 사형제도 외에도—전쟁에 참여한 국가들이 적들의 생명뿐만 아니라 자국민들의 생명마저 일종의 담보로 간주하는 경우, 혹은 납치범이 누군가를 납치했을 때 경찰이 피해자를 구하기 위해 납치범을 사살하거나 무력화하는 경우에서 발견된다. 당연히 누군가의 생명 또는 사회 전체의 생명을 살리기 위해 또 다른 누군가의 생명을 위험에 빠트리는 일이 정당화될 수 있으려면 먼저 그 필요성을, 다시 말해 그 외에는 또 다른 방법이 없다는 사실을 확인할 필요가 있다. 더 나아가—귄터에 따르면—시간이 흐르면서 일어난 뿌리 깊은 변화에도 주목해야 한다. 독일 헌법 제2조에 등재되었을 당시의 '생명권'은 사실 국가로부터 살아남는 것이 관건인 생존권 조항에 가까웠다. 하지만 오늘날의 정황은 정반대다. 국가라는 장치를 개인의 권리에 대한 잠재적인 위협으로 간주하기보다는 오히려 시민들의 보호를 위해 죽음의 위협을 제거하거나 감소해야 할 의무가 국가에 있다고 보는 것이 오늘날의 실정이기 때문이다. 국가는 모든 유형의 공격으로부터, 아울러 질병으로부터도 적절한 치료를 통해 시민들의 생명을 보호해야 한다. 두말할 필요 없이, 어떤 사회도 보건 체계에 모든 자원을 쏟아부을 수 없고, '자유' 같은 시민들의 또 다른 관심사를 모두 무시한 채 건강만을 유일한 보호 대상으로 간주할 수 없다는 것은 자명한 사실이다. 무엇보다 중요한 것은 자유를 포기하라고 강요하기에 앞서, 불가피한 보호 조치와 피할 수도 있는 보호 조치를 구분하는 일이다. 이러한 관점에서 보면, **면역**과 **자유**를 무작정 상반되는 개념으로 간주하는 것은 잘못이다. **면역**은 합리적인 경계 내부에서 이루어질 때 **자유**를 누리기 위한 공간을 구축할 수 있는 반면, 그렇지 않을 경우 바이러스의 창궐을 초래하며 이 공간을 폐쇄시킨다.

이 복잡한 문제의 결정적인 해결책을 제시하기는 힘들지만[10] 한 가지만큼은 덧붙여서 이야기할 수 있다. 생명권이 논리적으로든 역사적으로든 다른 모든 권리의 전제가 된다는 점은 지극히 당연한 사실이지만, 공존할 수 있을 뿐 아니라 한 울타리 안에서 공존해야만 하는 가치들의 원칙적인 대립을 지나치게 강조하는 것은 피해야 한다. 이 가치들은 오히려 원천적인 상호연관성의 관점에서 이해할 필요가 있다. 다시 말해 이 가치들은 개인적인 관점이 아니라 공동체 전체의 관점에서 관찰해야 한다. 이 경우에도—이 책의 주제를 다시 한 번 환기하는 의미에서—오래전부터 법률에 지대한 영향을 끼쳐왔던 면역 패러다임과의 지나치게 경직된 관계를 어느 정도 느슨하게 만들 필요가 있다. 어떤 법적 권리도 우리 개개인의 운명을 좌우하는 공통의 관심사를 무시한 채 절대화될 수 없다. 자유의 권리도 마찬가지다. 특히 부정적인 차원의 자유, 다시 말해 다른 이들의 간섭을 받지 않고 자유롭게 움직일 수 있는 개인적 특권으로 간주되는 자유의 권리는 절대화될 수 없다. 왜냐하면 팬데믹 같은 상황에서 개인은 바이러스를 **자유롭게** 옮길 수도 없고, **자유롭게** 감염되어 전염의 확산을 야기할 수도 없기 때문이다. 각자의 자유는 다른 모두의 자유에 의해[자유를 위해] 제한될 뿐 아니라 공동체 전체의 자유에 의해[자유를 위해] 제한된다.

사실은 개인적인 삶의 가치도 절대화될 수 없는 것들 가운데 하나다. 극단적인 상황에 처했을 때, 개인의 삶은 모두의 유익을—예를 들어 자유의 수호를—위해 희생되기도 하고 전체적인 피해가 극심한 경우 보호 대상에서 의도적으로 제외되기도 한다. 여하튼 팬데믹 상황에서 문제점으로 드러난 것은 개인의 자기결정이라기보다는 오히려 특정 상황에서—팬데믹의 피해가 가장 극심했던 시기에 일어났던 것처럼—사회가 한 사람의 생명을 살리기 위해 누군가의 생명을 어쩔 수 없이 포기할 수밖에 없는 경우가, 예를 들어 평화 시기에도 군대식으로 환자를 분류하며 비극적인 선택을 할 수밖에 없는 돌발적인 상황이 발생할 수 있다는 사실이다. 이때 분쟁 관계에 돌입하는 것은 더 이상 생명과 자유가 아니라 특정인의 **생명**과 또 다른 누군가의 **생명**이다. 이러한 난감한 상황은 세계 곳곳에서, 무엇보다도 2020년의 첫 몇 달 동안 점점 더 늘어나기만 하는 환자들의 치료를—특히 집중 치료를—위한 의학적 자원이 부족했을 때 일어났다. 이때 관건은 법적 정의 또는 최소한 **평등성**에 상응하는—물론 이 용어들을 이러한 정황에서 사용할 수 있다는 전제하에—[생명의] **선택** 기준을 마련하는 것이었다.

코로나 바이러스의 이른바 첫 파도가 북부 이탈리아를 휩쓸며 상황을 특별히 어렵게 만들었을 때, 사람들은 죽을 위기에 처한 환자들의 수가 점점 더 늘어나는 가운데 이를 감당할 만한 의료 자원이 터무니없이 부족한 현실을 마주한 상태에서, 과연 어떤 선택 기준을 마련해야 하는가라는 문제를 두고 신랄한 논쟁을 벌였다. 어떻게 보면 이탈리아에서는 이와 비슷한 사태가 이미 발생한 적이 있다. 타란토의 철공소에서 시작된 환경오염이 노동자들과 시민들의 건강에 심각한 피해를 일으켰던 사건인데, 이때 갈등 관계에 돌입했던 권리는 **건강**과 **자유**가 아닌 **건강**과 **노동**이었다. 2013년에 이탈리아 헌법 재판소는 다음과 같은 판결을 내렸다. "헌법이 보호하는 모든 기본 권리는 상호 보완의 관계 속에서 유지된다. 따라서 다른 권리들에 비해 우선시되어야 특정 권리를 식별하는 것은 타당하지 않다." 물론 타당성을 인정하면, 특정 권리가 무한정 확장되어 다른 권리들을 무시한 채 '독재'하는 상황이 벌어질 수 있다는 것은 사실이다. 하지만 근본적인 차이는, 심각하게 오염된 공장의 경우 일자리를 줄이지 않고서도 환경오염의 위험을 막을 수 있는 반면, 팬데믹의 경우에는 특정 생명의 치료가 곧 또 다른 누군가의 생명을 포기하는 결과로 이어질 수 있다는 데 있다. 이런 경우에 합리적인 대응 방식을 찾는 일은 극단적으로 어려워진다. 다름 아닌 돌발적인 선택을—예를 들어 병원에 먼저 도착한 순서대로 치료하는 방식을—피하기 위해, 학자들은 2020년 봄에 두 가지—서로 상충되는—방식을 제안했다. '이탈리아 마취 진정제, 재활, 집중 치료 협회(SIAARTI)'의 학자들이 제시한 첫 번째 방안의 선택 기준은 "더 높은 치료 성공률" 또는 "더 높은 생존율"이었다. 이들이 발표한 문서에는 "치료에 연령 제한이 필요할 수도 있다"는 점이 명시되어 있다. 그러니까, 결과적으로는 노령의 감염자들이나 생존할 가능성이 상대적으로 적은 이들을 사실상 치료 대상에서 제외했던 셈이다. 반면에 총리 자문 기관인 '국립 생명윤리위원회Comitato Nazionale per la Bioetica'의 학자들은 이와 상반되는 방안을 제시했다. 이들은 유일하게 적절하고 윤리적인 차원에서 받아들일 수 있는 기준이란 성, 연령, 인종, 사회적 위치, 전염 확산의 책임 등에 의한 모든 차별화를 배제한 상태에서 이루어져야 할 치료의 원칙뿐이라고 주장했다. 물론 이 경우에도 선택은 필수적이다. 하지만 이 선택은 유일하게 환자의 회복 가능성을 기준으로만 이루어진다. "더 많은 생존 가능성을 보장해야 한다는 차원에서, 치료의 우선권은— 앞서 언급한 지표들을 바탕으로— 치료를 효과적으로 이끌 수 있는 이성적인 기준들을 평가한 상태에서 주어져야 한다." 간단히 말하자면, 다른 모든 권리의 전제인 생명권은 어떤 변경 가능성이나 내부적인 조건도 수반하지 않으며, 사람들에 대한 어떤 종류의 평가와도 무관하게, 모두에게 동일한 것이어야 한다. 평가는 사람들이 맞이하게 될 위기 상황에 앞서 이루어질 수 없으며 오로지 치료의 원칙을 기준으로만 이루어져야 한다. 정치가 할 수 있는 것은— 그리고 빈번히 하지 않은 것은— 비극적인 선택의 영역에 진입하게 되는 상황을 피하기 위해 절대적인 비상상태를 예방하는 것뿐이다.[11]

3. 생명의 보호와 개인의 자유라는 기본 원칙들이 대립되는 가운데 이루어지는 선택의 비극적인 성격은 팬데믹 기간에 이루어진

일련의 강압적인 조치와도 무관하지 않다. 아무렇지도 않게 비상상태를 선포하는 관행이 서구 민주주의 사회에 적잖은 영향을 끼쳤다면, 이에 대해—민주주의 체제와 전제주의 체제 사이에는 태도의 측면에서 커다란 차이가 있다는 전제 하에—근본적인 차원의 물음표를 던져볼 필요가 있다. 이는 예를 들어 이탈리아의 입장에서 크게 다가올 수밖에 없는 문제였다. 이탈리아는 팬데믹 초기에 바이러스의 가장 위협적인 파도가 위용을 떨치던 순간 영토 전역에 록-다운을 실시하기로 결정한 첫 번째 국가였다. 그렇다면 관건은 몇몇 학자들이 주장했던 **예외상태**였나, 아니면 다른 이들이 이에 맞서 주장했던 **비상상태**였나?[12] 이 두 종류의 '상태' 사이에—둘 다 현행법의 중단을 선언하는 만큼—일종의 본질적인 유사성이 존재한다는 것은 분명해 보인다. 하지만 이는 예외상태와 비상상태가 동일하다는 것을 의미하지 않는다. 이들이 한 곳으로 수렴되는 듯이 보인다면, 그것은 칼 슈미트가 이론화한 '주권 독재'와 '위임 독재'의 구분으로 환원될 수 있기 때문이다.[13] 하지만 다름 아닌 슈미트의 어휘를 활용하려는 시도 자체가—그가 정치를 원칙적인 차원에서 법률보다 우위에 두는 만큼—팬데믹의 경우에는, 문제적인 것으로 드러난다. 역사를 살펴보면, 무엇보다 20세기 초에 비상상태와 예외상태 간의—혹은 슈미트가 말하는 '위임 독재'와 '주권 독재' 간의—전이가 한 번 이상 이루어졌고, 어떤 경우에는 서로의 범주적인 경계를 지워버리는 결과로 이어졌다. 기존 법의 폐지 도구로도 기능하는 비상령decreto-legge이 어떤 식으로든 확장되거나 장기화되고 법적 권리의 일반적인 생산 도구로까지 승격될 때, 비상상태는 예외상태로, 위임 독재는 주권 독재로 변한다.

역사적으로 이탈리아의 법체계는 오랫동안 이러지도 저러지도 못하는 상황에 놓여 있었다. 왜냐하면 알베르토 헌법*이 예외상태나 비상상태가 아니라 오히려 '계엄령'에 의존하고 있었기 때문이다. 계엄령의 선포 과정은 왕이 먼저 계엄령을 발안하고 국회가 이를 승인하면, 헌법이 규정하는 또 다른 검토 절차 없이 합법화되는 구도를 지니고 있었다. 이러한 유형의 관행은 사실 시민들의 권리가 오로지 성문화된 법에 의해서만 제한될 수 있다는 보편적인 원칙을 무시하기 때문에, 입법부를 상대로 행정부가 우위를 점하게 되는 상황은 물론 권력의 균형이 장기적으로 변형되는 상황을 초래할 수 있다. 따라서 팬데믹을 계기로 이탈리아 총리가 비상령을 선포하는 방식이 절박한 것과는 전혀 거리가 멀었다는 점을 감안하면, 국회 체제가 암암리에 통치 체제로 뒤바뀌는 것은 아닌가라는 의혹을 제기했던 이들도 나름의 이유는 가지고 있던 셈이다. 어떻게 보면 모든 기대와 결정사항을 중앙집권적이거나 수직적인 형태로 리더에게 집중시키는 성향이야말로 위기 상황에 처했을 때 정치가 보여주는 전형적인 흐름이기도 하다. 이는 위기 상황이 결정에 필요한 시간을 단축시킬 뿐 아니라, 감지된 위험이 크면 클수록 그만큼 커다란 권한이 정권에 부여되기 때문이다. 당연한 이야기지만, 정부가 직접 지명한 전문가들의 도움을 받아 위험의 강도를 평가할 경우에는, 국가가 헌법에 명시되어 있는 국가 고유의 한계선을 스스로 넘어서는 악순환이 발생할 수 있다. 이런 경우에는

---

*   알베르토 헌법Statuto albertino은 사보이아 왕국의 카를로 알베르토가 1848년에 제정한 헌법으로 몇 번에 걸쳐 미세한 수정을 거쳤을 뿐 공화국 헌법이 새로이 제정되는 1948년까지 오랫동안 이탈리아 왕국의 실질적인 헌법 역할을 했다.

정부의 입장에서 더 큰 지지를 얻어 스스로의 권한을 강화하고 위기 상황을 계기로 권력 관계를 스스로에게 유리하도록 이끌고 싶은 유혹이 클 수밖에 없다.

　여하튼 예외상태와 비상상태의 차이점을 명확하게 보여주는 것은 조치의 강도나 기한이 아니라 그것의 시작과 결말이다. 결말은 위기 상황이 끝나는 시점에서 기존의 질서를 복원하는 방향으로 마무리되거나, 반대로 기존의 질서를 뛰어넘어 새로운 헌법적 구도를 구축하는 방향으로 전개될 수 있다. 이 두 방향 가운데 어느 하나를 선택하는 과정에서 다름 아닌 위임 독재와 주권 독재의 차이가, 그리고 또 다른 관점에서—양적으로뿐만 아니라 질적으로도 다른— 비상상태와 예외상태의 차이가 발생한다. 비상상태는 예상치 못했던 사건에 의해 중단된 일상의 복원이라는 목적을 지니는 반면 예외상태는 이 일상의 파괴를 통한 또 다른 질서의 구축이라는 목적을 지닌다. 물론 실제로 벌어지는 사태가 비상상태인지 예외상태인지는 곧장 인지되지 않고 과정이 끝난 다음에야 알 수 있다. 이는 항상 중간 단계에서 발생하거나 부분적으로 중첩되는 상황들이 실재하기 때문이다. 하지만 기본적인 방향만큼은 처음부터 확인이 가능하다. 여기서 우리는 비상상태적인 체계 또는 예외상태적인 체계의 형성과 직결되는 또 다른 차이점에 주목해야 한다. 관건이 되는 것은 **구축적인** 권력과 **구축된** 권력 사이의 관계지만, 이에 앞서, 문제는 **구축적인** 권력 자체의 특성이다. 다시 말해 다른 모든 문제를 좌우하는 근원적인 문제는 이 **구축적인** 권력을 움직이는 것이 주체적 **의지**인가 아니면 객관적 **필요**인가라는 것이다.

의지와 필요의 관계가 원칙적으로 배척 또는 대척 관계가 아니라는 것은 분명하다. 왜냐하면 필요성이 부각되어야 할 시점을 결정하는 것은 항상 필요한 일을 실행에 옮길 수 있는 합법적 자격을 갖춘 자의─국가 원수, 정부, 국회 등의─주관적 평가이기 때문이다. 그럼에도 불구하고, 필요의 영역과 의지의 영역이 어떤 식으로든 분명하게 구별된다는 사실은 부인하기 힘들다. 사람들이 무슨 말을 하든, 대홍수나 지진은 정치적 위기나 외세의 침략과는 다르다. 팬데믹이 반란과는 다르다는 것을 어떻게 부인할 수 있겠는가? 물론 팬데믹이 간접적으로 반란의 계기가 될 수 있는 가능성이 전혀 없는 것은 아니다. 하지만 그런 일이 일어나더라도 사태가 지니는 예외성의 평가는 지진이 아닌 반란을 대상으로 이루어져야 하고, 결과적으로는 의지의 개입도 오로지 반란에만 관여한 것으로 드러날 것이다. 간단히 말해, 어떤 필요성의 선포가 의도적인 결정의 결과이기도 하다면, 실제 상황에 대한 조치의 상대적인 정당성과 적합성을 가늠할 수 있는 객관적인 기준들도 존재하기 마련이다. 결론적으로 말하자면, 비상상태와 예외상태 사이에 잠재적인 유사성이 있다는 점을 감안하더라도, 일련의 비상상태적인 조치를 통해 기존의 질서를 복원하겠다는 결정과 불리한 정황을 이용해 기존의 질서를 전복시키겠다는 결정 사이에는 커다란 차이가 있다는 것을 확인할 수 있다.

이러한 차이점에 가장 먼저 주목했던 인물은 산티 로마노Santi Romano다. 메시나와 레조 칼라브리아에서 일어난 지진을 계기로 1909년에 쓴 에세이에서 로마노가 객관적인 비상상태를 정의하며 주목했던 용어는 알베르토 헌법에 적혀 있는 '계엄령'이다. 바로 이 용어의 개념이 지닌 문제점을 지적하면서 로마노는 지진에 의한 비상상태와 전쟁에 의한 비상상태의 구분을 시도한다. 로마노에 따르면, 메시나와 레조 칼라브리아에서, 전쟁에 패배한 경우 못지 않게—어떤 의미에서는 훨씬 더—심각한 사태가 벌어졌다고 해도, 실제로 발생한 것은 전쟁과는 본질적으로 다른 성격의 상황이다. 지진의 피해를 수습할 목적으로 취하는 조치는 반란을 진입하기 위해 경찰을 투입하는 조치와는 비교할 수 없는 차원의 일이다. 물론 지진 후에는 약탈을 일삼고 공공질서를 파괴하는 일들이 발생하기 마련이고 이는 분명히 제압되어야 할 부분이다. 하지만 이러한 현상 역시 복원의 시급한 필요성에 비한다면 사실상 부수적인 사태에 불과하다. 무엇보다 중요한 것은 "전적으로 자연적이며 그 누구도 의도한 적이 없는 재해로 인해 해체된 모든 사회적, 정치적 유기체를 복원해야"[14] 한다는 요구다. 평화 시기의 계엄령이 군사적 계엄령의 범주에 속하지 않을 뿐더러 전시의 규율을 따르지 않는다는 것은 분명하다. 따라서 지진에 의한 계엄령을 군사적 계엄령에 포함시킬 것이 아니라 계엄령의 의미 자체를 자연재해가 낳는 여러 종류의 피해 상황으로까지 확장시킬 필요가 있다. 이 시점에서 로마노는 질문을 제기한다. 그렇다면 이러한 확장의 근거는 무엇인가? 정부의 예외적인 조치를 정당화할 수 있는 법적 근거는 존재하는가?

로마노의 답변은 이 근거가 바로 **필요성**이라는 것이다. 그는 필요성을 **일상**과 마찬가지로 법적 권리 전체의 가장 원천적인 근거로 간주한다. 하지만 필요성은 일상보다 훨씬 더 강제적이고 역동적이다. 왜냐하면 아무런 한계를 모르고 오로지 객관적인 상황에 의해 결정되는 것만 인지하기 때문이다. 필요는 법을 따르지 않는다는 말이 있듯이, 필요성은 법에 의해 다스려질 수 없을 뿐 아니라 심지어 법에 우선하며 법을 결정짓기까지 한다.

> ... 필요성이 법을 따르지 않고 오히려 법을 만든다면 [...] 이는 곧 필요성이 그 자체로 법적 권리의 근거가 된다는 것을 의미한다. 주목해야 할 것은 필요성의 가치가 정부의 비상령 선포라는 특이한 경우에만 제한되지 않고, 훨씬 클 뿐 아니라, 훨씬 더 중요하고 보편적인 현상들을 통해 드러난다는 것이다. 필요성은 모든 법적 권리의 가장 원천적이고 근원적인 근거라고도 말할 수 있다. 필요성에 비하면 다른 모든 것들은 필요성에서 어떤 식으로든 파생된 것으로 보인다.[15]

법의 근원을 탐구하기 위해 거슬러 올라가야 하지만, 어느 시점에서는 최초의 법 앞에서 멈춰 설 필요가 있다. 이 법이 스스로를 정당화하는 힘은 오로지 필요성에서만 유래한다. 이러한 현상은 국가가 어떤 실질적인 정황에서 설립되는 순간이든 국가가 이미 일련의 제도를 마련한 다음이든 그대로 반복된다. 왜냐하면 필요성은 성문화된 법에 우선하는 사회적 요구에 의해—국가보다 먼저—탄생하기 때문이다. 계엄령의 구체적인 준수 사항들을 발안할 수 있는 국가의 주체적인 권리는 오로지 [필요성을 증명하는] 객관적인 상황이 주어질 때에만 행사가 가능해진다. 여하튼 이를 요구하는 것은 어떤 의도적인 결정이 아니라 필요성과 우발성이 뒤섞여 있는 복합적인 상황일 뿐이다.

이러한 관점에서 볼 때, 국가가 스스로의 생존을 추구할 권리와 시민들 개인의 자유로울 권리를 대립시키는 견해는 틀렸다고 볼 수밖에 없다. 비상상태는—주권적 독재 체제로 전이하는 과정의 일부인 예외상태와는 달리—개인의 권리를 침해하는 것이 아니라 오히려 보호하기 위해 재해에 대응하는 일련의 조치들을 취한다. 물론 이러한 정책에는 몇몇 유형의 자유를 제한하는 조치가 포함될 수 있다. 그리고 이는 우리가 최근의 경험을 통해 뼈저리게 느꼈던 부분이기도 하다. 하지만—로마노에 따르면—이러한 제한 조치는 국가의 주체적인 권리 행사에서 비롯되는 것이 아니라 오히려 비상상태를 선포하면서 적용하는 새로운 규율에서 비롯된다. 로마노에 따르면 "국가는 시민들의 권리를 거스르며 주체적으로 행사할 어떤 권리도 지니지 않는다. 국가는 단지 새로운 규율을 수용할 뿐이다. 국가와 시민들의 관계를 중재하는 것이 바로 이 규율이다. 아니, 규율이 선행되지 않으면 국가는 성립조차 되지 않는다."[16]

4. '예외상태'의 개념을 팬데믹 대응 조치에 적용하는 것이 과연 합당한가라는 문제에 대해 확실히 말할 수 있는 것은 이러한 질문에 함축되어 있는 전제 자체가 틀렸다는 것이다. 다시 말해 우리 사회를 제어하고 지배할 목적으로 주권적 권력을 행사하는 일이 팬데믹 기간에 실제로 일어났으리라는 전제는 사실과 무관하다. 서구 세계가 팬데믹에 대응하며 취한 조치들의 이면에 민주주의를 위협하는 의도가 숨어 있으리라는 진단도 마찬가지로 사실과 무관하다. 민주주의를 위협하는 요소는 권력이 한 곳으로 집중되는 현상이 아니라 오히려 기술만능주의적인 전환의 징조에서 발견된다.

이 문제는 현대 사회에서 정치가 수행하는 역할을 고려할 때 특별한 중요성을 지닌다. 실제로 일어나고 있는 것은 어떤 주권적인 정치의 회귀 현상이라기보다는 일종의 탈정치화 현상이며, 이는 이미 오래 전에 나타나기 시작한 성향이 완성 단계로 나아가고 있는 것에 불과하다. 우리는 흔히 '주권주의sovranismo'라는 신뢰할 수 없는 신조어로 정의되는 것과, 주권정치의 형태로 강화되는 양상을 보일 뿐 사실은 점점 더 구체화되고 있는 글로벌화의 한 현상에 지나지 않는 성향을 혼동하지 말아야 한다. 국수주의의 회귀 현상에도 불구하고, 바이러스만 국경을 허문 것이 아니라 이를 타파하기 위한 방법의 탐색 역시—특히 백신의 생산 및 보급의 열기가—국경을 뛰어넘어 널리 확산되었고, 이는 모든 국가 간의 더욱더 긴밀한 상호협력 관계가 절실하게 요구된다는 것을 보여준다. 그러나 이러한 상호의존 관계는—적어도 지금으로선—정치의 활성화라는 결과로 이어지지 않는다. 글로벌 금융 체제에 이미 종속되어 있는 상태에서, 정치는 팬데믹 기간에 또 다른 퇴보를 받아들여야만 했다. 왜냐하면 고유의 특권적이고 본질적인—시민들의 생명을 보호해야 할—임무를 해당 분야의 전문가들에 의탁하며 포기했기 때문이다. 이러한 변화는 보다 포괄적인 차원에서, 즉 면역학적 생명정치가 촉발한 의학의 정치화와 정치의 의료화라는 이중적인 과정의 관점에서 이해할 필요가 있다. 간단히 말하자면, 오늘날처럼 생명의 보호와 성장이 모든 정권의 핵심 목표가 되어버린 상태에서 바이러스가 확산되자, 정치인들이 의사들에게 의존할 수밖에 없는, 결과적으로 팬데믹에 대응하기 위한 의료 정책의 직접적인 경영은 물론 사회 전체의 간접적인 경영을 의사들이 감당할 수밖에 없는 상황이 전개된 셈이다.

하지만 이러한 전환 현상은— 이런 식으로 진행 중이라는 점이 명백함에도 불구하고— 이미 20세기 초에 확연히 드러난 바 있고, 따라서 이를 정치와 과학의 관계가 오랜 기간에 걸쳐 변화하는 과정의 각도에서 관찰할 필요가 있다. 막스 베버가 1900년대 초에 집중적으로 연구하면서 주목했던 대로, 정치와 과학 사이에는 일찍부터 모순적인 관계가— 독립적인 동시에 상호수반적인 관계가— 성립되었고, 그 순간부터 사실은 경제의 영역-침투적인 힘을 정치가 극복하지 못하는 현상이 확연하게 드러나 있었다.[17] 정치의 쇠퇴 현상에 비한다면, 주권의 패러다임은 이미 제1차 세계 대전 직후부터 정반대 방향으로 흘러가기 시작한 정치적 흐름을 사실상 거스르며 체제 유지의 역할 또는 이데올로기적 은폐의 기능을 했을 뿐이다.

전체주의의 영향과 기승에도 불구하고, 이미 20세기 초반부터 자본주의 논리는 정치를 글로벌한 성격의 기술-행정적인 차원으로 몰아넣었다. 이 돌이킬 수 없는 흐름 속에서 기술과학은 스스로의 역할이 점점 더 커지는 것을 목격했고, 결국에는 정치를 비롯한 여러 영역에 고유의 과학적인 방식을 강요하기 시작했다. 따라서 과학처럼 정치도— 효과적이기를 원한다면— 실질적인 사실들을 사실주의적인 방식으로 직시해야 했다. 물론 과학과 정치 사이에는 근본적인 차이가 있다. 과학이 과학으로 기능하기 위해서는 목적들의 세계를 뒤로 미루어 두고 수단에 집중해야 하는 반면, 정치는 이 목적들을 고유의 영역에 포함시키지 않을 수 없다. 기술과학적인 장치는 어떤 유형의 사회를 예견하는지에 대한 의견을 표명할 수 없지만, 정치는 오히려 이를 목표로 추구해야 한다. 과학은 고유의 목표를 달성하기 위해 스스로의 미래를 의도적으로 모른 척 해야 할 뿐 아니라 고유의 생성 단계에 대해서도 원래의 생성 조건을 무시함으로써 침묵을 지켜야 한다. 반면에 정치는 추구하는 목표를 시야에서 놓칠 수 없다. 단지 모든 선입견에서 벗어나 과학 못지않게 합리적인 방식으로 고유의 수단을 활용해야 할 뿐이다.

여하튼 이러한 구분에도 불구하고, 일찍부터 이 두 영역의 자율성을 파괴하고, 분리되어 있던 두 경로의 상호 긴장 관계를 다시 활성화하는 일종의 역반응이 시작된다. 먼저 과학은—공공연히 표명하는 탈가치적인 성격*에도 불구하고—과학 활동 자체의 배경이 되는 역사적 지평에 관심을 기울이지 않을 수 없는 상황에 놓인다. 이는 무엇보다도 과학 역시 경제적이고 정치적인 이해관계에 좌우되며 이를 위해서도 기능하기 때문이다. 아울러 정치는 항상 고유의 활동에—예를 들어 권력의 행사에—필요한 자원을 취득해야 하는 상황에서 이 일에 너무 몰두한 나머지 결국에는 고유의 목표를 시야에서 잃는 상황에 처한다. 과학과 정치가 나타내는 이러한 반응들의 기저에 자리 잡고 있는 것이 다름 아닌 자본주의의 논리, 즉 다른 모든 영역이 경제적인 요구에 체질적으로 부응하도록 획일화하는 성향이다. 막스 베버가 정확하게 포착했던 이러한 구도에 비해, 생명정치적 전환이 가져온 또 다른 변화의 중심에

---

* '탈가치적인 성격(Wertfreiheit)'은 막스 베버가 도입한 개념으로 역사-사회학적인 담론이 지닌 과학성을 가리킨다. 사회학 역시 일종의 과학이며 객관적인 사실만을 평가하기 때문에 가치 평가로부터 자유로워야 한다는 점을 가리킨다.

는 생명의 보존을 우선시하는 원칙이 있다. 일찍이 근대 초기에 홉스가 이론화했던 이 원칙은 어느 시점에 이르러 궁극적인 목적으로 대두되었고, 결국에는 과학과 정치 모두의 관심을 한 곳으로 빨아들이면서 다른 모든 가치를 대체하기에 이른다. 20세기 후반에 과학의 방향이 물리학에서 생물학으로 기울어지는 가운데 이루어진 인식론적 전환도 사실은 보다 광범위한 변화의 관점에서— 내가 면역 패러다임의 계보학을 통해 재구성하려고 했던 거시적인 관점에서— 이해할 필요가 있다. 원래 법적 차원에서 이론화되었던 면역의 패러다임은 점점 더 생물학의 영역으로 빨려 들어가는 양상을 보이다가 다시 다른 모든 영역으로 확장되면서 결국에는 지배적인 모델로 정립되기에 이른다.

면역화와 기술화 사이에는 분명한 연관성이 존재한다. 이 두 패러다임 간의 실질적인 관계가 사실은 현대 정치의 점점 더 지배적인 기준이 되어가고 있다. 앞서 살펴본 것처럼, 이 관계는 이미 오래전에 자가면역의 형태를 취한 민주주의 자체의 척추에 가깝다. 팬데믹은 이러한 지배 과정을 강렬하게 가속화했을 뿐이다. 건강과 생존의 문제가 무엇보다도 큰 우려의 대상으로 대두되는 순간, 정치는 다양한 입장들을 대변해야 할 곳에서 뒤로 물러서며— 이미 금융 경제에 종속된 상태로— 또 다른 퇴보를 감내해야만 했다. 팬데믹이 가져온 비일상적인 동시에 보편적인 차원의 문제 앞에서 정치적 투쟁은 자취를 감추었고, 모든 것이 팬데믹으로 인해 처참히 무너져 내린 경제를 되살리고 생명을 구하는 차원에서 민중에게 집중되는 분위기가 조성되었다. 이러한 분위기는 정치적 대립 현상을 무력화하는 데 일조했고, 정당들도 사실상 기술 위원회로 대체되는 현상이 곳곳에서 일어났다. 이 시점에서, 정치의 유일하게 정당한 관심사는 사회-정치적 역학을 세분화된 형태로 표현하는 상충되는 의견들이 아니라 '국민 전체'와 직결되는 문제들의 관리라는 것이 분명해졌다. 그런 식으로 전문 분야의 기술자들이 지닌 실질적인 문제 해결 능력이 무엇보다 중요해졌고 결국에는 정치의 전유물인 목적에 관한 논의가 뒷전으로 밀려나는 현상이 일어났다.

결과적으로 주도권을 쥐게 된 것은 전문가들이다.[18] 전문 지식을 갖춘 이들의 의견이 이제 어떤 특별한 요구를 대변하는 것이 아니라 사회 전체를 대변하는 상황이 벌어진 셈이다. 이들은 과학과 정치의 중재자임을 자처하지만 사실은 이들 자신이 과학자인 만큼 전자가 후자에 우선한다는 것을 보여준다. 기술 정부를 구성하는 과학자들은— 이들과는 달리 자신들의 앎이 결코 결정적이지 않는 점을 의식하는 진정한 의미의 과학자들과 전적으로 다른 입장에 놓여 있기 때문에— 자신들의 의견이 어떤 과학적 진실의 표현임을 천명하면서 포퓰리즘과 대립하는 성향을 보인다. 물론 이러한 대립은 부분적으로만 사실이다. 자신들의 기량을 국회라는— 사실상 중요한 결정권을 거의 박탈당한— 장치 바깥에서만 발휘하기 때문에 이들은 오히려 반-국회적인— 심지어 반-정치적이라고도 볼 수 있는— 형태의 정치성 결핍 현상을 양산한다. 하지만 바로 그런 이유에서, 기술 정부는 기존의 자원을 통치하는 것으로 그칠 뿐 아니라 근본적으로 혁신적인 움직임을 처음부터 거부하면서 출발한다. 어떤 정치적 대화나 대립에서 탄생하지 않은 정부는 사회의 미래에 대한 결정을 내리지 못하고 사회를 관리하는 것으로 그칠 뿐이다. 수단과 목적의 단절은 결국 기술과 경제의 중첩된 현실로 인해 무력화된 정치의 침묵으로 이어진다. 이러한 상황은 실제로 기술과 경제의 정치적 조합을 통해서만 위기에서 혁신적으로 벗어날 수 있다는 사실과 대조적이다. 따라서 기술 정부는— 심지어는 이를 지지하는 정당들의 입장과도 무관하게— 언제나 보수주의적인 성격을 지닌다. 기술 정부가 실제로 구현하는 것은 어떤 포퓰리즘 체제로부터의 탈출구다. 하지만 이 탈출구는 이를테면 우파적이다. 왜냐하면, 정치적 분쟁 자체를 피해야 할 위험으로 간주하면서 결국에는 획일화된 포퓰리즘의 망령을 다시 불러일으키기 때문이다. 포퓰리즘을 기술능력주의의 신화로 대체한다는 것은 정치적 변증관계를 활성화한다는 것을 의미하지 않는다. 정치적 변증관계 그 자체는 오히려 포퓰리즘으로부터의 또 다른, 좌파적인 탈출구를 의미한다. 왜냐하면 서로 상충되는 가치와 이윤의 비교를 다시 가능하게 만들기 때문이다.[19] 언제 다가올지 모를 또 다른 팬데믹의 극복도 이와 동일한 양자택일의 기로에 놓여 있다. 이러한 유형의 위기를 극복하기 위해 새로운 경제적 자원의 관리에만 의존하고 상이한 사회적 형태들 간의 비교를 무시해도 된다는 생각은 근시안적인 발상이다. 오로지 정치적인 차원의 강렬하고 전격적인 복원을 통해서만, 진정한 의미에서 변화한 계절을 기대할 수 있을 것이다.

5. 코비드–19만큼 면역체계의 양가적인— 보호하는 동시에 부정하는—성격을 적나라하게 보여주는 것은 없다. 널리 알려진 바와 같이 면역의 우선적인 과제는 살아 있는 유기체를 병적인 세포

의―바이러스, 박테리아, 곰팡이의―유해성으로부터 유기체를 보호하는 데 있다. 이러한 기능은 두 종류의 조합형 방어 경로를 따라 실행된다. 자연적 면역성에 의해 활성화되는 첫 번째 방어 경로를 구축하는 것은 병균들을 문자 그대로 '집어삼키면서' 무력화하는 이른바 식세포들이다. 반면에 획득면역 혹은 특수면역에 의해 활성화되는 두 번째 경로를 구축하는 것은 항체들을 생산하는 B 림프구와 항원들을 찾아가 파괴하는 T 림프구처럼 특수한 세포들이다. 림프구, 호중구, 대식세포가 다양한 기량과 정도로 참여하는 일종의 오케스트라 안에서, 면역체계는 유기체의 항상성적인 omeostatico 균형을 재구성하면서 질병에 대처한다. 면역 반응과 함께 가장 먼저 발생하는 것은 염증이다. 발열이 이 과정의 가장 일반적인 증상인 것도 이 때문이다. 염증은 발열을 비롯해 피부가 붓거나 붉어지는 현상 등 상당히 다양한 증상들을 수반한다. 이 증상들은 외견상 극복해야 할 문제로 감지되지만 사실은 면역체계가 오염성 미생물에 맞서 보호 기능을 발휘하며 파손된 조직을 복구하기 위해 시도하는 첫 번째 조치에 불과하다. 열이 생길 경우 이를 막으려고 애쓸 것이 아니라 빠져나가도록 내버려두어야 하는 것도 이 때문이다. 발열은 면역체계가 더 큰 피해로부터 몸을 보호하기 위해 울리는 일종의 경보에 가깝다.

면역학자 알베르토 만토바니가 오염의 유형학을 다룬 한 저서에서 주목했던 것처럼, 오염 자체는 질병으로 발전할 수 있으며 심혈관계 질병이나 동맥경화, 심지어는 종양으로까지 이어질 수 있다.[20] 하지만 여기서 주목해야 할 보다 특이한 점은 염증이 몸을 보호하기 위해 멀리해야 할 오염 현상에도 관여한다는 것이다. 어떻게 설명해야 하나? 염증 과정이 한편으로는 몸을 오염으로부터 보호하고 다른 한편으로는 오염을 오히려 부추긴다면, 그 이유는 무엇인가? 이 표면적인 생물학적 비일관성은 다름 아닌 면역체계의 양가적인 성격에서 유래한다. 이러한 양가성은 인간 신체의 면역체계뿐만 아니라, 우리가 앞서 자세히 살펴본 사회적 면역체계도 똑같이 가지고 있는 특징이다. 집단적인 면역체계와 마찬가지로, 우리의 몸 안에 내재되어 있는 개인적인 면역체계 역시 우리의 몸을 보호하는 것 못지않게 손상시킬 수 있다. 성패는 조절에 달려 있다. 다시 말해 관건이 되는 것은 바이러스의 공격에 대한 면역 반응의 비율이다. 면역체계가 유기체의 정상 상태에 의해 고정되어 있는 어떤 한계점을 넘어설 때 염증은 경직 현상을 거쳐 화재를 일으킨다. 이 화재는 제압하기가 쉽지 않을 뿐 아니라 일단 발생하고 나면 신체의 붕괴 현상을 일으킬 수 있다. 모든 것은 면역체계의 제어에 달렸다. 면역 과정은 주어진 선을 넘지 않는 이상 세포 조직을 복원하고 재생하면서 고유의 보호 기능을 발휘한다. 하지만 동일한 기능을 발휘하는 가운데 조절 능력을 상실하면 막으려고 했던 것보다 훨씬 더 심각한 피해를 일으킨다. 발열의 경우도 초기에는 신체를 위한 일종의 경보 시스템으로 기능한다는 차원에서 유용하지만 한계점을 넘어서면, 몸을 폭발의 위험에 노출시킨다. 하나의 불꽃에 불과하던 것이 몸 전체를 태워버릴지도 모를 대형 화재로 번질 수 있다. 이와 동일한 방식으로, 면역체계 내부에서 생산되는 사이토카인cytokine의 긍정적인 활동도 이른바 사이토카인 폭풍[21]으로 변신할 때 혈관 확장과 순환계 쇼크를 유발하며 신체를 위협하기에 이른다. 바로 이것이 다름 아닌 코비드−19의 경우에 일어난 일이다. 퍼진 불길이 폐를 침범해 호흡을 어렵게 만들 뿐 아니라, 심각한 염증에 의해 발생한 피해가 기관지를 가로막는 것으로 그치지 않고 신장, 중추신경계, 혈관, 심장까지 침범하는 상황이 벌어졌던 것이다.[22]

모든 유형의 과도한 면역 반응이 필수적인 보호전략을 파괴적인 자가면역질환으로 전복시킬 운명에 처한다면, 이러한 과잉은 일종의 '오류' 혹은 '착각'에서 비롯된다. 이 '오류'는 물론 면역체계가 무언가를 놓치기 때문이 아니라 너무 많이 보기 때문에 일어난다. 면역체계는 내부적인 요소들을 모른척하기보다는 인지하고 이들을 표적으로 삼기 때문에 스스로를 상대로 전투를 벌인다. 수십 년간 면역학 연구의 핵심 주제였을 뿐 아니라 처음부터 설명이 불가능한 일종의 수수께끼로 간주되어 왔던 이 '오류'는 본질적으로 자기self와 비-자기non self, 자기와 타자를 구분하지 못하는 상황에서 비롯된다. 20세기 초에 파울 에를리히Paul Ehrlich가 이 수수께끼에 부여했던 이름은 다름 아닌 '자가-독성 공포horror autotoxicus'다. 이 용어 자체가─수용하기 어려울 정도로 무섭다는 점을 표명하며─가리키는 것은 자가-독성이라는 메커니즘, 즉 유기체가 스스로의 몸에 적대적인 항체들을 생산하는 메커니즘이다.[23] 항원을 가로막는 대신 항체 자체를 무력화하는 일종의 자가-항체 같은 것이 존재한다는 생각 자체는 개념적으로 정립하기가 쉽지 않은 문제다. 하지만 이러한 역효과는, 무시해야 할 내부적인 요소들을 애써 식별하려고 노력하다가 이들을 오히려 공격할 때 일어난다. 그런 식으로 면역 장치는 외부의 위협이 아니라 스스로 생성해낸 세포들을 공격하며 꺼야 할 불을 오히려 지피기에 이른다. 이 경우에는, 우리 자신이 ― 우리 신체의 유기체적 요소들이 ― 우리의 면역체계가 공격해야 할 표적으로 설정된다.

현대 면역학이 이러한 자기-공격 현상의 문자 그대로 이율배반적인 성격을 파악하기까지는 거의 반세기의 세월이 흘렀고, 구체적인 상황은 1940년대 말에 자가면역질환을 연구하기 시작하면서 조금씩 분명해지기 시작했다. 자가면역질환은 과거에 생각했던 것처럼 면역체계의 활동에 대한 어떤 반응의 결핍에서 비롯된 것이 아니라 오히려 면역반응의 퇴폐적인 결과에 가깝다. 바로 이를 막기 위해 만들어진 것이 '면역억제제'라는 약품이다. 이 약품은, 과도하기 때문에 유해한 면역반응을 막거나 줄이는 데 쓰인다. 그러나 ― 면역 장치의 복합성을 다시 한 번 증명하며 ― 면역과잉을 막기 위한 기본적인 전략을 제시하는 것도 다름 아닌 면역체계다. 이때 면역체계는 적절한 제어 방식에서 벗어났음을 자각하고 일종의 자가-교정을 시도한다. 예를 들어 소염제 역할을 하는 사이토카인은 스스로가 유발한 화재를 진압하기 위해 일종의 '소방관'으로 나선다. 이와 동일한 차원에서, 면역체계가 과잉 반응을 보일 경우 T 조절세포가 이유 없는 과속을 방지하기 위해 브레이크 역할을 하는 한편, 일종의 생물학적 소화기들이 염증의 열기를 식히는 데 기여한다. 이처럼 극단적으로 복합적인 상황에서 흉선도 자가-역반응을 일으키는 세포들을 제거하고 이들의 분비물을 깨끗이 청소하는 특별한 역할을 맡는다.

물론 면역체계의 자기제어는 ― 즉 고유의 공격적인 성향을 스스로 제재하는 조치는 ― 제한적이고 불완전하다. 감시 기관은 항상 무언가를 놓치기 마련이고, 그런 식으로 체계에 새로운 위기를 초래하는 성향이 있다. 우리가 코비드-19를 겪으면서 배웠듯이, 몇몇 경우에 질병을 성공적으로 치료했다고 해서 동일한 치료법이 또 다른, 훨씬 더 심각한 경우에도 반드시 성공적인 결과를 가져오는 것은 아니다. 하지만 이는 어떻게 보면, 면역억제제로 면역반응을 감소시켜야 하는 경우에도 몸을 바이러스에 무작정 노출시킬 정도로 면역체계 자체를 무기력하게 만들면 안 되기 때문이기도 하다. 자가면역질환의 치료가 특별히 까다로운 것도 바로 이 때문이다. 면역억제제는 오늘날에도 여전히 사용되지만, 부분적으로나마 '단일클론 항체'처럼 부담이 덜한 생물의약품으로 대체되거나 이와 겸용되고 있다. 어떤 경우에든 해결책을 찾기 위한 연구는 자가-항체들의 생산을 저하시켜 면역반응의 체질을 개선함으로써 항상성적인 균형을 되찾는 방향으로 나아가고 있다.

물론 밝혀진 바와 같이²⁴ 완벽한 균형 상태에 도달한다는 것은 사실상 불가능하다. 이는 면역체계의 세포와 분자들이 피해를 복구하기 위해 끊임없이 움직이고, 그런 식으로 신체 조직 내부에서 차후에 일어나게 될 변화를 결정짓기 때문이다. 그런 의미에서 초기의 균형을 일시적으로 잃는 순간들은 때에 따라 균형을 혁신할 수 있는 기회로 이어진다. 이러한 반응과 역반응의 사슬 속에서는, 면역체계를 단순히 환원적 관점에서 관찰할 때 부각되는 외부 미생물과의 관계만 중요한 것이 아니라, 내부에 존재하는 미생물 식민지와의 관계 역시 중요하다. 면역체계의 여러 기능들 가운데 하나는 떨어져 있는 요소들 간의 관계와 정보 유통을 가능하게 하는 인지 기능이다. 당연히 면역체계의 가장 기본적인—과거 어느 때보다도 오늘날에 필요한—기량은 바이러스의 순환을 '막아야' 할 분자들을 생산하는 기량이다. 하지만 면역체계를 단순히 어떤 울타리로만 보는 것은 잘못된 견해다. 왜냐하면 면역체계의 가장 복합적인 과제는 유기체 내부와 외부의 현실이 벌여야 할 일종의 지속적인 협상에 있기 때문이다. 면역체계는 휴식 없이 활동하며 탁월한 감각과 뛰어난 정확도의 조합을 추구한다. 면역체계가 감각적인 이유는, 극소수이지만 잠재적으로 상당히 유해한 병적 요인들을 찾아내 알려주기 때문이고, 정확한 이유는 병적 요인들을 전혀 위험하지 않은 또 다른 미생물들과 구분할 줄 알기 때문이다. 아울러 이러한 특징들을 언급할 때 잊지 말아야 할 것은—얼핏 독특해 보이는 정황이지만— 인간의 몸도 절반은 미생물로 구성되어 있으며 이를 제거할 경우 신체에 심각한 문제를 일으킨다는 사실이다. 예를 들어 내장에 위치한 미생물 식민지는 소화기관과 중추신경계 사이에서 중재라는 굉장히 중요한 역할을 맡는다. 뭐랄까— 공동체와 면역성의 패러다임적인 대립 관계와는 달리—면역체계는, 그것의 다양한 환경적 구성 요소들을 검토할 때, 서로 상이하면서도 각자가 모두의 삶에 꼭 필요한 역할을 수행하는 독특한 개인들의 공동체에 가깝다.[25]

6.   팬데믹을 묘사하는 데 빈번히 전쟁의 비유가 활용된다는 사실은 널리 알려져 있다. 최근 몇 년간 정치가들과 기자들은 물론 의사들과 보건복지부의 관계자들까지도 바이러스와의 대립을 묘사하기 위해 '천적', '영웅', '전선', '무기', '보급', '방어' 같은 용어들을 사용했다. 이러한 비유 자체의 부적절함을 굳이 언급하지 않더라도, 이 용어들의 무분별한 사용에 거부반응을 일으키는 사람들은

재난에 대처해야 할 시민들 간의 연대의식과 공동체 의식이 필요한 시기에, 전쟁의 어휘가 오히려 '분리'를 조장할 수 있다는 점을 지적했다. 더 나아가, 이들은 이처럼 공격적인 상황을 묘사하는 어휘들이 두려움을 조장하기 때문에 결과적으로는 정부가 취하는 팬데믹 대응조치의 권위주의적이고 강압적인 성격에 주목하지 못하도록 만들 수도 있다는 우려를 표명했다.[26] 이러한 관찰들이 얼마나 정확한지에 대해서는, 혹은 이러한 견해가 지나친 우려에서 비롯된 것은 아닌지에 대해서도 의견의 차이가 있을 것이다. 하지만 모두가 침묵으로 일관하며 간과한 것은 이러한 군사 용어들이 면역의 패러다임과 결코 무관하지 않다는 사실이다. 실제로 의학에서 전쟁의 이미지들이 빈번히 사용된다는 것은 널리 알려져 있다. 하지만 여기서 주목해야 할 것은 이 전쟁의 이미지들이 면역학에서 특별히 중요한 위치를 차지한다는 점이다. 앞서 살펴보았듯이 수십 년간 면역체계의 보호 기능을 묘사하는 것은 군사 용어들이었고 이에 의존하는 것보다 더 나은 방식은 찾기가 어려웠다. 면역화 과정의 설명은 진정한 의미의 전쟁을 설명하는 어휘로 번역되었고 신체의 생존을 위해 항체들로 구성된 군대가 미생물 침략군과 싸우는 전쟁의 형태로 묘사되었다.

우리는 면역 패러다임의 의미론이 법률-정치적인 차원에서 의학-생물학적인 차원으로 전이되는 과정의 역사적이고 인식론적인 맥락을 — 대규모 전염병과의 전쟁이나 사회-다윈주의적인 이데올로기의 지배에 대해 — 잘 알고 있다. 하지만 이러한 의미론적 전이는 자기self와 비-자기non self의 대립 구도를 중심으로 구축된 생물학적 면역 개념의 어떤 철학적 결과이기도 하다. 이를 처음으로 이론화했던 면역학자 프랭크 버넷Frank Macferlane Burnet의 주장에 따르면 "항체 생산, 혹은 유기체가 일으키는 또 다른 유형의 면역 반응은 이질적인 질료에 맞서, 다시 말해 유기체의 일부가 아닌 무언가에 맞서 일어난다."[27] 뒤이어 일어난 일련의 사건들, 예를 들어 에이즈의 확산 같은 사건들이 이러한 투쟁적인— 공격적인 동시에 방어적인— 차원의 해석을 더욱더 강화하는 가운데 이 해석과 교차하면서 점점 더 분명한 방식으로 부각되었던 것이 바로 현대의 생명정치적인 어휘다. 이 생명정치적인 해석의 중심에는, 어떤 진화 과정 또는 관계들의 체계적인 구도라기보다는, 개인적인 생물학적–유기체적 정체성이 자리 잡고 있었다. 이는 외부의 공격을 막고 주변 환경으로부터 고립시켜 불변하는 상태로 보존해야 할 일종의 모나드monade에 가까웠다. 아울러 이 생물학적 정체는 심리학적 정체와 동종으로 간주되며 거의 형이상학적인 차원을 확보했고, 결과적으로 몸 안에 거주하는 페르소나의 정신적 핵에 완벽히 상응하는 유형의 통합적인 신체로 이해되기 시작했다.

하지만 이러한 관점은 처음부터 해결하기 힘든— 면역체계 자체의 기능과 직결되는— 문제에 봉착해 있었다. 이는 항원에 의해 활성화된 항체들이 유기체의 내부 구성요소에게만큼은 아무런 영향도 끼치지 않는다는 것이 어떻게 가능한가라는 질문을 피해갈 수 없었기 때문이다. 이를 설명할 수 있는 유일한 방법은 면역체계가 그것을 '인지'하지 못하거나 '관용'하기 때문에 외부에서 침입한 병균들만 제한적으로 공격한다고 가정하는 것뿐이었다. 하지만 그런 식으로는 면역체계가 고유의 신체를 이해하지 못하는 장님이나 벙어리에 가깝다는 문제가 있었기 때문에, 면역체계는 본질적인 차원에서 부정적인 의미로, 즉 고유의 역할을 완전히 수행하지 않을 때에만 본연의 기능을 발휘하는 체계로 정의되었다. 면역의 이러한 수동적 개념은 해결할 수 없는 이중의 문제, 즉 한편으로는 이인자형이식trapianti allogeni이 장기적인 관점에서 불가능하다는 점을 설명하지 못하고, 다른 한편으로는 자가면역질환의 원인을 설명하지 못한다는 문제를 안고 있었다.

이를 설명할 수 있는 유일한 길은 면역학의 목표 자체를 개인의 완전성 보존이라는 차원에서 정체성의 진화라는 차원으로 바꾸는 것뿐이었다. 이러한 관점을 제시했던 인물은 19세기 말에 파스퇴르 연구소에 합류했던 메치니코프다. 면역 과정을 복원의 차원이 아니라 역동적인 진화의 관점에서 관찰한 메치니코프는 면역 장치를 외부 환경에 대한 보호 장벽이 아니라 외부와의 소통에 필요한 일종의 필터로 이해했다. 이러한 관점에서—물론 당시에는 어느 정도 미숙한 방식으로 소개되었기 때문에 오랫동안 인정받지 못한 채로 남아 있던 메치니코프의 관점에서—개인의 몸은 어떤 폐쇄된 실체라기보다는 오히려 시간이 흐르는 가운데 진화하며 사회공동체 내에서—버넷의 흥미로운 표현에 따르면 '극상군집climax community' 안에서—지속적인 변화를 일으키는 구성체에 가까웠다. 이러한 변화 덕분에—몇십 년 후에는—장기 이식에 필요할 뿐 아니라 산모의 입장에서 태아를 보호하는 데 요구되는 '면역 관용'도 더 이상 면역체계의 맹점이 아니라 발생 단계에서 발휘되는 능동적인 습득의 기량으로 간주되기 시작했다. '클론 선택 이론'에 따르면, 신체를 자기-파괴적인 성향으로부터 보호하는 것은 자기항원에 반응하는 클론들을 제거할 줄 아는 기량이다. 더 나아가, 이처럼 면역성의 개념이 부정적인 차원에서 벗어나 긍정적인 의미를 획득하는 정황은, 이인자형이식이 거부되기보다는 특정 상황에서 오히려 면역체계의 도움을 받는다는 설명을 가능하게 해주었다. 피터 메더워Peter Medawar의 주장대로, 유기체는 훈련을 통해 몇몇 외부적인 요소들을 고유의 것으로 인지하며 받아들이는 방법을 터득할 수 있다. 결과적로는 이식이—이러한 중재를 주도한 것이 면역체계인 만큼—면역억제제를 사용하지 않고서도 가능해진다.[28] 이는 곧 면역관용을 비-면역성 또는 면역성의 결핍으로 간주할 것이 아니라, 오히려 스스로를 위하는 동시에 거스르며 기능하는 일종의 역행 면역으로 이해해야 한다는 것을 의미한다.

　　순수하게 방어적인 차원과는 근본적으로 다른 이미지의 면역 개념을 제시했던 이 새로운 연구들은 1970년대에 예르네Niels Jerne의 네트워크 이론 및 파리 학파의 '자율적 네트워크 이론 Autonomous Network Theory'과 교차되기에 이른다. 자기성찰적인 성격을 분명하게 보여주는 인지론적인 유형의 해석을 바탕으로 관찰하면, 면역체계는 외부적인 요소들까지 포괄한다는 것이 드러난다. 결과적으로 자기와 비-자기, 고유성과 비고유성, 항원과 항체 간의 전통적인 대립 관계가 무너지고, 이들이 서로의 역할을 교환할 수 있는 단계에 도달한다. 지금은 전자를 항원결정기epitope, 후자를 항체결합부의paratope라고 부른다. 예르네에 따르면 "면역체계는 일군의 '유전자형 항원결정기idiotope'를 **인지하는** 항체결합부위들과 일군의 항체결합부위에 의해 **인지되는** 유전자형 항원결정기로 함께 구성되는 일종의 복잡하면서도 거대한 네트워크다."[29] 현실 세계 전체를 '나'의 자기성찰적인 영역으로 환원시켜버릴지도 모를 정신주의적 파생의 위험이 실재함에도 불구하고, 이 자기 성찰의 영역은 구축적인 차원에서 변화하는 것으로, 여하튼 타자와의 구분이 불가능한 것으로 나타난다. 왜냐하면 타자를 스스로의 내부에 받아들이고 그와 끊임없이 대화를 나누기 때문이다. 면역체계는 '자기'를 알아보는 순간 이를 파괴할 수 있기 때문에 알아보면 안 된다는 선입견이 사라지자, 학자들은 이 견해를 완전히 전복시켜, 면역체계가 유일하게 하는 일이 오히려 '자기'를 알아보는 일이며, 단지 스스로와 타자를 더 이상 구분하지 않는 관점에서 바라볼 뿐이라는 결론에 도달했다. 이 복잡하면서고 매혹적인 변천과정을 탁월하게 재구성한 저서에서 알프레드 토버Alfred Tauber도 이런 결론을 내린다. "면역체계의 기능은 '타자와의 대조를 바탕으로' 스스로의 정체를 확인하는 데에만 소요되는 것이 아니라, '스스로를 바탕으로' 자기를 끊임없이 정의하는 데에도 소요된다. 이와 유사한 상황이 전제될 때, 면역체계는 항상 '자기'와 '타자'를 끊임없이 생산하는 열린 형태의 자기규정 체계라고 볼 수 있다."[30]

오늘날 우리는—대략 몇십 년 전부터 심화되는 양상을 보인—생물학적 면역 패러다임의 뿌리 깊은 변화를 목격하고 있다. 면역체계는 더 이상 외부 환경과의 차별화를 가져오는 울타리가 아니라, 특정 상황에서 외부와의 관계를 오히려 용이하게 만드는 요소로 간주된다. 안정적이고 배타적인 유형의 면역체계 대신 부각되는 것은 역동적이고 수용적인—어떻게 보면, 임무니타스라기보다는 오히려 코무니타스에 가까운— 면역체계다. '나' 또는 '자기'는 스스로를 보호하기 위해 작동시킨 면역화에 선행하는 무언가가 아니라 오히려 면역화의 결과이자, 정체성과 타자성의 생산적인 교환 혹은 처음부터 이질화된 정체성의 결과에 가깝다.[31] 결과적으로, 버넷이 주장했던 내용들 가운데 유기체가 고유의 신체적 요소들을 공격하며 면역 반응을 보이는 경우는 없다는 논제뿐만 아니라 면역체계가 모든 외부적 요인에 무조건적으로 반응한다는 논제도 무의미해진다. 자가—역반응뿐만 아니라 자가면역질환과도 분명하게 구분되어야 할 자가면역성은 질병이 아니라, 모든 생명체에 실재하며 생명체의 항상성을 위해 결정적인 역할을 하는 생물학적 장치에 가깝다. 모든 유기체는 고유의 내부에 이질적인 구성 요소들을—산모 안의 태아를 비롯해, 균과 세균마저—지니며, 이 요소들은 심지어는 유기체의 상당부분을 구축하기까지 한다. 질병은 어떤 외부 요인이 유기체를 침범할 때 발생하는 것이 아니라— 이것은 규칙이지 예외가 아니며—신체의 항상성적인 발달에 부정적인 영향을 끼칠 때 발생한다. 생명체는 90%가 균으로 구성되고 10%만 고유의 유전체를 보유하는 세포들로 구성된다. 따라서 '나'는 '자기'보다 열배나 더 '타자'에 가깝다고 얼마든지 말할 수 있다.[32] 물론 몇몇 세균은 유해하지만 모든 세균이 나쁜 것은 아니다. 대부분의 세균은 질병과 무관하거나 인간에게 유용하고 한편으로는 인간도 세균에게 유용하다. 인간은, 어떤 개별적 존재라기보다는, 다양한 요소들의 조합으로 형성되는 일종의 에코 시스템에, 혹은 신진대사나 조직의 복구 및 재생에 꼭 필요한 공생생물들의 서식지로 보아야 할 일종의 사회 면역 혹은 공동—면역[33] 체제에 가깝다. 우리는 생물다양성이 그 자체로 질병을 막는다는 관점에 동조하지 말아야 할 뿐 아니라, 그 자체로 질병을 치료한다는 상상에서도 벗어날 필요가 있다.

7. 그러나 **코무니타스**와 **임무니타스**, 공동체와 면역성의 불가분한 관계는 우리가 지닌 면역체계의 상흔 속에만 숨어 있는 것이 아니라, 팬데믹의 피해자인 우리 모두를 한 곳으로 모으거나 분산시키는 복잡한 관계 속에도 각인되어 있다. 팬데믹이 일어나자, 한때 코무니타스와 임무니타스의 패러다임적인 대립 관계로 인지되던 것은 느닷없이―마치 원래는 그런 모습이 아니었다는 듯―한 개념이 다른 개념과 분리되지 않는 변증관계로 인지되기 시작했다. 앞서 살펴본 바와 같이, 이 개념들은 어느 하나라도 양자 간의 관계성을 떠나서는 아무런 의미를 지니지 않는다. 역사적으로 면역화를 거치지 않은 공동체가 존재한 적이 없듯이, 면역은 모든 개개인과 모든 사회에 주어지는 공통의 장치다. 물론 그렇다고 해서 양자 간의 근원적인 차이가 우리의 역사에 끼친 뿌리 깊은 영향이 무산되는 것은 아니다. 공동체가 고유의 구성원들을 동일한 조건 하에 통합하는 반면, 면역성은 면역의 혜택을 누리는 자들과 누리지 못하는 자들을 분리시킨다. 이러한 분리 현상은 실제로 법률, 사회, 기술, 생물-의학을 비롯한 거의 모든 영역에서 일어났다. 이러한 각도에서 관찰하면, 공동체와의―논리적이고 어원론적인―대립관계가 다시 부각될 수밖에 없다. 공동체가 고유의 보편성을 기준으로 평등성의 차원과 직결되는 반면, 면역성은 일종의 특권에 가깝다. 면역의 혜택을 누리는 자는 어떤 공통적인 위험 혹은 공통의 의무에서 벗어나 특권적인 위상을 누린다.

팬데믹이 근본적인 차원에서 위기에 빠트린 것은 바로 이 면역성과 특권의 관계라는 오래된 구도다. 전 세계로 빠르게 확산된 바이러스는 인종, 성별, 사회적 위치, 권력의 차이를 이유로는 결코 빠져나갈 수 없는 상황에 모두를 몰아넣음으로써 세계를 하나로 통합해버렸다.[34] 어떤 의미에서는 팬데믹이 근원적인 코무니타스를—혹은 우리가 타자와의 관계에, 아울러 이 관계가 수반하는 접촉에 노출된다는 전제하에 존재하는 코무니타스를—복원시켰다고도 볼 수 있다. 물론 이러한 정황은 창궐한 병/악의 억압 하에 우리 모두가 경험한 극단적으로 부정적인 차원에서 발견된다. 하지만 이 코무니타스는 고난과 고통의 그물 안에서 부각되는 인간의 약함이 인류의 구축적인 요소라는 것을 보여준다. 그 누구도 예기치 못한 방식과 격렬한 형태로 느닷없이 일어난 것은, 다름 아닌 근대의 문명화가 구축했던 면역학적 울타리의 붕괴에 가까운 기능 저하였다. 개개인의 신체가 지닌 면역체계는 물론, 수세기에 걸쳐 견고한 보호 장벽을 구축해온 사회공동체적 몸의 면역체계도 바이러스의 공격에 효과적으로 대처하지 못하는 모습을 보였다. 전염의 위협에 노출된 공동체를 보호하기 위해 필요한 유일한 해결책은—어떻게 보면 원시적이지만—엄격히 분리된 공간 안에 사람들을 격리함으로써, 인위적인 면역화를 추진하는 것이었다. 모두가 의미론적 모순을 충분히 의식한 상태에서 사용했던 '사회적 거리두기'라는 말 자체는 공동체를 보호하기 위해 필요한 공동체의 해체가 과연 무엇을 의미하는지 분명하게 보여준다. 개개인을 분리하는 형태로 사회를 통합하는 근대화의 한 방식을 극대화하면서, '사회적 거리두기'는 바이러스로부터 사회를 보호하기 위해 사회 구성원들을 분산시켰다.

일종의 개인적인 울타리치기에 가까웠던 이 첫 단계의 방어가, 어떤 한계를 넘지 않고 무엇보다도 일정 기간을 초과하지 않는다는 조건하에서만 가능했던 반면, 백신이라는 면역 장치를 사용하는 후속 단계의 방어는 훨씬 더 효과적이었다. 이 경우에도 임무니타스와 코무니타스의 발전 경로가 전례 없는 방식으로 교차되는 현상이 일어났다. 주목해야 할 것은 백신이라는 **면역**im-mune의 가장 전형적 도구가 우리에게 가장 필수적인 **공통**co-mune의 자산이 되었다는 사실이다. 역사상 처음으로 면역의 필요성이 일부가 아닌 전체에, 그러니까 지구상에서 살아가는 모두에게 적용되어야 하는 상황이 벌어진 것이다. 세계 전체의 면역화는 이제껏 한 번도 일어난 적이 없을 뿐 아니라 그 누구도 상상조차 해본 적이 없는 일이었다. 분명한 것은 우리가 그 의미를 완전히는 파악하기 힘든 역사적 전환점을 맞이했다는 것이다. 우리는— 반복되는 이야기이지만 역사상 처음으로 — 코무니타스와 임무니타스를 일치시키려는 성향의 경로 선상에, 달리 말하자면 임무니타스가 더 이상 코무니타스를 절개하는 칼이 아니라 코무니타스 자체의 형식으로 간주되어야 하는 상황에 놓여 있다. 상상조차 하기 힘들었던 이러한 변화가 오늘날 가능해진 것은 어떤 윤리적인 선택이—실제로 곳곳에서 표명되었던 것처럼— 이루어졌기 때문이 아니라, 모두의 관심이 한 곳으로 수렴되면서— 역사상 처음으로— 온 세상을 구하지 않고서는 세상의 어느 한 부분을 구할 수 없다는 점이 분명하게 드러났기 때문이다. 물론 우리는 이와 유사한 종류의 인상을 일찍이 오늘날의 환경오염과 관련하여 받아본 적이 있다. 이 경우에도 관건은, 환경오염으로 인해 절실해졌을 뿐 아니라 불가피한 것으로 판명된 환경학적 변화의 요구가 과연 지구촌 전체에 적용되어야 하는가라는 문제였다. 하지만 환경오염의 문제는 강도와 속도의 측면에서 팬데믹보다 훨씬 느리게 해결된다는 차이가 있다. 환경 문제의 경우 대다수가 일시적인 위험으로 간주했던 것은 여하튼 장기적인 안목에서 해결해야 할 문제로 드러났지만, 팬데믹의 경우 바이러스의 위협은 수많은 사람들의 의식 속에 어떤 잔혹한 죽음의 위험으로, 혹은 예측이 불가능할 뿐 아니라 치명적인 결과를 가져올 수 있는 질병으로 각인되었다.

바로 그런 이유에서 시민들뿐만 아니라 각 나라의 정부에서 요구했던 것이 다름 아닌 '사회 면역immunità comune' 혹은 '공동 면역'이다. 이는 무엇보다도 백신의 보급 정책에서 단 한 나라라도 제외될 경우 발생할 수 있는 위험을 각국 정부에서 충분히 의식하고 있었기 때문이다. 오늘날의 세계는 총체적인 차원에서 이른바 '집단 면역' 혹은 '사회 면역'의 단계에 도달할 때에만 병/악에 저항할 수 있는 기회를 얻는다. 하지만 이러한 보편적인 면역의 필요성이 항상 ― 각국의 수장들이 모인 정상회담에서 강력하게 표명되었음에도 불구하고 ― 현실적인 상황에 부합하는 조치로 이어지는 것은 아니다. 세계보건기구(WHO)의 보고를 살펴보면, 2021년에 진행된 백신접종만으로는 집단 면역 단계에 도달하는 것이 사실상 불가능했던 것으로 나타난다. 「네이처Nature」는 그 원인으로 백신접종이 모든 나라에서 동일한 방식으로 이루어지는 것은 아니라는 점과 변종 바이러스의 확산이 백신의 효과를 무력화할 수 있다는 점, 접종 후 면역 효과가 얼마나 오랫동안 유지되는지 알 수 없다는 점, 백신접종자의 부주위한 행동이 팬데믹의 악화를 조장할 수 있다는 점 등을 꼽았다.[35]

언제나 **만남**과 **충돌**의 변증관계에 놓여 있는 코무니타스와 임무니타스가 결정적으로 조합될 수 있는 가능성은 크지 않다. 면역 장치에 의해 생산되는 동시에 유지되는 **부정성**은 완전히 사라지지 않고 언제나 새로운 형태로 다시 부각되기 마련이다. 세계는 먼저 바이러스의 폭발적인 확산에 의해, 뒤이어 팬데믹이 촉발한 면역화의 요청에 의해 하나로 통합되었지만 백신이 생산되자마자 다시 사방으로 분리되기 시작했다. 이는 백신의 접종 단계에 도달하는 방식과 이에 대한 견해가 사람마다, 나라마다 판이하게 달랐기 때문이다. 이러한 분리 현상은 예를 들어 접종 시간과 방법의 차이로 인해 각국 내부에서 발생했을 뿐 아니라 백신을 충분히 보유하고 있는 나라와 그렇지 못한 나라들 사이에서도 발생했다. 팬데믹 초기에 얼마간 통합되는 듯이 보였던 세계는 강대국에 속하는 나라와 그렇지 못한 나라들 사이에 좁히기 힘든 격차가 존재한다는 것을 어김없이 드러냈다. 아울러 처음부터 백신을 충분히 수급할 수 있었던 선진국들의 경우에도, 사실은 백신의 자체 생산 능력을 갖춘 나라와 수입의 기회를 엿보면서 차례를 기다려야 했던 나라 사이에 커다란 차이가 있었다. 수십억을 웃도는 백신의 수요와 실질적으로 공급이 가능한 분량 사이에도 어마어마한 차이가 있었지만, 예상 접종률이 90%에 달하는 백신 보유국들과 예상 접종률이 믿기 힘들 정도로 저조한 나라들 사이에는 훨씬 더 커다란 차이가 존재했다. 적어도 어느 시점까지는 아프리카에 지극히 미미한 분량의 백신만이 보급되었던 것으로 보인다. 이러한 현상에 주목하면, 백신은 글로벌 면역화를 통해 불평등을 제거해야 할 강력한 도구임에도 불구하고 결국 초기의 면역화 단계에서 분리와 배제에 몰입하던 성향을 재현함으로써 불평등을 오히려 배가했다고 볼 수 있다. 이 경우에 임무니타스는 코무니타스와 가까워지기는커녕 오히려 거리를 점점 더 넓히면서 원래의 '특권'적인 차원을 향해 퇴보했다고 보아야 한다.[36] 경제력의 차이뿐만 아니라 기술력의 차이도 세계의 분리를 조장하는 데 일조한다. 대부분의 나라에 기술적 노하우가 부족한 반면 백신 생산을 소수 국가에서 독점하고 있는 정황은 대다수의 국가가 백신 수입에 뒤따르는 경제적 손실을 감내하며 더욱더 빈곤해질 것인지 아니면 바이러스에 운명을 맡겨야 하는지 결정해야 하는 상황을 초래하기 마련이다.

이 시점에서는 여러 국가들 간의 관계만 중요한 것이 아니라 공공연히 자신들의 이익 보호에 주력하는 대형 제약사들과 정부 간의 관계 역시 중요해진다. 이미 특허법을 폐지하고 백신 생산을 허가하는 문제와 관련하여 분쟁이 발생했고, 이를 주제로 상당수의 공인과 개인이 뛰어들어 열띤 논쟁을 벌였다. 이러한 논쟁은 단순히 정부와 빅-파마Big Pharma 간의 분쟁으로 그치지 않는다. 이는 제약 산업의 상당 부분이 여러 기관들의 개입을 수반하기 때문이다. 이러한 문제는 분명히 선의만으로는 해결되지 않는다. 이는 무엇보다도 상충되는 이해관계들이 지속적으로 양산되기 때문이다. 대형 제약회사들이 사회가 제안하는 일련의 조치들을 거부하며—때로는 정부의 지지를 얻어—내세운 명분은 백신 생산과 관련된 지적 소유권이 말소될 경우 연구에 필요한 기부자들의 경제적 지원이 끊길 수 있다는 점과 백신의 글로벌 생산은 후진국들의 기술력이 부족하기 때문에 사실상 불가능하다는 점이었다. 하지만 이러한 명분들은 모두 수단과 관련된 것들이고 글로벌 팬데믹이라는 새로운 현상 혹은 현실과는 무관해 보이기까지 한다. 무엇보다도, 미국과 영국에서 실행한 자국 생산품의 수출 제재 같은 조치는 삼가야 한다. 물론 대형 제약사들의 주식이 하락하는 일은 피해야 하겠지만 그렇다고 해서, 경제력이 부족한 구매자들을 위해 백신의 가격을 현저하게 낮춰야 하고 또 그럴 수 있다는 사실이 무의미해지는 것은 아니다. 협상을 통해 해결할 수 없는 분쟁이 일어날 때마다 발생하는 문제는 언제나 경제적이거나 기술적일 뿐 아니라 동시에 정치적이다. 과거 어느 때보다도 오늘날 목소리를 높여야 하는 것이 정치다. 경제적 이윤의 원칙이 우세를 점하게 되면, 우리는 패배가 예정된 경기를 시작하는 셈이다. 반대로 정치가— 정치 없이는 해결될 수 없는 상황에 직면한 상태에서— 활성화되어 스스로의 필요성을 알릴 수 있다면, 물론 어려운 싸움이 되겠지만, 적어도 싸움에 뛰어들 수 있는 조건은 마련된 셈이다. 생명정치 체제가 절정에 달한 오늘날만큼 정치가 생명/삶의 보호와 발전에 직접적으로 관여해야 했던 적은 일찍이 없었다. 정치가 주목해야 할 것은 개별적인 종족의 생명뿐만 아니라 무엇보다도 인류 전체의 생명이다. 코무니타스와 임무니타스가 극단적인 형태로 중첩되는 지점에서, 각자의 생명은 오로지 모두의 생명에 의해서만 보호될 수 있다.

1   P. Zylberman, *Tempêtes microbiennes. Essai sur la politique sanitaire dans le monde transatlantique*, Gallimard, Paris 2013, p. 24.

2   J.-P. Dupuy, *Pour un catastrophisme éclairé. Quand l'impossible est certain*, Seuil, Paris 2004, p. 180. 동일한 문장이 Zylberman, *Tempêtes microbiennes*, p. 39에 인용되어 있다.

3   Zylberman, *Tempêtes microbiennes*, p. 40.

4   R. Preston, *The Cobra Event*, Ballantine Books, New York 1997 [trad. it. *Il giorno del cobra*, Rizzoli, Milano 1998]. 프레스턴은 뒤이어 출판한 책들을 통해서도 이와 유사한 결과를 얻었다. *The Hot Zone. The Terrifying true Story of the Origins of the Ebola Virus*, Anchor Books, New York 1995 [trad. it. *Area di contagio. La vera storia del virus Ebola*, Rizzoli, Milano 1996], *The Demon in the Freezer*, Random House, New York 2000.

5   L. Garret, *The Coming Plague. Newly Emerging Diseases in a World Out of Balance*, Farrar, Straus & Giroux, New York 1994, Garret, *Betrayal of Trust. The Collapse of Global Public Health*, Oxford University Press, Oxford 2000.

6   예를 들어 미국 정보 규제국(Office of Information and Regulatory Affairs)의 디렉터 선스타인R. Sunstein이 이를 어떻게 묘사하는지 확인할 수 있다. *Worst-Case Scenario*, Harvard University Press, Cambridge(Mass.) 2009. '최악의 사태' 논리에 대해서 이하의 저서들 참조. C. Rosset, *La logique du pire. Éléments pour une philosophie tragique*, Puf, Paris 1971, J. Whitman 편, *Politics of Emergent and Resurgent Infectious Diseases*, MacMillan - Saint-Martin's Press, New York 2000, D. Rosner, G. Markowitz, *Are we ready? Public Health since 9/11*, University of California Press, Berkeley 2006, O. Borraz, *Les politiques du risque*, Presses de Science Po, Paris 2008.

7   J. Habermas, K. Günther, *Kein Grundrecht gilt grenzenlos*, in «Die Zeit», maggio 2020.

8   R. Birnbaum, G. Ismar, *Schäuble will dem Schutz des Lebens nicht alles unterordnen*, in «Der Tagesspiel», 26 aprile 2020.

9   J. Habermas, *Die Zukunft der menschlichen Natur. Auf dem Weg zur liberalen Eugenetik*, Suhrkamp, Frankfurt am Mein 2001 [trad. it. *Il futuro della natura umana. I rischi di una genetica liberale*, L. Ceppa 편, Einaudi, Torino 2002].

10   건강과 자유의 관계에 대해서는 이하의 저서들 참조. C. Iannello, *Salute e libertà. Il fondamentale diritto all'autodeterminazione individuale*, Editoriale scientifica, Napoli 2020, C. Ocone, *Salute o libertà. Un dilemma storico-filosofico*, Rubbettino, Soveria Mannelli 2021.

11 Ph. Bobbitt, G. Calabresi, *Tragic Choices*, Norton & Company, New York 1978 [trad. it. *Scelte tragiche*, Giuffrè, Milano 2006].

12 이탈리아에서 이루어진 논쟁에 대해서는 이하의 글들 참조. G. Agamben, *A che punto siamo? L'epidemia come politica*, Quodlibet, Macerata 2020, G. Zagrebelsky, *Non è l'emergenza che mina la democrazia. Il pericolo è l'eccezione*, in «la Repubblica», 29 luglio 2020, C. Galli, *Epidemia tra norma ed eccezione*, https://www.biuso.eu/wp- content/uploads/2021/04/Carlo-Galli.-Epidemia-tra-norma-ed-eccezione.pdf, 9 aprile ? 2020.

13 C. Schmitt, *Die Diktature. Von den Anfängen des modernen Souveränitätsgedankens bis zum proletarischen Klassenkampf*, Duncker & Humblot, Berlin 1921 [trad. it. *La dittatura. Dalle origini dell'idea moderna di sovranità alla lotta di classe proletaria*, Laterza, Bari 1975.]

14 S. Romano, *Sui decreti-legge e lo stato di assedio in occasione del terremoto di Messina e di Reggio Calabria*, in «Rivista di diritto pubblico», 1909, p. 289.

15 같은 책, pp. 297-98.

16 같은 책, p. 294.

17 정치와 과학의 복잡한 관계에 대해서는 베버에 관한 카차리의 논문 참조. M. Cacciari, *Il lavoro dello spirito*, Adelphi, Milano 2020. 면역 패러다임의 관점에서 오늘날의 위기와 바이마르의 위기를 비교한 흥미로운 분석을 이하의 저서에서 찾아볼 수 있다. F. Serra di Cassano, *R-esistere. Dal pathos della 'Kultur' al paradigma immunitario. Thomas Mann e le tensioni della modernità*, Bibliopolis, Napoli 2021.

18 전문가들로 구성되는 정부의 문제를 정확하게 면역 패러다임의 관점에서 조명한 디 체사레의 저서와 동일한 주제를 다룬 이하의 저서 참조. D. Di Cesare, in *Virus sovrano. L'asfissia capitalistica*, Bollati Boringhieri, Torino 2020, A. Martone, *NoCity. Paura e democrazia nell'età globale*, Castelvecchi, Roma 2021, pp. 107 이하.

19 C. J. Bickerton, C. Invernizzi Accetti, *Technopopulism. The New Logic of Democratic Politics*, Oxford University Press, Oxford 2021.

20 A. Mantovani, *Il fuoco interiore. Il sistema immunitario e l'origine delle malattie*, Mondadori, Milano 2021.

21 D. C. Fajgenbaum, L. Rénia, L. F. P. Ng e C. H. June, Cytokine Storm, in «The New England Journal of Medicine», n. 383, 2020, pp. 2255-73.

22 M. Z. Tay, C. M. Poh, P. A. MacAry, *The trinity of Covid-19: immunity, inflammation and intervention*, in «Nature Reviews Immunology», n. 20, 2020, pp. 363-74.

23 P. Ehrlich, J. Morgenroth, *Über Hämolysine V: Mitteilung*, in «Berliner Klinische Wochenschrift», n. 38, 1901, pp. 251-57. S. Avrameas, *Natural autoantibodies:*

from 'horror autotoxicus' to 'gnothi seauton', in «Immunology Today», n. 12, 1991, pp. 154-59, A. M. Silverstein, *Autoimmunity versus horror autotoxicus: The struggle for recognition*, in «Nature Immunology», n. 2, 2001, pp. 279-81, S. Herbrechter, M. Jamieson 편, *Autoimmunities*, «Parallax», n. 23, 2017.

24 A. Viola, *Danzare nella tempesta. Viaggio nella fragile perfezione del sistema immunitario*, Feltrinelli, Milano 2021.

25 L. Margulis, *Symbiosis in Cell Evolution*, Freeman, New York 1981, S. F. Gilbert, J. Sapp, A. I. Tauber, *A symbiotic way of life: we have never been Individuals*, in «The Quarterly Review of Biology», n. 87, 2012, pp. 325-41, E. Muraille, *Redefining the Immune System as a Social Interface for Cooperative Process*, in «PLoS Pathogens», n. 9, 2013 (https://journals.plos.org/plospathogens/article?id=10.1371/journal.ppat.1003203), Y. Belkaid, O. J. Harrison, *Homeostatic Immunity and the microbiota*, in «Immunity», n. 46, 2017, pp. 562-76, G. Eberl, *A New Vision of Immunity: Homeostasis of the Superorganism*, in «Mucosal Immunology», n. 3, 2010, pp. 450-60.

26 코비드-19를 설명하기 위해 남용되는 전쟁의 메타포에 대해서는 이하의 저서 참조. E. Martinez-Brawley, E. Gualda, *Transnational Social Implications of the Use of the 'War Metaphor' Concerning Coronavirus: a Bird's Eye View*, in «Culture e Studi del Sociale», n. 5, 2020, pp. 259-72.

27 F. M. Burnet, *The Integrity of the Body. A Discussion of Modern Immunological Ideas*, Harvard University Press, Cambridge (Mass.) 1962, [trad. it. *Le difese organiche*, Boringhieri, Torino 1967, p. 82], Burnet, *Self and Not-Self: Cellular Immunology*, Cambridge University Press, London 1969.

28 E. M. Lance, P. B. Medawar, E. Simpson, *An Introduction to Immunology*, Wildwood House, London 1977 [trad. it. *La nuova immunologia*, Boringhieri, Torino 1979].

29 N. K. Jerne, *Toward a Network Theory of the Immune System*, in «Annales de l'Institut Pasteur / Immunologie», vol. 125, 1974, pp. 373-89 [trad. it. *Verso una teoria del sistema immunitario come rete di interazioni*, in G. Corbellini 편, *L'evoluzione del pensiero immunologico*, Bollati Boringhieri, Torino 1990, p. 252].

30 Tauber, *L'immunologia dell'io*, p. 171.

31 S. Lidgard, L. K. Nyhart, *The Work of Biological Individuality: Concepts and Contexts, in Biological Individuality. Integrating Scientific, Philosophical, and Historical Perspectives*, The University of Chicago Press, Chicago-London 2017, pp. 17-62, A. Guay, Th. Pradeu, *Individuals accros the Sciences*, Oxford University Press, New York 2016.

32 T. Martin 편, *Le tout et les parties dans les systèmes naturels*, Vuibert, Paris 2007, Carosella, Pradeu, *L'identité, la part de l'autre*, T. Pradeu, *Les limites du soi: im-*

munologie et identité biologique, Press Universitaires de Montréal, Paris-Montréal 2009.

33 L. Chiu, T. Bazin, M. E. Truchetet, T. Schaeverbeke, L. Delhaes e T. Pradeu, *Protective Microbiota: From Localized to Long-Reaching Co-Immunity*, in «Front Immunol.», n. 8, 2017 (https://www.frontiersin.org/articles/10.3389/fimmu.2017.01678/ full).

34 P. Vineis, *Salute senza confini. Le epidemie della globalizzazione*, Codice, Torino 2020.

35 「네이처Nature」에 실린 기사를 그대로 옮긴 *Raggiungeremo mai l'immunità di gregge?*, https://www.ilpost.it/2021/03/19/raggiungeremo-mai-limmunita-di-gregge/ 참조.

36 '영토'의 관점에서 공동체에 관한 독창적인 해석을 제시한 이하의 저서 참조. A. Bonomi, *Oltre le mura dell'impresa. Vivere, abitare, lavorare nelle piattaforme territoriali*, DeriveApprodi, Roma 2021.

에스포지토의 책

로베르토 에스포지토는 『코무니타스』, 『임무니타스』, 『비오스』로
구성되는 생명정치 삼부작을 기점으로 일련의 혁신적인 정치철학 저
서들을 꾸준히 발표하며 세계적 명성을 얻은 이탈리아의 정치철학자
다. 1950년 나폴리에서 태어나 나폴리 대학에서 수학하고 교수를 역
임한 뒤 현재 피사 고등사범학교 교수로 재직 중이다. 에스포지토의
철학 여정은 그가 다루는 주제와 철학적 방향에 따라 크게 세 시기로
나뉜다. 첫 번째 시기에 쓰인 저서들은 저자가 '비정치적'이라고 부르
는 범주와 직결된다는 구체적인 특징을 지닌다. 이 범주는 선善이 정
치로 구현될 수 없고 정의가 결코 완전하게는 법적 권리로 육화될 수
없다는 점을 뼈저리게 의식하며 정치를 필요악이 각인되어 있는 일종
의 비극적 숙명으로 이해하는 시각의 이름이다. 『비정치적 카테고리
Categorie dell'impolitico』(1988년)와 『정치에 관한 아홉 가지 생각Nove
pensieri sulla politica』(1993년), 『정치의 기원, 시몬 베유인가 한나 아
렌트인가?L'origine della politica. Hannah Arendt o Simone Weil?』(1996년)
가 모두 이러한 관점을 반영하거나 발전시킨 저서들이다. 두 번째 시
기는 저자가 생명정치 삼부작을 집필하는 시기와 일치한다. 면역 패
러다임을 중심으로 생명정치의 현대적이면서 보편적인 의미를 해부
한 이 삼부작은 『코무니타스. 공동체의 기원과 운명Communitas. Origine
e destino della comunità』(1998년), 『임무니타스. 생명의 보호와 부정

Immunitas. Protezione e negazione della vita』(2002년), 『비오스. 생명정 치와 철학Bios. Biopolitica e filosofia』(2004년) 순으로 출간되었다. 세 번째 시기부터 저자는 다양한 주제들을 다룬다. 이 시기에 쓰인 책들 은 『임무니타스』에서 비교적 간략한 형태로만 다루었던 주제들을 독 립적으로 발전시켜 체계화한 저서들이 주를 이룬다. 『삼인칭. 생명 의 정치와 무인칭의 철학Terza persona. Politica della vita e filosofia dell'impersonale』(2007년)은 '삼인칭'을 인간의 배타적인 측면이 부재하 는 형상이자 개념으로 정립한 뒤 이를 중심으로 나와 타자의 관계를 재조명한 책이다. 『정치학 어휘. 공동체, 면역성, 생명정치Termini della Politica. Communità, immunità, biopolitica』(2008년)는 생명정치 삼부작 의 핵심 개념들을 다각도에서 조명하며 쓴 논문들을 모아 묶은 2권의 논문집이다. 이 외에도 면역학적 차원에서 조명했던 '정치신학'의 이 원론적 파생 구도를 경제신학적인 차원에서 재해석한 『둘. 정치신학 이라는 기계와 사유의 자리Due. La macchina della teologia politica e il posto del pensiero』(2013년), 사람과 사물의 중첩 현상을 중심으로 몸 의 철학을 심도 있게 발전시킨 『사람과 사물Le persone e le cose』(2014 년), 정치적 부정의 이면을 해부하며 정치의 긍정적 해석을 시도한 『정 치와 부정. 긍정의 철학을 위하여Politica e negazione Per una filosofia affermativa』(2018년), 하이데거와 들뢰즈의 정치적 엇갈림을 매개하며 새로운 정치 패러다임을 제시한 『정립적 사유. 정치적 존재론의 세 가 지 패러다임Pensiero Istituente. Tre paradigmi di ontologia politica』(2020 년) 등이 있다. 팬데믹을 철학적 면역학과 보편적 면역화의 관점에서 조명하며 집필한 『사회 면역. 팬데믹 시대의 생명정치Immunità comune. Biopolitica all'epoca della pandemia』를 2022년에 출간했다.

코무니타스와 임무니타스[*]

코무니타스와 임무니타스는 각각 '공동체'와 '면역성'이라는
상이하고 이질적인 의미를 지녔음에도 불구하고 에스포지토의 철
학적 관점에서는 분리해서 생각하는 것이 불가능할 정도로 긴밀하
고 복합적인 연관성을 지닌다. 그만큼 이 두 개념을 모두, 함께 파
악하지 않고서는 어느 하나를 이해했다고 보기 어렵다. 어느 한 개
념에 주목하면 나머지 개념은 시야에서 사라지는 듯이 보인다. 하
지만 그렇다고 해서 이 두 개념의 실질적인 연관성이 사라지는 것
은 아니다. 이들의 관계는 그리 간단하지 않다. 코무니타스와 임무
니타스는 심층적인 상호보완성을 지녔을 뿐 아니라 이 두 개념의
모든 관계를 부인해야 할 정도로 분명한 상호배타성을 지녔다. 서
로 배척하기 위해 만나고, 만나기 위해 부정하는 관계 안에서 필연

[*]   이 해제는 에스포지토 철학의 핵심 개념인 '코무니타스'와 '임무니타스'의 상호보
완적이면서 이율배반적인 상관관계를 조명하기 위해 쓰였다. 미묘한 차이가 있을 뿐
사실상 동일한 내용의 글이 『코무니타스』와 『임무니타스』에도 실려 있다.

적으로 결속되어 있는 코무니타스와 임무니타스는 숙명적인 대척 관계, 적대적인 공존 관계 안에서만 고유의 의미를 지닌다.

이 두 개념의 복합적인 연관성이 저자의 거의 모든 저작에서 중요한 역할을 하는 반면 두 번째 개념 '임무니타스'가 최근 몇 년 사이에 집중적으로 조명을 받은 이유는 우리 모두가 경험한 팬데믹 때문이다. 팬데믹이 일어나자 저자는 오히려 박수를 받았다. 면역화 패러다임을 체계적으로 이론화한 그의 학문적 성과를 인정하고 치하하는 분위기는 그가 철학적 면역학을 정립하며 쓴『임무니타스』의 재출간으로, 뒤이어 좀 더 구체적인 설명을 원하는 사회의 요구에 부응하며 집필한『사회 면역』의 출간으로 이어졌다. 이 책들이 다시 주목받은 이유는 에스포지토가 생명정치의 심층 구조를 지배하는 패러다임으로 임무니타스, 즉 '면역'을 제시했을 뿐 아니라 무엇보다도 팬데믹이 충분히 일어날 수 있는 사회적 구도를 어느 정도는 정확히 예견했다는 의견에 동의하는 분위기가 조성되었기 때문이다. 물론『사회 면역』서문에서 밝히듯이, 에스포지토는 자신이 옳았다는 이야기가 전혀 달갑지 않다고 말한다. 이는 우리도 충분히 공감할 수 있는 이야기다. 자신이 옳았다 해도 이를 증명하는 사건이 긍정적인 부분은 조금도 찾아볼 수 없는 재앙이었으니, 사실 누구보다 안타까운 사람은 에스포지토 본인이었을 것이다. 하지만 그가 무언가를 예견했다는 비평가들의 말은 다소 부정확한 표현이다. 저자가 현대사회의 면역학적 구조를 앞서 이론화한 것은 사실이지만, 구체적으로 전염병이나 팬데믹을 다루었던 것이 아닌 만큼 무언가를 예견했다고 보기는 힘들다. 그가 분명히 예시했던 것은 오히려 이러한 사태에서 벗어나는 이론적인 차원의 방법론이었다. 하지만 이 또한 정확하게는— 저자가 팬데믹이 일어날 줄 몰랐다는 점을 고려하면— 예견이었다고 보기 힘들다. 그렇다면 그가 옳았다는 것은 무슨 뜻인가? 사회적인 면역체계의 붕괴와 복구 경로를 구체적으로 파악하고 이해하는 데 필요한 합리적인 관점을 누구보다도 명확하게 제시한 철학자가 에스포지토라는 점은 분명하지만, 그의 관점이 팬데믹에서 벗어나는 시기를 앞당기는 데 실질적으로 기여한 것도 아니고 그가 팬데믹을 사전에 방지할 수 있었던 것도 아니라는 점을 고려하면, 문제는 약간 모호해진다. 하지만 어떻게 보면 정확한 평가에 대한 식자들의 의견이 분분한 이유도, 학자들의 평가가 일치하지 않는 이유도 여기에 있다. 이러한 모호함은 상식적인 차원의 평가와 전문적인 이론 사이의 간극에서 발생할 수 있는 어떤 오해의 소지와 크게 다르지 않고, 어떤 의미에서는 이론과 실제 사이에 존재하는 무색무취의 여백에 지나지 않는다. 따라서 무엇이 옳았는지 살펴보기 위해서는 이 무색무취의 간극을 최대한 좁혀볼 필요가 있다. 이는 앞서 언급한 코무니타스와 임무니타스의 이율배반적인 관계를 조명하는 일과 결코 무관하지 않다.

먼저 살펴보아야 할 것은 코비드 팬데믹이 천재지변과는 거리가 먼 재해였을 뿐 아니라 지극히 인위적인 사건이고 결국에는 인간이 자초했다고 볼 수밖에 없는 재앙이었다는 사실이다. 아니, 이 불분명한 상황은 가능한 한 분명하게— 혹은 불분명한 상태 그대로— 조명해볼 필요가 있다. 모든 팬데믹은 인위적인 성격을 지닌다. 전염이 일어나려면 인간과 자연의, 인간과 인간의 '접촉'이 필요하고, 이 접촉은 엄밀히 말하자면 자연적 현상이 아닌 인위적 사건이다. 통제 능력이 부족했던 과거에는 전염병을 생물학적 차원의 재해라는 관점에서만 인지했기 때문에 이를 자연의 불가항력적인 공격이나 신의 뜻으로 이해했지만, 이러한 상황은 근대를 기점으로 서서히 변한다. 전염병이 생물학적 재해와 인위적 재해의 조합이라는 점을 감안하면, 근대 이후의 상황은— 이해의 차원에서뿐만 아니라 발생의 차원에서도— 인위성 혹은 비자연적인 성격의 농도가 점점 더 짙어지는 방향으로 전개되었다고 볼 수 있다. 전문가들은 코비드 팬데믹이 통제가 가능한 역사상 최초의 팬데믹이 될 것이라는 의견을 내놓았다. 이는 결코 틀린 말이 아니다. 하지만 이 말은 전혀 다른 의미로도, 즉 통제가 가능해진 것은 그만큼 원인이 인위적이었기 때문이라는 의미로도 이해할 필요가 있다. 어떤 의미에서는 팬데믹 자체가 통제 가능한 상태로 발생했다고도 볼 수 있다. 이러한 진단은 미래를 고려하면 오히려 위안이 될지도 모르지만, 사실은 우리가 결코 간과할 수 없는 한 가지— 두려울 수도 있는— 현상과 직결된다. 팬데믹이 전염의 확산 못지않게 불가항력적인 경제 글로벌화와 유동인구의 증폭에서 비롯되었다는 점을 사실로 인정하고 나면, 글로벌화 역시 전염에 대한 아무런 대책 없이 이루어진 것은 아니라는 점도 사실로 인정할 필요가 있다. 오늘날의 지구촌은 결코 보편적 차원의 면역화에 동원되는 법률, 제도, 의학, 기술 분야의 통제, 방역, 검열 장치와 장비의 체계적인 발달 없이 이루어지지 않았다. 그렇다면 이러한 다양한 형태의 집중적인 면역화 시도가 아이러니하게도 바이러스의 확산 경로를 오히려 마련하는 결과로, 결국에는 지구촌의 면역체계를 맹신하는 가운데 비대해진 소통과 교류의 장에서 팬데믹이 일어나는 결과로 이어졌다고 볼 수 있다. 물론 글로벌화는 팬데믹의 직접적인 원인이 아니다. 이는 면역화의 기술이 팬데믹의 발생 경로를 조성한 반면 팬데믹의 통제가 가능해진 것도 동일한 기술 덕분이라는 점을 감안하면 어렵지 않게 확인할 수 있는 사실이다. 그럼에도 불구하고, 면역체계의 붕괴가 다름 아닌 면역화의 과정 속에서 일어났다는 점은 부인하기 힘들다. 그런 의미에서 코비드 팬데믹이 통제가 가능한 역사상 최초의 팬데믹으로 기록되리라는 점은 특별히 자부할 만한 것이 못 된다. 왜냐하면 상황은 한편에 언제 일어날지 모를 불가항력적인 전염병이 있고 다른 한편에 이를 기적적으로 통제할 수 있는 첨단의 면역 기술이 있는 것이 아니라, 오히려 이 첨단의 기술이 있는 곳에서만, 즉 면역의 문제를 기술적으로 극복하며 승승장구해온 곳에서만—아이러니하게도, 혹은 다행히도 기술의 발달에 힘입어—재앙이 발생하는 방향으로 흘러갔기 때문이다. 물론 면역화가 팬데믹의 직접적인 원인은 아니지만, 경제 면역화의 결과인 글로벌화가 우발적인—사실은 지극히 인간적이고 인위적인—재해의 폭발적인 확산을 조장하는 촉매 내지 배경으로 기능했다는 것만큼은 부인할 수 없는 사실이다. 그렇다면 팬데믹은, 과거에는 미미했지만 현대를 기점으로 빠르게 활성화된 보편적 면역화의 틀 안에서 생명정치의 가장 핵심적인 메커니즘이, 사실상 동일한 메커니즘에 부정적으로 의존하며 면역체계의 붕괴를 조장하는 미문의—알지만 모르는—요인에 의해 무너진 사건이었다고 볼 수 있다. 에스포지토의 면역화 패러다임이 이 모든 것을 이해하고 포착하기 위한 합리적인 관점과 해결책을 모색하는데 필요한 해석적 기준을 제시한다면, 이는 어떤 사건의 직접적인 원인

이 모호할 때 그것의 '배경'을 '기원'으로 간주할 수 있기 때문이다. 이 '배경'은 원인을—모호한 인위성을—파악할 수 있는 유일한 단서로 남는다. 그렇다면 앞서 언급한 간극의 실체가 무엇인지도 조금은 분명해진다.

하지만 재난의 측면에서만 관찰하면 쉽사리 포착되지 않는 한 가지 문제가 있다. 그것은 생물학적 면역화에 국한되지 않는 보편적 면역화의 실체 혹은 이 두 영역 간의 관계다. 사실은 면역화라는 표현 자체가 가능한 것도 에스포지토가 이 두 영역의 '중첩'을 전제로 그의 이론을 발전시켰기 때문이다. 인간의 면역화 시도가 생물학적 차원에 국한되지 않고 법과 제도를 비롯한 사회의 거의 모든 영역에서 끊임없이, 훨씬 더 활발하게 이루어진다는 주장은 어떻게 이해해야 하나? 에스포지토에 따르면, 법적 면역화 역시 생물학적 면역의 메커니즘과 그리 다르지 않은 방식으로, 개개인의 생존이라는 차원과 생존의 터전으로 간주되는 공동체의 상호배제와 포함, 견제와 조합의 관계를 토대로 전개된다. 이러한 '중첩'의 의미는 단순한 유사성의 차원을 뛰어넘어 실질적인 상호 '간섭'의 현상에서 발견된다. 이는 사회 역시 사회를 구성하는 인간의 몸과 전적으로 유사한 형태의 신체를 지녔을 뿐 아니라, 인간과 한 몸을 형성하며 유기적으로, 신체적으로 기능하기 때문이다. 생명을 보호하고 보존하려는 것이 인간의 가장 기본적인 성향이라면, 사회는 이와 무관한 어떤 고차원적인 실체가 아니라 동일한 성향을 우선적으로 충족시키면서 사회자체의 생존이라는 형태로 최대한 활성화하는 또 다른 몸에 가깝다. 이는 우리가 다름 아닌 팬데믹을 통해 뼈저리게 경험했던 부분이기도 하다. 사회만 인간을 닮은 것이 아니라 인간도 사회를 닮았다. 저자가 타자성의 철학을 매개로 도달하는 결론에 의하면, "인간만큼 고유의 차이점에 의해서만 통합되는 수많은 파편으로 사실상 분리되어 있는 존재도 없다." '중첩'이나 '간섭'은 형이상학적 비유의―후속적인 이해의―차원에서만 일어나는 것이 아니라 무엇보다도 지극히 현실적인 차원에서, 삶의 현장에서, 너무 가까워서 보이지 않는 '접촉'이 이루어지는 곳에서 일어난다. 이 곳에서 생물학적 면역은 보편적 면역과 닮은 것으로 그치지 않고, 몸과 마음이 하나가 되듯, 조금도 다를 바 없는 것이 되어버린다. 살과 몸이 붙어 있으면서도 만나는 곳, 소유의 요구와 공유의 필요성이, '나의' 것과 '모두의' 것이, 생물학적 메커니즘과 이를 보호해야 할 사회학적 메커니즘이 만나고 접촉하는 곳에서―긍정적으로든 부정적으로든― 전염과 면역이 이루어진다. 에스포지토가 법적 권리의 제도화를 인류 최초의 면역화 시도로 간주하는 것도 이 때문이다. 인간은 생명 보호의 차원을 뛰어넘어 생존을 위해 항상 무언가를―재산, 토지, 명예, 권리, 기술, 지식 등을―지켜야 하고 이를 위해 일련의 제도적 장치와 법적, 도덕적, 사회적, 문화적 규칙에 의존할 수밖에 없는 입장에 놓인다. 이유는 분명하다. 인간이 만약 타자에 전혀 의존하지 않고 사는 존재라면―물론 사실은 이를 추구하기 때문에―그의 생존 전략은 방어벽을 쌓기만 하는 방향으로 기울어질 것이다. 그러나 인간은 언제나 어떤 공동체의 일원이며 공동체를 삶의 터전으로 이해한다. 따라서 공동체의 일원인 타자를 배척할 수 없는 그의 생존 전략은 동의의 성격을 지닌 어떤 장치나 규칙에 의존하는 방향으로 기울어지게 마련이다. 하지만 여기서 주목해야 할 것은 이 '동의'도 단순히 조화롭고 평화로울 뿐인 형식이 아니라 기본적으로는 생존을 전제로만 활성화된다는 사실이다. 달리 말하자면 이 동의는 그리 아름다운 것이 아니다. 아름답지도, 절대적이지도, 엄밀히 말하자면 필연적이지도 않은 이 동의의 본질적인 기능은 다름 아닌 면역이다. 왜냐하면 이 동의가 결국에는 '나'의 소중한 것을 빼앗을 수도 있는 잠재적 탈취자의 직접적인 보호를 — 협약을 통해서든 대가를 치르든, 혹은 강제적으로든 — 약속받는 형태로, 좀 더 정확히 말하자면 '나'를 위해, '나'를 위협하는 것의 일부를 조건으로 — 그것이 불리하든 유리하든 — 받아들이면서 이루어지기 때문이다. 에스포지토가 원론적인 차원에서 면역을 사회 역학의 가장 보편적이고 핵심적인 패러다임으로 간주하는 것도 이 때문이다. 이와 동일한 맥락에서, 에스포지토는 면역의 영역이자 울타리인 공동체 개념의 재해석을 시도한다.

에스포지토가 탈구축하는 공동체 개념은 한마디로 파격적이다. 상식을 무너트린다는 차원에서만 파격적인 것이 아니라, 기존의 개념을 완전히 전복시켜 본래의 의미를 복원할 뿐 아니라 낡은 개념과 권위적인 정설의 탈구축 과정에서 파편처럼 떨어져나온 그릇된 해석의 단상들, 틈새들을 원래 있던 곳에 폐허인양 그대로 남겨둔다는 점에서 격식을 완벽하게 파괴한다. 전통적인 공동체 개념의 가장 중요한 특징이 공동체를 '실체'와 '주체'의 차원에서 고찰하는 성향이라면 에스포지토는 이러한 입장과 결별을 선언하고 정반대되는 방향으로 나아간다. '민족 공동체', '언어 공동체', '문화 공동체' 같은 표현들이 가리키는 것은 공동체의 내용이며 그것은 항상 누군가의 — '나', '우리'의 — 것으로 귀결된다. 결과적으로 그 내용은 누군가에게 '고유한' 것을 가리키며 그의 정체를 구성하는 특징 가운데 하나로 간주된다. 하지만 공동체라는 표현의 본질적인 의미가 공통성이라는 점을 감안하면 이 용어를 정의할 때 이와 정반대되는 '고유한'이라는 수식어가 끼어드는 이유는 무엇인가? 또 이러한 문제점이 고스란히 노출된 상태로—등잔 밑에서—실재한다는 것은 어떻게 설명해야 하나? 이는 고유화의 성향이 그만큼 불가항력적으로—숙명적으로—강하기 때문이다. 하지만 이 고유화가 면역화의 한 범주라는—면역화, 고유화, 소유화가 모두 동일한 기능을 수행하는 범주라는—저자의 의견에 주목하면, 면역화가 '공동체'에 대한 오해의 원인이라는 사실에 주목하지 않을 수 없다. 그리고 이는 공동체와 면역화, 코무니타스와 임무니타스의 이율배반적인 관계에서 비롯되는 어떤 결과에 가깝다. '실체'와 '주체'에만 주목하는 공동체 개념에는 '함께'라는 요소가 빠져 있다. 그런 식으로 '함께'는 본연의 의미를 잃은 상태에서 항상 어떤 정체나 특성으로만 이해된다. 에스포지토의 '공통점이라고는 조금도 없는 공동체'가 암시하는 것도 바로 이러한 의미의 상실에 가깝다. 이 말은 우리가 공동체의 공통점으로 간주하는 요소들이 사실은 공통점이 아니라 오히려 허무에—명분, 이상, 추상적 가치나 목표에—가깝다는 것을 의미한다. 이러한 관점은 사실 이해하기가 그렇게 까다롭거나 전적으로 새로운 것이 아니다. 사람들은 원하는 것이 있기 때문에 모인다. 바로 그런 이유에서 에스포지토는 '함께'의 의미가 아닌 내용에 주목한다. 물론 공동체는 공통적인 실체가 아니라 공유하는 삶에 가깝고, 진정한 공동체는 공통성을 울부짖으며 이를 특수성과 뒤바꾸는 이들이 아니라 스스로를 타자에게 노출시킬 줄 아는 이들의 모임이다. 이는 실체적이지도, 주체적이지도, 보편적이지도, 객관적이지도, 특수하지도 않은 공동체다. 하지만 이처럼 '함께'의 의미, 즉 '관계'에 주목하는 것으로 만족하지 않고 '관계'의 추상성을 극복하며, 에스포지토는 '함께'의 내용에 주목한다. 그리고 '함께' 한다면 함께 하는 것은 무엇인가, 함께 나누는 것은 무엇인가라는 질문을 던진다. 에스포지토는 그것이 함께 나누어야 할 '허무'라는 결론에 도달한다. 이 허무가 앞서 언급한 관계의 추상성과 다른 점은 무엇인가? 차이는 이 허무가 무언가의 끝에 오거나 고정되어 있는 허무가 아니라 앞서 오는, 따라서 우리를 이끄는 유형의 허무라는 점에 있다. 에스포지토는 이 허무의 형상을 라틴어 코무니타스communitas와 임무니타스immunitas가 공유하는 무누스munus에서 발견했다. 이 무누스는 '의무'와 '선사'라는 이중적인 의미를 지닌다. '의무'이기도 하고 '선사'이기도 한 무누스의 본질적인 의미는 '선사의 의무'로 귀결된다. 특이한 것은 이 '선사'가 받는 선물이 아니라 주는 선물만을 가리킨다는 점이다. 관건이 받지는 않고 주기만 하는 선물이기 때문에, '선사'는 일종의 의무로 간주된다. 그리고 이 의무 역시 선사에서 유래하기 때문에 선사의 형태로만 이행된다. 코무니타스는 바로 이러한 '의무'를 공유하는 이들의 공동체다. 의무만을 공유하기 때문에, 에스포지토의 코무니타스는 실체화, 고유화, 주체화에 의존하는 기존의 공동체 개념과 정반대되는 유형의 공동체다. 결과적으로 분명해지는 것은 개인의 생존을 추구하는 임무니타스와 그렇지 않은 코무니타스의 필연적인 대척 관계와 적대적인 공존 관계다. 선사의 의무를 조건으로만 성립되는 코무니타스는 무엇보다도 탈고유화의 의미를 지닌다. 탈고유화가 기본적으로 개인의 고유화 성향을 억제하고 관계의 조성에 기여할 뿐 아니라 공동체의 정치적 해석을 용이하게 하는 반면 고유화, 소유화, 주체화, 면역화는 정치적 해석을 오히려 불가능하게 만든다. 코무니타스가 선사의 의무를 통해 공동체의 구성원들을 통합하는 반면, 임무니타스는 반대로 개인을 이 의무에서 벗어나게 만든다. 전자가 개방적이고 보편적인 성격을 지녔다면, 후자는 모두의 공통적인 조건에서 제외되는 상황을 특징 내지 특권으로 내세운다.

이러한 대립 현상을 앞서 살펴본 법적 면역화와 생물학적 면역화의 중첩 현상에 적용하면 상황은 훨씬 더 복잡해진다. 법적 면역화가 코무니타스의 범주로, 생물학적 면역화가 임무니타스의 범주로 기울어져 있다는 점을 감안하면, 전자가 개인이 자신의 정체성을 보호하기 위해 쌓는 장벽임에도 불구하고 오히려 이 장벽의 붕괴를 결정지을 수 있는 요소라면, 후자는 이 장벽을 다시 방어적이거나 공격적인 형태로 재구성하는 기능이다. 이러한 역설적인 상황은 개인에게만 국한되지 않고 특수한 공동체, 즉 관계나 소통보다는 특수성과 정체성이 더 중요하기 때문에 큰 규모의 개인으로 간주해야 할 사회의 몸에도 그대로 적용된다. 바로 여기서 코무니타스와 임무니타스의 역학이 지니는 이율배반적인 성격이 고스란히 노출된다. 면역화는 균형의 파괴를 인지하지 못한 상태에서 한계점을 넘어설 때, 생명/삶을 일종의 철장 안에 가둔다. 이 철장 안에서 우리는 자유를 잃을 뿐 아니라 존재가 스스로의 바깥을 향해 나아가는 움직임 또는 코무니타스라는 열림의 의미 자체를 상실한다. 여기서 우리는 한 가지 역학적 모순을 도출해낼 수 있다.

그것은 개인적, 사회적, 정치적 신체를 보호하는 동일한 요소가 동시에 발전을 방해하며, 한계점을 넘어설 때 신체를 오히려 파괴하기에 이른다는 모순이다. 면역화는— 개인의 경우든 사회의 경우든— 과도하게 적용될 경우 생명/삶을 생물학적인 물질, 벌거벗은 생명, 단순한 생존의 문제로 환원하며 모든 고귀한 삶을 희생시킨다. 에스포지토에 따르면, 코무니타스는 우리가 끊임없이 시도하고 실험하고 경험하는 면역화의 남용을 사실상 억제하는 **공간**에 가깝다. 반면에 임무니타스는 생존에 필요한 요소임에도 불구하고 우리를 소통이 불가능한 울타리 안에 —다름 아닌 생존을 목적으로— 가두는 **기능**에 가깝다. 코무니타스는 이러한 상황에 처한 우리를 어우르는 더 큰 울타리가 아니라 보호의 망상과 자기 연민으로부터 우리를 자유롭게 하는 일종의 창문이다.

그렇다면 이러한 이율배반적인 공존 관계가 현대 철학의 핵심 논제 가운데 하나인 생명정치에 어떻게 적용되는지도 살펴볼 필요가 있다. 사실은 여기서 드러나는 차이가 이 특이한 공존 관계를 이해하는데 철학적 차원에서 가장 실질적이고 유용한 관점을 제공한다. 패러다임으로 기능하는 임무니타스와 코무니타스의 대립/공존 구도는 현실적인 차원에서 동일한 메커니즘을 지닌 '소유'와 '공유', '생명'과 '정치'의 대립/공존 구도로 나타난다. 미셸 푸코가 제안한 '생명정치'의 계보와 구도가 에스포지토의 입장에서 중요한 의미를 지니는 것도 이 때문이다. 좀 더 특화된 영역에서 동일한 관계를 유지한다고 볼 수 있는 법적 면역화와 생물학적 면역화가 근대를 기점으로 중첩되기 시작하는 가운데 전개된 것이 바로 '생명정치'라는 점에 대해서는 푸코와 에스포지토의 의견이 일치한다고 볼 수 있다. 하지만 에스포지토가 푸코의 의견을 전폭적으로 지지하면서도 문제점으로 지적하는 부분은 우리가 앞서 살펴본 양극화 현상을 푸코가 어느 정도 분명하게 인지하고 있었을 뿐 이를 체계화하지 못했고 '생명정치'라는 단일한 용어의 개념적 틀 안에서만 해석했다는 것이다. 푸코의 '생명정치'에 대한 현대철학자들의 다양한 이견과 비판이 대부분 불합리할 뿐 아니라 지적하는 것과 동일한 오류를 범하는 이유도, 아울러 푸코에 대한 평가가 완전히 긍정적이거나 완전히 부정적인 방향으로 치우치는 이유도 사실은 이들의 연구가 '생명정치'의 긍정적인 측면과 부정적인 측면의 이론적인 구분 없이, 따라서 '생명'과 '정치'의 본질적인 변증 관계 내지 역학 관계에 대한 이해 없이 전개되었기 때문이다. 에스포지토에 따르면, '생명'과 '정치'가— 근본적인 차원에서 임무니타스와 코무니타스가—'생명정치'라는 단일한 패러다임으로 융합될수 있는 가능성은 존재하지 않는다. 이 두 영역은 평화적으로는 공존할 의향이 없어 보이는 두 종류의 패러다임으로만 실재한다. 달리 말하자면, 공존하더라도 "어느 하나가 다른 것을 폭력적으로 제압하는" 방식을 취한다. 생명이 권력층에 의해 벌거벗은 생명으로 추락하거나 생명의 충만함이 일종의 포화 상태에 달하면서 정치적 소통의 차원 자체를 무력화하는 현상이 일어나는 것도 이 때문이다. 이러한 극단적인 양분화 성향은 사라지지 않는다. 주목해야 할 것은 이러한 성향을 그대로 유지한 상태에서 생명과 정치의 연결고리 역할을 하는 요소가 바로 면역화라는 점이다. 법적 면역화와 생물학적 면역화의 차별화된 조합이 정치와 생명의 조합으로 이어질 수 있는 이유는 관건이 면역화이기 때문이다. 다시 말하자면 면역화가 바로 법적인 동시에 생물학적인 이중적 성격을 지녔기 때문에, 의학과 제도의 조합에서 볼 수 있는 '생명'과 '정치'의 접촉이 가능해진다. 이 접촉을 좌우하는 것은 면역이다. 따라서 생명정치의 해석과 결과가 극단적인 형태로―부정적인 형태와 긍정적인 형태로―양분되는 현상은 어떤 단일한 패러다임의 상이한 해석이나 결과가 아니라 생명정치 안에 내재하는 본질적인 양면성의―긍정이자 부정, 보호이자 파괴인 성격의―비정상적인 표출 혹은 본질적인 이율배반성의 분명하게 인위적인 만연에 지나지 않는다. 따라서 문제의 핵심은 공통성과 면역성, 코무니타스와 임무니타스의 관계를 조율하는 데 있지 이 범주들의 조합 내지 충돌의 결과들 가운데 어느 하나를 선택하는 것이 아니다. 에스포지토에 따르면, "생명을 파괴하는 방향으로 나아가는 움직임에서―공통성을 매개로―면역 기능을 분리하려는" 노력이 필요하고, 이를 위해서는 면역체계가 단순히 어떤 "보호 장벽으로 머물지 않고 내부와 외부의 관계를 조절하는 일종의 여과기로" 기능한다는 점에 주목할 필요가 있다. 그래야 "부정적인 면역 장치들을 비활성화하고 공통적인 것의 공간을 새롭게 창출할" 수 있기 때문이다.

코무니타스와 임무니타스의 미묘한 관계는 사실 어느 하나를 파악하는 데 다른 개념이 도움을 준다기보다는 오히려 한 개념의 이면을 파악하는 데 다른 개념이 요구된다는 차원에서 이해할 필요가 있다. 이러한 특징은 코무니타스와 임무니타스에 비유 혹은 유사 관계의 형태로 상응하는 여러 하부 개념들을 관찰할 때에도 똑같이 적용되고 무엇보다도 두 범주 전체를 대조할 때에도 적용되어야 할 일종의 구도에 가깝다. 코무니타스와 임무니타스는 서로에게 열쇠가 되는 개념이 아니라 서로의 본질적인 이면을 가장 가까운 곳에서 열어젖히는 일종의 **공간**과 **기능**이다. 에스포지토가 제시하는 코무니타스와 임무니타스의 개념은 원칙적이고 절대적인 차원의 공동체와 면역성에, 궁극적으로는 '공존'과 '생존'에 가깝지만 추상적이거나 형이상학적인 차원의 원칙으로 귀결되지 않고 오로지 현실 속에서만, 현실이라는 조건 속에서만 공간과 기능이라는 절대적이고 불가피한, 탈구축적인 범주로서의 의미를 지닌다. 이는 저자의 방법론적인 구도에서도 발견되는 특징이다. '공존'[코무니타스]의 해부학에서 드러나는 오류와 모순들이 파편처럼 흩어진 상태에서 필연적으로 부재하는 동시에 '함께'라는 형태로만 실재하는 것이 공동체의 공간이라면, '생존'[임무니타스]의 해부학에서 이 오류와 모순들의 조합 내지 접촉을 가능하게 하는 것이 바로 면역의 심층적인 기능이다. 하지만 정작 놀라운 것은 '면역화'가 법률, 신학, 인류학, 정치, 의학 분야에서, 한마디로 인간사회의 거의 모든 영역에서 동일한 메커니즘을 바탕으로 이루어진다는 점이다. 결국 우리가 진정한 의미에서 공유하는 것은 아이러니하게도 원칙적으로는 공유가 불가능한 면역뿐이라는 결론을 내릴수 있다. 달리 말하자면, 절대적인 '공존'의 관점에서는 모순, 맹점, 이견, 파편으로만 존재하는 요소들의 실질적인 — 언제나 부조리한 형태의 — 공존을 가능하게 하는 것이 바로 절대적인 '생존'의 관점이다. 저자가 면역화를 현대사회의 패러다임으로 제시하는 것은 현대가 이처럼 필연적으로 이율배반적인 공존의 기술이 고도로 발달된 시대이기 때문이다.

번역 노트에서

1.   언뜻 '사회의 면역'을 호소하는 것처럼 보이는 '사회 면역'이라는 표현 안에는 코무니타스/임무니타스의 이율배반적인 관계가 그대로 함축/노출되어 있다. 한편으로는 사회(코무니타스, 공통성)와 면역(임무니타스, 고유성) 간의 기본적인 대립 구도를 '사회의 면역'이라는 묘한 조합에 가려진 상태로 표현하고, 다른 한편으로는 '면역의 사회화'를 표명한다는 의미에서 사실상 이러한 대립 구도 자체가 전복되어야 한다는 당위성을 표현한다. 하지만 이 표현의 의미는 정반대 방향으로도 읽을 수 있다. 대립 구도가 전복되어야 한다는 점은 면역 자체가 사회성과는 거리가 먼 개념이라는 점을 떠올릴 때에만 분명해지고, '사회 면역'은 이러한 대척 관계에서 벗어나야 할 패러다임으로 이해할 때에만 일종의 요구로 받아들일 수 있다. '사회 면역'은 '사회의' 면역이기에 앞서 '사회적인' 면역, '함께하는' 면역을 의미한다. 하지만 이 '함께'의 요구는 자발적인 참여의 촉구라기보다는, 의지 차원에서든 필연성의 차원에서든

'함께 해야만 하는' 상황에 가깝다. 이 특별한 상황에 해당하는 팬데믹이 가장 철저하게 무너트린 것은 다름 아닌 특권적인 형태의 면역, 즉 코무니타스에 맞서는 형태의 임무니타스다. 오늘날의 면역체계가 "임무니타스라기보다는 오히려 코무니타스에" 가깝다고 말할 때 에스포지토가 주목하는 것도 바로 이러한 특징이다. 그래서 그는 생명정치가 부정적인 형태에서 긍정적인 형태로 전환되었다는 평가를 내린다. 하지만 이는—저자의 입장에서도—면역의 패러다임 자체의 전환을 의미하지 않는다. 팬데믹이 뒤흔든 것은 코무니타스와 임무니타스의 관계이고, 결과적으로 뒤바뀐 것은 면역 메커니즘의 작동 방향이다. 팬데믹과 함께 발생한 것은 사회/면역 못지않게 면역/사회가 중요해지는 상황, 즉 공동체 자체가 면역체계로 기능하게 되는 상황이다. 이러한 정황에서 생명정치는 긍정성을 회복하지만, 코무니타스와 임무니타스의 이율배반적인 성격이 사라지는 것은 아니다. 우리가 팬데믹 기간에 목격한 것은, 본질적인 차원에서 이율배반적이기 때문에 부재한다고 보아야 할 공동체가 '면역 외에 공통점이라고는 조금도 없는' 형태의 공동체로 실존하게 되는 상황이다. '사회 면역'의 긍정성 역시 고유의 이율배반성에 '맞설' 뿐 아니라 '힘입어' 부각된다. 우리가 경험한 것은, 모두를 위해서가 아니라면 '면역'이라고 볼 수 없는 면역화다. 어떻게 보면, 팬데믹이 무너트리는 것도, 여기에서 살아남는 것도 코무니타스/임무니타스의 패러다임이다. 상황은 마치 "사멸해야 할 '개인'[임무니타스]과 불멸해야 할 '종種'[코무니타스]을 스스로의 몸으로 통합하는" 불사조가 "자신과 똑같으면서도 다른"* 존재로 부활하듯이, 코무니타스/임무니타스라는 불사조가 팬데믹으로 인해 타고 남은 재에서―에스포지토가 말하는 '좁은 문'을 통해―사회/면역으로 부활하는 것처럼 전개된다.

2.   코무니타스와 임무니타스가 함께 구축하는 것은 이원론이 아니라 이원론적 구도 속에서만 설명되는 이율배반적인 성격의 존재론적 상흔에 가깝다. 그래서 '사회 면역'에 내재하는 면역/사회의 긴밀한 관계성을 양자택일적인 성격의 이원론적 '면역 사회'로 읽을 때, 예를 들어 외부의 공격에 맞서 면역 전쟁을 벌이는 폐쇄된 사회나 구성원들 간의 면역 전쟁을 내부적으로 장려하는 사회로 읽을 때 문제가 발생한다. 이 문제는, 본질적으로 양분되어 있는 생명/정치의 구도를 '생명정치'라는 단일한 관점으로 묶을 때 일종의 양자택일적인 논리가 형성되면서 사회 체계를 '생명' 또는 '정치' 어느 한쪽으로 기울어지게 만드는 것과 동일한 유형의 문제다. '사회 면역'과 함께 상정되는 '면역 사회'는 면역/사회라는 패러다임적인 관계를 바탕으로 이루어져야 할 '면역의 사회화'에 가깝고, '사회 면역'은 '사회의 면역'이라기보다는 '사회적인 면역'에 가깝다. 코무니타스와 임무니타스는 결국―이들의 공존이 이율배반적임에도 불구하고 이원론적이지 않기 때문에―대화를 할 수 있어야 한다.

3.   에스포지토는 푸코의 생명정치를 분해해서 읽는다. 그가 보는 것은 생명/정치다. 푸코를 전적으로 지지하는 에스포지토의 입

---

*   로베르토 에스포지토, 『임무니타스』 133쪽, 크리티카.

장에서 푸코가 파악했음에도 체계화하지는 못했다고 보는 것이 바로 '생명'과 '정치'를 분리해서 바라보는 시각이다. 여기에 상응하는 것이 푸코 역시 주목했던 면역의 패러다임을 토대로 재편성되는 임무니타스/코무니타스의 구도다. '사회 면역'의 개념에 함축되어 있는 면역/사회도 이와 동일한 구도를 지닌다. 반면에 푸코의 비판자들이 '생명'과 '정치'를 구분하는 대신 어느 한쪽으로 완전히 치우치는 경향을 보인 이유는 사실 푸코가 '생명정치'라는 단일한 언어를 사용하면서 어떤 오해의 소지를 남겼기 때문이라기보다는 이들이 푸코의 비교적 '분명한' 의도를 이해하지 못했기 때문이다. 이 곡해의 경로를 나름대로 속속들이 파헤치는 에스포지토의 설명을 읽다보면 솔직히 속이 후련해진다. 저자가 날카로운 비판에 일가견이 있다는 것은 널리 알려진 사실이지만, 좀 더 깊이 살펴보면 사실은 지나치게 점잖고 너그럽다는 것을 확인할 수 있다. 몇몇 경우를 제외하면, 푸코의 비판자들은 대부분 편파적이기에 앞서 푸코의 텍스트에 과도하게 체화되어 있는 모습을 보여준다. 상황은 마치 이들이 어떤 큰 기대를 걸고 푸코를 따라하다가 해결점을 찾지 못하고 기진맥진한 상태에서 푸코를 원망하거나 푸코의 의중을 왜곡하는 것처럼 전개되었다고 볼 수 있다. 이들은 패러다임을 구조, 기능, 중첩의 차원에서 벗어나 개념적 지배의 차원에서만 이해하고 진실을 노하우와 혼동하며 어설픈 비판을 전개하지만, 푸코의 철학을 기점으로—그의 생각을 비판하든 수용하든—발전시켜야 할 사유의 과제를 인정하는 동시에 그것이 무의미하다고 천명하는 우를 범할 뿐 아니라 결국 푸코가 해결하지 못한다고 보는 문제적인 세계를 제시하며 그 세계가 오래 지속되리라고 전망하는 모순에 빠진다.

4.   2020년 이탈리아에서 재출간된 『임무니타스』에는 실리지 않았지만 프랑스어 판에 실린—『사회 면역』과 결코 무관하지 않은 내용의—새 서문에서 에스포지토는 자신의 이론을 비판했던 재독 철학자 한병철 교수의 주장에 대해 드디어 입을 열며 이렇게 말한다. "오늘날 가장 천재적인 철학자들 가운데 한 명인 병철 한이 『피로사회』에서 나의 이론을 논하며, 우리는 '오늘날 더 이상 바이러스의 시대를 살고 있지 않고 면역학적 기술에 힘입어 이미 그 시대를 졸업했다'고 주장한 것은 정말 이상하고 부적절해 보인다. [...] 그의 주장을 뒷받침하는 전제, 즉 부정성과 분쟁의 시대가 끝났다는 생각은 한마디로 문제적이다. 최근 20년간 일어난 일련의 사건들이—근본주의자들의 테러와 2007년의 경제 위기, 폭발적인 이주현상, 오늘날의 팬데믹 등이 모두—실제로는 그렇지 않다는 것을 보여준다." 하지만 이러한 반론도 사실은 굉장히 관대한 평가에 속한다. 왜냐하면 『임무니타스』와 면역 패러다임에 대한 한병철 교수의 비판은 오판이기에 앞서 미흡했던 것으로 드러나기 때문이다. 그가 면역의 패러다임과 에스포지토의 이론이 더 이상 유효하지 않다는 차원에서 폴리 매칭어Polly Matzinger를 인용하며 제시하는 『피로사회』 첫 번째 미주의 설명을 살펴보면, "면역체계는 더 이상 자아와 비-자아의 싸움이 아니라 우호적인 것과 위험한 것 사이의 구분이다. [...] 타자라 하더라도 이런 점에서 별나게 굴지만 않는다면 면역체계 역시 공격하지 않고 내버려둔다." 하지만 문제는 에스포지토도 이와 전혀 다를 바 없는 주장을

펼친다는 데 있다. 에스포지토의 입장에서도, 매칭어는 면역체계를 "외부 침략자에 대한 끝없는 자기방어체계로 정의하는 대신 상당히 복합적인 유형의 경보체계로" 간주한다. 면역체계가 공격만 일삼지 않는다는 점도 에스포지토가 면역관용을 다루면서 분명하게 설명하는 부분이다. 그렇다면 주목해야 할 것은 누군가의 이론을 비판하면서 동일한 이론의 내용을 비판의 근거로 제시하게 되는 어처구니없는 상황이다. 이러한 문제가 발생하는 이유는『피로사회』의 저자가 에스포지토의 저서를 의도적으로든 실수로든 충분히 검토하지 않은 상태에서 비판했기 때문이다. 그가 여러 저자들을 상대로 시도하는 비판의 허점이 바로 이러한 유형의 오류에서 비롯된다는 점은 비교적 분명해 보인다. 하지만 본질적인 문제는 그리 독창적이라고 볼 수 없는 '긍정의 포화'가 전혀 사실적이지 않은 '분쟁의 종말론'과 어떤 식으로든 양립될 수 없을 뿐 아니라 사실은―사회 현상으로 간주되는 순간―오히려 면역의 패러다임으로만 설명될 수 있다는 데 있다.

5. 에스포지토의 책은 어렵게 다가오지만 그것이 어떤 종류의 어려움인지는 비교적 분명하다. 어려운 책에는 크게 두 종류가 있다. 하나는 표현이 어렵고 다른 하나는 내용이 어렵다. 전자는 사유 대상 혹은 세계보다 사유 주체의 세계가 더 복잡하다는 전제하에 쓰이고, 후자는 사유 대상 혹은 세계가 지극히 복잡하다는 전제하에 쓰인다. 또 다른 차이도 있다. 전자에 속하는 저자들은 세계 바깥에 머물러야 쓸 수 있지만, 후자에 속하는 저자들은 세계에 뛰어들어야만 쓸 수 있다. 전자는 세상을 어떻게 이해해야 하는

지에 대해 말하고, 후자는 덧붙여서 세상에는 이해할 수 없는 것도 있다는 점에 주목한다. 에스포지토는 분명히 두 번째 범주에 속하는 철학자다. 에스포지토만큼 명쾌한 표현을 사용하는 학자도 드물다. 그런데도 쉬운 구석이라고는 찾아보기 어렵다. 아니, 상황은 그의 설명이 명확하면 명확할수록 내용이 점점 더 어렵고 복잡해지는 식으로 전개된다. 저자 자신이 내용을 더 어렵게 만드는 것은 결코 아니다. 다만 그가 명쾌한 설명을 제시하며 다루는 것이 바로 깊이 파헤치면 파헤칠수록 점점 더 어렵고 복잡해지는 세계일 뿐. 그러고 보면, 이러한 정황에 정말 어울리는 것이 그만의 특이한 분석 방식이다. 에스포지토가 거시 분석의 대가인 이유는, 거시 분석의 틀을 구축하는 식으로 미시 분석을 시도하기 때문이다. 미시 분석과 거시 분석이 한 개념을 축으로 동시에 이루어질 때 정립되는 형태로 발견되는 것이 바로 패러다임이다. 바로 그런 이유에서 패러다임은 지배한다기보다는 모든 영역을 관통한다. 에스포지토가 발견한 것은 현대의 새로운 패러다임이라기보다는 패러다임 자체, 혹은 패러다임의 원형이나 본질적인—인식 안팎의—메커니즘에 가깝다.

윤병언

사회 면역: 팬데믹 시대의 생명정치

로베르토 에스포지토 지음
윤병언 옮김

초판 1쇄 발행. 2023년 5월 23일

펴낸이. 조수연
펴낸곳. 크리티카
전화. 070 4571 5748
팩스. 0504 478 0761
이메일. criticapublisher@naver.com
블로그. blog.naver.com/criticapublisher
페이스북. 인스타그램. /criticapublisher/

정가 26,000원
ISBN 979-11-980737-2-3 93160